David B. Rjazanov

Marx und Engels
(nicht nur) für Anfänger

Impressum

Titel der russischen Ausgabe: ›Marks i Engels‹ (Moskva 1928, 2. ed.)

Herausgegeben von der Sozialistische Alternative – SAV im Oktober 2013

V.i.S.d.P., Satz und Umschlaggestaltung: Holger Dröge
Digitalisiert von Markus Cubick im August 2013, mit tesseract; ATEX2ε, KOMA-Skript v3.04a.

Druck: CreateSpace

Sozialistische Alternative – SAV, Littenstraße 106/107, 10179 Berlin
Telefon: (030) 24 72 38 02, Email: info@sav-online.de
www.sozialismus.info

Inhaltsverzeichnis

VORBEMERKUNG

Wenn von „Marxismus" die Rede ist denken die meisten Menschen an Wirtschaftstheorien, die sich Karl Marx in der Bibliothek sitzend ausgedacht hat. Aber die Kritik der Politischen Ökonomie ist nur der halbe Marx. Der Marxismus ist nicht einfach im luftleeren Raum enstanden, sondern in lebendigen Auseinandersetzungen in der internationalen Arbeiterbewegung.

Das Wissen über die Geschichte des Kapitalismus und der Arbeiterbewegung ist leider kaum noch verbreitet. Die vorliegende Schrift von Rjazanov ist dagegen ein Versuch, die Geschichte der Arbeiterbewegung und die Fragestellungen mit der sie konfrontiert war wiederzugeben. Sie fußt auf Vorträgen, die er 1922 in Moskau unter dem Titel „Marx und Engels" überwiegend vor Industriearbeitern gehalten hat. Rjazanov verzichtet bewusst auf eine wissenschaftliche Darstellung, sondern wendet die Marxsche Methode der Analyse – den Historischen Materialismus – an. Er stellt die Verbindung zwischen den Ereignissen der damaligen Zeit und der Entwicklung des Marxismus her. Rjazanov zeichnet ein Bild, wie lebendige Debatten in der Arbeiterbewegung und die Beteiligung von Marx und Engels an Kämpfen der Arbeiterklasse zur Herausbildung der Ideen des Marxismus beigetragen haben.

David B. Rjazanov wurde 1870 als Sohn jüdischer Eltern in Odessa geboren. Sein Geburtsname lautete David Borisovic Goldendach. Den Namen Rjazanov nahm er erst später als Decknamen an, um von der zaristischen Geheimpolizei, der Ochrana, schwerer identifiziert werden zu können. Mit 17 Jahren nahm er an der anarchistischen Bewegung der Narodniki, der Volkstümler, teil. Der Zusammenbruch dieses Geheimbundes veranlasste Rjazanov, sich mit der sozialistischen Kritik am Anarchismus, mit dem Marxismus, auseinanderzusetzen. 1888 und 1890 reiste er für jeweils kurze Zeit ins Ausland. Er lernte die sozialdemokratischen Parteien der verschiedenen Länder kennen und verschaffte sich zugleich einen Überblick über die verschiedenen Fraktionen russischer Revolutionäre in der Emigration. Unmittelbar nach seiner Rückkehr wurde Rjazanov verhaftet und wegen „subversiver" Tätigkeit zu vier Jahren Gefängnis verurteilt. Danach lebte er bis zur Jahrhundertwende unter Polizeiaufsicht in dem russischen Städtchen Kischinev. Er las viel marxistische Literatur. An der Gründung der Sozialdemokratischen Arbeiterpartei Russlands, die 1898 illegal in Minsk stattfand, hatte er keinen Anteil. 1901 ging er ins Ausland und nahm an den Parteikonferenzen in Genf und Zürich teil, ehe er sich in Berlin niederließ, wo er sehr bald zum Vertreter der Emigrantengruppe »Borba«, der Kampf, wurde. Rjazanov schloss sich nach der Spaltung der Russischen Sozialdemokratie keiner Fraktion an. Er hielt zu diesem Zeitpunkt das Konzept Lenins zum Aufbau einer revolutionären Partei für falsch.

Bei Ausbruch der Streiks und Demonstrationen der Arbeiter und der Landrevolte der Bauern gegen die semifeudalen Landverhältnisse kehrte Rjazanov im Herbst 1905 nach Russland zurück. In Petersburg nahm er an der Organisierung der sich herausbildenden Gewerkschaftsbewegung teil. Nach kurzem Gefängnisaufenthalt in Russland und nach der Teilnahme an der Stockholmer Konferenz russischer Sozialdemokraten kehrte Rjazanov nach Deutschland zurück.

1907, nahm er sich vor, über die Marxsche Fragestellung des Verhältnisses von spontaner Arbeiterbewegung und Arbeiterpartei und über das Verhältnis von Sozialdemokratie und Gewerkschaftsbewegung zu arbeiten. Rjazanov machte sich daran, eine Geschichte der I. Internationale zu schreiben, da er eine klare marxistische Antwort zur Gewerkschaftsfrage erhalten wollte. Für dieses Vorhaben benutzte er das Archiv der deutschen Sozialdemokratie, in der ein großer Teil des Marx-Engelsschen Nachlasses lagerte und das von Bernstein und Mehring verwaltet wurde.

1909 arbeitete er als Lehrer an der bolschewistischen Parteischule auf Capri, wo er Vorlesungen über „Marx und die Gewerkschaften" und Fragen der Gewerkschaftsbewegung hielt. Als sich deren Gründer Bogdanov gegen Lenin stellte verließ er Capri und arbeitete publizistisch in Paris. Er schrieb unter anderem in der „Neuen Zeit", im österreichischen „Der Kampf" und in Trotzkis Wiener „Pravda".

Mit Kriegsausbruch 1914 stellte er sich gegen den imperialistischen Krieg und die sozialdemokratischen „Vaterlandsverteidiger". Als Teilnehmer der Zimmerwalder Konferenz europäischer Sozialisten und als Publizist des Pariser „Nascalo"[1] unterstützte er Lenins Vorstellungen.

Die russische Revolution kam für Rjazanov nicht unerwartet. Die Ententeregierungen verzögerten die Rückkehr des Kriegsgegners und revolutionären Marxisten, der sich kurz nach Ankunft in Russland als Mitglied der Fraktion der „Meschrajonzy"[2] zusammen mit Trotzki, Lunacarski, Manuilski, Prokovski, Uritzki und anderen im August 1917 der Partei der Bolschewiki anschloss.

Im Frühjahr 1921 wurde das Marx-Engels-Institut und die Sozialistische Akademie der Wissenschaften gegründet. Die Hauptaufgaben dieses Instituts unter der Leitung Rjazanovs waren: Herausgabe des Gesamtwerkes von Marx und Engels, Erforschung der sozialistischen Theorie und der Internationalen Arbeiterbewegung und massenhafte Verbreitung des Marxismus.

---

1   deutsch: „Der Anfang"
2   wörtlich: zwischen den Bezirken stehenden/Zwischengruppe

Neben der Vorbereitung der Edition des Marx-Engels-Gesamtwerkes hielt Rjazanov Vorlesungen an der Sverdlovsk-Universität und führte im Rahmen der sozialistischen Akademie eine Kursreihe über »Marx und Engels« vor Parteiarbeitern durch, die 1922 – und in einer zweiten Auflage 1929 – in mehreren Hunderttausend Exemplaren publiziert wurde.

Die Anwendung der Marxschen Methode auf den Marxismus selbst wurde in dieser Vortragsreihe am Beispiel der Politiker und Theoretiker Marx und Engels demonstriert. Rjazanov kam es darauf an herauszuarbeiten, dass der Marxismus weder eine „geniale Idee" noch ein abstraktes Modell gesellschaftlicher Entwicklung war, sondern Produkt konkret gesellschaftlicher Entwicklung der Klassenkämpfe. Damit sprach sich Rjazanov gegen jeglichen Persönlichkeitskult aus, den ja auch die Marxsche Theorie nicht kennt.

Am Beispiel des Bundes der Kommunisten und der I. Internationale zeigte Rjazanov, dass die Organisierung der Arbeiter selbst Ausdruck der Klassenkämpfe war und nicht das Werk von Intellektuellen. Im Gegensatz zur bürgerlichen Gefolgschaftspartei zeichnete sich die Arbeiterpartei durch Disziplin, dass heißt Einsicht aller Parteimitglieder in die Verhältnisse des Kampfes aus, was demokratisch zentralistische Formen in der Arbeiterpartei notwendig machte, die alle Impulse, jede Kritik von unten aufnehmen konnte. Führerkult, undemokratische Parteien, doktrinäre Rezepte waren politische Mittel von Arbeiterführern vom Typus eines Lassalle.

Und am Beispiel der Pariser Kommune hob Rjazanov die Marxsche Position hervor, dass die Arbeiterklasse die Vergesellschaftung der Produktion von den kapitalistischen Fesseln freisetzen und die politischen Formen der sozialen Emanzipation hervorbringen musste, dass der bürgerliche Staat abgeschafft und durch die proletarische Demokratie ersetzt werden muss. Gleichzeitig verwies er darauf, dass der Aufbau des Sozialismus in einer Stadt oder in einem Land nicht gelingen konnte, sondern nach Marx nur das Bündnis mehrerer sozialistischer Staaten auf der Grundlage entwickelter Produktivkräfte den Aufbau des Sozialismus siegreich beenden konnten. Mit diesen Passagen wandte sich Rjazanov gegen den einsetzenden Leninkult und die Stalinisierung in der Sowjetunion, er kritisierte scharf die Idee des Aufbaus des Sozialismus in einem Lande. Kein Wunder, dass Stalin diese Schrift 1931 verbieten und einstampfen ließ.

Rjazanov nahm an den Fraktionskämpfen innerhalb der KPdSU nicht teil. Er widmete sich vollständig seiner „historischen Mission", der Herausgabe des Marx-Engelsschen Gesamtwerks. Allerdings scheute er sich nicht, sich kritisch zu äußern, als die Stalinfraktion im Namen eines „Marxismus-Leninismus" Marx als den Theoretiker eines archaischen Konkurrenzkapitalismus belächelte, ihn also genauso wie die Revisionisten der westeuropäischen Sozialdemokratie als toten Hund behandelte.

Als 1931 gegen die menschewistischen Planspezialisten Bazarov, Groman, Suchanov und andere ein Prozess provoziert wurde, um Schuldige für Planfehler zu finden, wurde auch Rjazanov verhaftet, weil er im Institut viele ehemalige Menschewiki als Übersetzer beschäftigt hatte. Er wurde verbannt und am 21. Januar 1938, unmittelbar nach einer viertelstündigen geheimen Gerichtsverhandlung, erschossen.

Holger Dröge, im Oktober 2013

1. VORTRAG

Einleitung – Die industrielle Revolution in England – Die große französische Revolution und ihr Einfluss auf Deutschland

Mein Thema ist rein historisch, aber ich stelle mir gleichzeitig auch eine theoretische Aufgabe. Genossen, Euch interessieren Marx und Engels als Schöpfer dessen, was man materialistische Geschichtsauffassung nennt, als Schöpfer des wissenschaftlichen Sozialismus. Ich möchte Euch deshalb die Geschichte von Marx und Engels erzählen, indem ich mich ihrer Methode bediene, indem ich die materialistische Geschichtsauffassung anwende. Erlaubt mir darum, Genossen, einige einleitende Worte zu sagen.

Wir sind gewohnt, – ungeachtet der Tatsache, dass wir ein Programm haben, das gerade die Bedeutung des Kollektivs unterstreicht – manchmal der Rolle der Persönlichkeit in der Geschichte eine überaus große Bedeutung beizumessen. Wir untertreiben ein wenig die Rolle der Massen. Wir vergessen manchmal all die allgemeinen historischen und ökonomischen Bedingungen, die ihrerseits die Rolle dieser Persönlichkeiten bestimmen. Besonders in letzter Zeit haben wir dies häufig getan. Ich nehme zwei Persönlichkeiten – Marx und Engels. Die Persönlichkeit von Engels verblasst ein wenig im Vergleich mit Marx. Wir werden später sehen, worin die Wechselbeziehung der beiden besteht. Was nun Marx betrifft, so werden wir in der Geschichte des 19. Jahrhunderts kaum einen Menschen finden, der durch seine Tätigkeit, durch sein wissenschaftliches Werk derart das Denken und Tun einer Reihe von Generationen in vielen Ländern bestimmt hat. Dieser Mensch ist schon lange tot. Im Jahre 1933 werden 50 Jahre seit seinem Tod vergangen sein. Doch sein Denken beeinflusst und bestimmt weiter die intellektuelle Entwicklung auch der entferntesten Länder, solcher Länder, die zu Marx' Lebzeiten nie etwas von ihm gehört haben. Nehmen wir unser Land. Für Russland ist der Name von Marx sehr vertraut. 50 Jahre sind nun schon seit dem Erscheinen der russischen

Übersetzung des Kapital von Marx vergangen, aber der Einfluss des Marxismus, der Einfluss dieses Systems von Ideen wird mit jedem Jahr größer. Noch viele Jahrhunderte lang wird kein Historiker in der Lage sein, die russische Geschichte der 80er Jahre des 19. Jahrhunderts zu studieren, ohne zuvor die Werke von Marx und Engels studiert zu haben. So vollkommen ist Marx, so vollkommen ist Engels in die Geschichte des russischen gesellschaftlichen und sozialistischen Denkens, in die Geschichte der russischen revolutionären Arbeiterbewegung eingegangen.

Wir haben also Menschen von überragender Bedeutung vor uns, die die Richtung des menschlichen Denkens ganz wesentlich beeinflusst haben. Versuchen wir zu betrachten, unter welchen Bedingungen, in welcher Umgebung diese Menschen sich entwickelt haben. Jeder Mensch ist das Produkt einer bestimmten geschichtlichen Epoche. Jedes große Genie, das Neues hervorbringt, bringt dieses Neue auf der Grundlage des Alten hervor, das vor ihm geschaffen wurde. Das Genie wächst nicht aus dem Nichts. Mehr noch: wenn Ihr das wirkliche Maß an Genialität, an Originalität eines bestimmten Menschen feststellen wollt, könnt Ihr das nur tun, wenn Ihr eine annähernde Vorstellung davon habt, was bis zum Auftreten dieses Menschen erreicht wurde, welche Entwicklungsstufe das menschliche Denken, die menschliche Gesellschaft zu dem Zeitpunkt erreicht hat, zu dem er beginnt, den Einfluss seiner Umgebung in sich aufzunehmen.

Um Marx zu verstehen – und das wird die praktische Anwendung der Methode von Marx auf ihn selbst sein –, um ihn zu verstehen, müssen wir uns folgende Aufgabe stellen: Wir müssen den Einfluss der damaligen geschichtlichen Situation auf Marx und Engels untersuchen.

Marx wurde am 5. Mai 1818 in Trier geboren, Engels am 28. November 1820 in Barmen. Ich füge hinzu, dass beide Städte, Trier und Barmen, in Deutschland liegen. Beide befinden sich sogar in ein und derselben Provinz. Sie heißt die Rheinprovinz. Durch sie fließt der Rhein, der Grenzfluss zwischen Frankreich und Deutschland. Marx und Engels wurden also in einem Gouvernement geboren, um unseren Ausdruck zu gebrauchen. Euch ist aus Eurer eigenen Erfahrung bekannt, dass ein Kind in seinen ersten Lebensjahren vor allem dem Einfluss der Familie, seiner nächsten Umgebung, ausgesetzt ist. Mit zehn oder zwölf Jahren beginnt der Einfluss einer erweiterten Umgebung auf das Kind, angefangen mit der Schule. Es wird auf eine Reihe von Erscheinungen und Tatsachen gestoßen, die es im engen Kreis des Familienlebens noch nicht gibt. Das heißt, wenn wir einmal zu den Jahren 1818 bis 1820 zehn bis zwölf Jahre dazurechnen, kommen wir ungefähr auf die Jahre 1830/1831. Wir können also schon von vornherein sagen, dass Marx und Engels, geboren 1818 und 1820, Anfang der 30er Jahre des 19. Jahrhunderts unter den Einfluss einer bestimmten gesellschaftlich-geschichtlichen Situation gerieten. Haltet diese Daten fest, es wird Euch dann leichter fallen, meinen Ausführungen zu folgen.

Versuchen wir nun kurz zu bestimmen, wie diese gesellschaftlich-geschichtliche Situation aussah. Die Jahre 1830 und 1831 sind für Europa Jahre der Revolution. 1830 ereignete sich in Frankreich die sogenannte Julirevolution. Sie verbreitete sich in ganz Europa vom Westen bis zum Osten, erreichte auch Russland und führte im polnischen Königreich zum polnischen Aufstand des Jahres 1831. Das heißt also, dass Marx und Engels bereits mit elf, zwölf Jahren einen revolutionären Sturm erlebten, Eindrücken einer revolutionären Periode ausgesetzt waren. Aber die Julirevolution von 1830 war selbst nur der Abschluss eines anderen, noch bedeutenderen revolutionären Sturmes, dessen Folgen, dessen Einfluss wir kennen müssen, um die historische Lage zu verstehen, in der Marx und Engels aufwuchsen.

Die Geschichte des 19. Jahrhunderts, besonders desjenigen Drittels des 19. Jahrhunderts, bevor Marx und Engels ihr bewusstes Leben begannen, wird bestimmt durch zwei grundlegende Tatsachen: die industrielle Revolution in England und die große Revolution in Frankreich. Die industrielle Revolution in England beginnt ungefähr 1760. Sie erstreckt sich über einen sehr großen Zeitraum. Ihren Höhepunkt erreicht sie gegen Ende des 18. Jahrhunderts, geht in England jedoch erst ungefähr 1830 zu Ende. Was heißt das, industrielle Revolution? Dieser Name, der von Engels stammt, bezeichnet folgendes: England war ungefähr zu Beginn der zweiten Hälfte des 18. Jahrhunderts schon ein kapitalistisches Land. Es gab dort bereits eine Klasse von Lohnarbeitern, eine Klasse von Proletariern, dass heißt eine Klasse von Menschen ohne jedes Eigentum, ohne jegliches Produktionsmittel. Um ihr Leben zu fristen, waren diese Menschen gezwungen, sich selbst, oder, wie man sagt: ihre eigene Arbeitskraft, als Ware zu verkaufen. Es gab schon die Klasse der Kapitalisten, die die Arbeiterklasse ausbeutete, und es gab die Klasse der Grundbesitzer.

Dieser Kapitalismus in England – Mitte des 18. Jahrhunderts – war jedoch noch ein Kapitalismus, der technisch auf der alten manuellen Produktion basierte, auf dem Handwerk. Damit ist nicht die alte handwerkliche Produktion gemeint, wo es in jedem kleinen Unternehmen einen Meister, zwei oder drei Gesellen und einige Lehrlinge gegeben hatte. Eben diese alte handwerkliche Produktionsweise hatte schon der kapitalistischen Platz gemacht. Gerade in der zweiten Hälfte des 18.

Jahrhunderts entwickelte sich in England die Form der kapitalistischen Produktion, die man Manufaktur nennt. Das Manufakturstadium der kapitalistischen Entwicklung der Produktion zeichnet sich dadurch aus, dass es – während das Ausbeutungsverhältnis zwischen Kapitalisten und Arbeitern schon existiert, – noch nicht über die Grenze der handwerklichen Produktion hinausgeht. Aber in technischer Hinsicht, in Bezug auf die Organisation der Arbeit, unterscheidet es sich von der alten handwerklichen Produktionsweise dadurch, dass jetzt der Kapitalist in einem großen Gebäude 100 bis 200 Handwerker vereinigt. In der alten handwerklichen Werkstatt arbeiteten fünf, sechs, sieben Menschen in einem Raum. Jetzt entwickelt sich in großem Maßstab eine Arbeitsteilung mit allen ihren Folgen. Ihr habt einen kapitalistischen Betrieb vor Euch, ohne Maschinen, ohne automatische Mechanismen, in dem aber die Teilung der Arbeit, die Aufgliederung der Produktionsweise selbst in verschiedene abgetrennte Stadien schon sehr weit geht. In der Mitte des 18. Jahrhunderts erreicht diese Manufakturperiode in England ihre höchste Blüte.

Erst in der zweiten Hälfte des 18. Jahrhunderts, ungefähr seit den 60er Jahren, beginnen sich auch die technischen Grundlagen der Produktion zu verändern. Anstelle der alten Handwerksinstrumente werden Maschinen eingeführt. Das beginnt in dem Produktionszweig, der in England der wichtigste war, in der Textilproduktion. Eine Reihe von Erfindungen revolutionieren eine nach der anderen die Technik des Weber- und Spinnereihandwerks. Ich kann hier nicht alle diese Erfindungen aufzählen. Ich sage nur, dass ungefähr bis zum Ende der 80er Jahre des 18. Jahrhunderts schon Web- und Spinnstühle erfunden waren. Im Jahre 1785 erfand Watt die vervollkommnete Dampfmaschine, die die Möglichkeit eröffnete, Fabriken nicht nur an den Ufern der Flüsse zu erbauen, die die notwendige Energie lieferten, sondern sie auch in die Städte zu verlagern. Das wiederum schuf seinerseits günstige Bedingungen für die Zusammenziehung, die Konzentration der Produktion. Seit dem Jahre 1785, dem Zeitpunkt der Einführung der Dampfmaschine, beginnen Versuche der Anwendung des Dampfantriebes in einer ganzen Reihe von Industriezweigen. Aber das alles ging nicht so schnell, wie manchmal in unseren Büchern erzählt wird. Deshalb habe ich die ganze Periode von 1760 bis 1830 als die Periode dieser großen industriellen Revolution bezeichnet. So hat zum Beispiel die automatische Spinnmaschine, die bei uns in den Fabriken verbreitet ist, ihre endgültige, vervollkommnete Form erst 1825 bekommen. Der Webstuhl erhielt seine heutige Form erst 1813, obwohl die ersten Stühle schon vor 1766 erfunden wurden und ein recht zufriedenstellender Webstuhl bereits 1785 von Arkwright konstruiert worden war.

Stellt Euch jetzt ein Land vor, in dem während dieser 70 Jahre ununterbrochen eine Erfindung nach der anderen eingeführt wird, in dem sich die Produktion immer mehr konzentriert, in dem ununterbrochen ein Prozess der Enteignung, der Ruinierung, der Vernichtung der kleinen handwerklichen Produktion vor sich geht, ein Prozess der Ruinierung der kleinen Weber- und Spinnereiwerkstätten. Anstelle der Handwerker bildet sich eine ständig sich vergrößernde Masse von Proletariern. Ihr seht also, wie sich in England gegen Ende des 18. Jahrhunderts, und besonders zu Beginn des 19. Jahrhunderts, – anstelle der alten Arbeiterklasse, die sich im 16. und 17. Jahrhundert herausgebildet hatte und die noch in der ersten Hälfte des 18. Jahrhunderts nur einen unbedeutenden Teil der Bevölkerung umfasste – eine bedeutende Klasse entwickelt, eine Klasse, die allen gesellschaftlichen Beziehungen eine bestimmte Prägung gibt. Gleichzeitig mit dieser industriellen Revolution vollzieht sich auch eine beträchtliche Konzentration inmitten der Arbeiterklasse selbst. Ihr habt einen ununterbrochenen Wandel aller wirtschaftlichen Beziehungen vor Augen, die Entwurzelung der alten Generation von Webern und Spinnern, die aus ihren herkömmlichen, gewohnten Existenzbedingungen herausgeschleudert wird. Wo der ehemalige Manufakturarbeiter noch wusste, dass sein Vater und sein Großvater unter denselben Bedingungen gelebt hatten, dass er sich kaum vom Handwerker, vom Bauern unterschied, traten jetzt an die Stelle dieser Verhältnisse Existenzbedingungen, unter denen jeder von ihnen begriff: gestern war es noch so, heute ist alles anders geworden. Gestern gab es noch überlieferte, enge, feste Beziehungen zwischen Unternehmern und Arbeitern. Jetzt ist das anders: Die Unternehmer werfen erbarmungslos Dutzende, Hunderte von Arbeitern auf die Straße.

Als Antwort auf diese radikale Veränderung der Existenzbedingungen der Arbeiter entwickelt sich eine Reaktion - Reaktion nicht in dem Sinn, wie wir das gewöhnlich verstehen, sondern es kommt zu einer Auflehnung der Arbeiter gegen diese Erschütterung, gegen diese Art von Revolution. Sie empören sich, sie versuchen, sich diese neuen Bedingungen vom Hals zu schaffen. Es ist vollkommen verständlich, dass ihr ganzer Hass, ihre ganze Unzufriedenheit sich anfangs gegen die greifbaren Formen dieser neuen, für sie unerträglichen Revolution richten, nämlich gegen die Maschinen, in denen sich für sie alles Übel, alles Böse verkörpert.

So beginnt zu Anfang des 19. Jahrhunderts eine Reihe von Auflehnungen der Arbeiter gegen die Maschinen, gegen die neuen technischen Bedingungen der Produktion. Sie erreichen ihr größtes Ausmaß in England genau im Jahr 1815. Ich habe vorhin gesagt, dass der Webstuhl seine vervollkommnete Form im Jahr 1813 erhielt. Bis zu diesem Jahr, in dem die Bewegung alle Industriezentren erfasst, in dem sie sich schon von einer rein spontanen in eine organisierte Bewegung verwandelt hat, schafft sie sich ihre eigenen Losungen und bekommt sie ihre eigenen Führer. Diese Bewegung, die gegen die Maschinen gerichtet war, ist bekannt unter dem Namen Ludditenbewegung.

Nach einer Version leitet sich diese Bezeichnung vom Namen eines Arbeiters her, nach einer anderen ist sie mit dem legendären General Ludd verbunden, mit dessen Namen die Arbeiter ihre Proklamationen unterzeichneten ...

Gegen diese Bewegung der Ludditen ergriffen die herrschenden Klassen, die damals herrschende Oligarchie, grausamste Unterdrückungsmaßnahmen. Für die Zerstörung von Maschinen, für den bloßen Versuch, Maschinen zu beschädigen, wurde die Todesstrafe eingeführt. Mehr als ein Arbeiter wurde gehängt.

Es bedurfte eines entwickelteren Stadiums der Arbeiterbewegung, die Propaganda von Revolutionären war notwendig, um den Arbeitern zu erklären, dass die Schuld nicht bei den Maschinen liegt, sondern bei den Bedingungen, unter denen die neuen Maschinen angewendet werden. Diese revolutionäre Bewegung, die sich zum Ziel setzte, aus den Arbeitern eine bewusste Masse zu machen, die gegen bestimmte gesellschaftliche und politische Bedingungen würde kämpfen können, beginnt sich in England gerade seit dem Jahr 1815 mächtig zu entwickeln. Ich werde nicht näher auf sie eingehen. Doch möchte ich Euch sagen, Genossen, dass auch diese revolutionäre Bewegung, die in den Jahren 1815 bis 1817 begann, ihre Vorläufer schon etwas früher hatte, nämlich zu Ende des 18. Jahrhunderts.

Um die Bedeutung dieser Vorläufer zu verstehen, müssen wir uns jetzt Frankreich zuwenden, denn ohne eine Kenntnis davon, welche Rolle die Französische Revolution gespielt hat, wird es uns schwer fallen, die ersten Schritte der englischen Arbeiterbewegung zu verstehen.

Die französische Revolution brach, wie Ihr alle wisst, im Jahre 1789 aus. Sie erreicht ihren Höhepunkt 1793. Seit 1794 befindet sie sich schon im Niedergang und führt binnen weniger Jahre zur Errichtung der Militärdiktatur Napoléons. 1799 führt Napoléon seinen Staatsstreich aus, ist fünf Jahre Konsul, erklärt sich dann zum Kaiser und herrscht in Frankreich bis 1815.

Frankreich war bis zum Ende des 18. Jahrhunderts ein Land, an dessen Spitze ein absoluter Herrscher stand. Tatsächlich gehörte die Herrschaft dem Adel, der einen Teil seines Einflusses für dieses oder jenes Almosen an die Finanz- und Handelsbourgeoisie, die sich schon herausgebildet hatte, und an die Geistlichkeit verkauft hatte. Ausgelöst von einer machtvollen Bewegung unter den Volksmassen – den Kleinproduzenten, den Bauern, den kleinen und mittleren Fabrikanten, die keine Privilegien hatten –, wächst in Frankreich eine starke revolutionäre Bewegung heran. In den nun folgenden Kämpfen zwischen den verschiedenen gesellschaftlichen Gruppen, der Klasse der städtischen Armen und der privilegierten Stände, fällt die Macht am 10. August 1792 in die Hände des revolutionären Kleinbürgertums und der Pariser Arbeiter. Der äußere Ausdruck dieser Herrschaft ist die Herrschaft der Jakobiner, die von Robespierre und Marat geführt werden. Ich füge noch einen dritten Namen hinzu, der Euch bekannt ist, den von Danton. Zwei Jahre lang befindet sich Frankreich in den Händen des aufständischen Volkes, dessen Avantgarde das revolutionäre Paris ist.

Die Jakobiner waren Vertreter der Bourgeoisie, aber Vertreter, die die Forderungen der Bourgeoisie zu einem logischen Schluss geführt hatten. Es waren keine Kommunisten, es waren keine Sozialisten. Kommunisten und Sozialisten waren weder Robespierre noch Marat. Im Gegenteil, sowohl Robespierre, wie Marat, wie Danton waren nur kleinbürgerliche Demokraten, die die Rolle, die geschichtliche Aufgabe hatten, die die ganze Bourgeoisie erfüllen musste, Frankreich von allen Resten des Feudalregimes zu reinigen, politische Verhältnisse zu schaffen, unter denen sich die Tätigkeit der privaten Eigentümer frei entfalten konnte, unter denen nichts einen solchen kleinen Eigentümer hinderte, sich mit rechtschaffenem Einkommen bzw. mit der rechtschaffenen Ausbeutung anderer um den nötigen Durchschnittsprofit zu bereichern. Aber im Kampf gegen den Feudalismus, gegen die Aristokratie, im Kampf hauptsächlich gegen ganz Osteuropa, das eine Koalition geschaffen hatte, die Frankreich überfiel, in diesem Kampf spielten die Jakobiner Robespierre und Marat die Rolle revolutionärer Führer. In diesem Kampf mit ganz Europa mussten sie sich der Methode der revolutionären Propaganda bedienen. Um der Macht des Feudalismus, der Macht der Herren, die Macht der Volksmassen entgegenzusetzen, stellten sie die Losung auf: Krieg den Palästen, Friede den Hütten! Sie trugen auf ihren Bannern die Losung Freiheit, Gleichheit, Brüderlichkeit.

Die ersten Errungenschaften der französischen Revolution wirkten sich auch unmittelbar zum Nutzen der Rheinprovinz aus - dort organisierten sich Jakobinergesellschaften. Viele Deutsche wurden als Freiwillige in die französische Armee aufgenommen. Einige von ihnen traten in Paris verschiedenen revolutionären Vereinigungen bei. In der Rheinprovinz und auch in der Pfalz hielt ein starker Einfluss der französischen Revolution noch lange an - ihre heroischen Traditionen wirkten bis in den Beginn des 19. Jahrhunderts auf die junge Generation. Sogar Napoleon, der ein Usurpator war, ein Eroberer, musste sich im Kampf mit dem alten monarchistischen und feudalen Europa auf die grundlegenden Errungenschaften der französischen Revolution stützen, einfach deshalb, weil er als Eroberer zugleich als Feind des Feudalregimes auftrat. Er hatte seine militärische Karriere in der revolutionären Armee begonnen. (Unsere Rote Armee hat sich übrigens in hervorragender Weise die Erfahrung der großen revolutionären Kriege zu eigen gemacht.) Eine riesige Masse von anfangs barfüßigen, abgerissenen, manchmal offenbar nur mit Stöcken bewaffneten französischen Soldaten lag im Kampf mit den großartigen preußischen Heeren und besiegte sie durch ihren Enthusiasmus, durch ihre Zahl, besiegte sie dadurch, daß sie, bevor sie Kugeln schickte, Proklamation schickte, die feindliche Armee demoralisierte und zersetzte. Auf diese revolutionäre Propaganda verzichtete auch Napoleon in seinen Kriegen nicht. Er wusste sehr gut, dass Kanonen eine sehr starke Waffe sind, aber er verachtete bis zum letzten Tag niemals die Waffe der revolutionären Propaganda – diese Waffe, die so hervorragend die gegnerischen Heere zersetzt.

Der Einfluss der französischen Revolution breitete sich auch nach Osten aus, er erreichte auch das alte Petersburg. In unseren alten Büchern könnt Ihr lesen, dass man sich bei der Nachricht über die Eroberung der Bastille sogar in Petersburg umarmte und küsste.

In Russland gab es schon eine kleine Gruppe von Personen – die bedeutendste von ihnen war Radischtschew – die vollkommen bewusst die Ereignisse der französischen Revolution aufnahmen. In größerem oder geringerem Ausmaß bemerken wir den revolutionären Einfluss in allen Ländern Europas. Sogar in demselben England, das an der Spitze beinahe aller gegen Frankreich gerichteten Koalitionsarmeen stand, erfasste er nicht nur kleinbürgerliche Elemente, sondern auch die zahlreiche, schon von der industriellen Revolution geschaffene Arbeiterbevölkerung. Gerade in den Jahren 1791 und 1792 entsteht die erste revolutionäre Arbeiterorganisation in England. Diese Arbeiterorganisation trägt den Namen Korrespondentengesellschaft. Das bedeutet nicht eine Vereinigung von Korrespondenten irgendeiner Zeitung; das ist eine Gesellschaft, die diesen Namen angenommen hat, um die englischen Gesetze zu umgehen.

Gegen Ende des 18. Jahrhunderts war England ein konstitutionelles Land. Es hatte schon zwei Revolutionen erlebt – eine in der Mitte, die andere gegen Ende des 17. Jahrhunderts. Es galt als ein sehr freies Land, in dem Clubs und Gesellschaften erlaubt waren, in dem es aber keinem von diesen Clubs und keiner dieser Gesellschaften erlaubt war, in eine organisatorische Verbindung mit anderen Gesellschaften zu treten. Nun dachten diejenigen Vereinigungen, in die die Arbeiter eintraten, sich folgendes Mittel aus, um dieses Verbot zu umgehen: sie errichteten Korrespondentengesellschaften, wo immer sie konnten. Das waren Gesellschaften, die untereinander in Briefwechsel standen, die untereinander eine Korrespondenz aufrecht erhielten. Die Londoner Gesellschaft wurde von dem Schuhmacher Thomas Hardy geführt. Das war ein Schotte französischer Abstammung. Sein Familienname bedeutet der Kühne. Hardy brachte eine Reihe Arbeiter dazu, der Gesellschaft beizutreten. Der Mitgliedsbeitrag war sehr niedrig. Der Verein hielt Treffen und Versammlungen ab. Die überwältigende Mehrheit der beigetretenen Arbeiter waren Handwerker - Schuster und Schneider. Das erklärte sich daraus, dass die industrielle Revolution, wie ich schon sagte, begonnen hatte, ihren zersetzenden Einfluss auf die alte Manufakturproduktion, auf das alte Handwerk auszuüben. Ich nenne noch einen Namen, der sich mit der weiteren Geschichte der Arbeiterbewegung in England verbindet, Francis Pless. Das ist ein Schneider, dessen Namen wir in der Geschichte des englischen Trade-Unionismus begegnen werden. Ich könnte die Namen einer ganzen Reihe von Arbeitern nennen. Die Mehrzahl von ihnen sind Handwerker. Ich erwähne noch den Schuhmacher Holcaft, einen talentierten Dichter, Publizisten und Redner, der am Ende des 18. Jahrhunderts eine große Rolle spielte.

Diese Korrespondentengesellschaft schickte nun im Jahre 1792, als in Frankreich (am 10. August 1792) die Republik ausgerufen wurde, sofort, innerhalb von zwei, drei Wochen auf einem geheimen Weg, wobei sie sich der Vermittlung des französischen Botschafters in London bediente, eine Sympathie- und Solidaritätsgrußbotschaft an den französischen Konvent. Diese Grußbotschaft, eins der ersten Zeichen der internationalen Solidarität, der internationalen Sympathie, machte einen tiefen Eindruck im französischen Konvent, weil es eine Grußbotschaft des englischen Volkes war, während sich die herrschenden Klassen Englands damals sehr feindselig gegenüber Frankreich verhielten. Der Konvent beantwortete die Grußbotschaft mit einer besonderen Resolution. Die Beziehungen der englischen Arbeiter-Korrespondentengesellschaften mit den französischen Jakobinern gaben der englischen Oligarchie den Anlass, Verfolgungen dieser Gesellschaft einzuleiten. Gegen Hardy und andere wurden einige Prozesse angezettelt. Wenn Ihr die Reden der Staatsanwälte lest, die in diesen Prozessen auftraten, seht Ihr, auf welche Weise die englischen kapitalistischen Gruppen die Revolution ausnutzten, um dem revolutionären Frankreich Kolonien in Asien und Amerika wegzunehmen.

Die Gefahr für ihre Herrschaft zwang die englische Oligarchie, eine ganze Reihe von Maßnahmen gegen die aufkommende Arbeiterbewegung zu ergreifen. Um das Jahr 1800 werden auch die Vereine und Gesellschaften, die die wohlhabenden bürgerlichen Elemente bis dahin gründen durften, und deren Gründung man den Handwerkern nicht verbieten konnte, verboten. Insbesondere werden aber alle Gesellschaften verboten, die in brieflichen Beziehungen miteinander, in gegenseitiger Korrespondenz stehen. Im Jahre 1799 verbietet ein Gesetz speziell jede legale Vereinigung von Arbeitern in England. Von 1799 bis 1824 war der englischen Arbeiterklasse jedes Recht auf Versammlung und Vereinigung geraubt.

Kehren wir jetzt zum Jahr 1815 zurück. Die Bewegung der Ludditen, die sich ausschließlich die Zerstörung der Maschinen zum Ziel gesetzt hatte, wurde abgelöst durch einen bewussteren Kampf. Die neuen Organisationen stellten sich die Aufgabe, die politischen Existenzbedingungen der Arbeiterklasse zu verändern. Sie forderten in erster Linie das Versammlungsrecht, das Koalitionsrecht (Vereinigungsrecht) und Pressefreiheit. Das Jahr 1817 beginnt mit einem hartnäckigen Kampf, der 1819 im größten Zentrum der englischen Baumwollindustrie, in Manchester, zu einer berühmten Schlacht führt. Sie fand auf dem Petersfeld statt, aber die englischen Arbeiter nannten dieses Gemetzel die Schlacht bei Peterloo. Genossen, Ihr habt sicher den Namen Waterloo gehört: so hieß der Ort, wo die Verbündeten 1815 Napoleon besiegten. Gegen die Arbeiter wurden riesige Massen von Kavallerie eingesetzt. Die Schlacht endete mit der Ermordung vieler Menschen. Wie unser Nikolaus einmal die tapferen Dragoner beglückwünschte, die in die wehrlose Masse der Arbeiter von Jaroslawl hineingefeuert hatten, so beglückwünschte der englische König die kühnen Kavalleristen zu dem Sieg, den sie über die unbewaffneten Arbeiter davongetragen hatten. Außerdem wurden gegen die Arbeiterklasse grausame Maßnahmen ergriffen, die sogenannten „6 Verordnungen". Doch als Ergebnis dieser Verfolgungen erstarkte der revolutionäre Kampf, und im Jahr 1824 erkämpften die englischen Arbeiter das berühmte Koalitionsgesetz, das ein Zugeständnis an diese revolutionäre Bewegung bedeutet. Dabei wirkte der von mir erwähnte Pless mit, der sich zu dieser Zeit von seinen revolutionären Genossen gelöst und in einen selbständigen Unternehmer verwandelt hatte, aber weiterhin seine Beziehungen mit den Radikalen im Unterhaus aufrecht erhielt.

Diese Bewegung, die sich unter den Arbeitern entwickelt hatte und die die Gründung von Arbeiterorganisationen und -vereinigungen zum Ziel hatte, um sich gegen die Repressionen der Unternehmer zu verteidigen, um bessere Arbeitsbedingungen, einen höheren Lohn zu erreichen, erhielt jetzt eine gesetzliche Grundlage. Seit dieser Zeit beginnt die englische trade-unionistische, gewerkschaftliche Bewegung anzuwachsen. In ihr organisieren sich jetzt auch politische Gesellschaften, die sich die Erkämpfung des allgemeinen Wahlrechts zum Ziel setzen. All das spielt sich in den 20er Jahren ab.

Während dessen war in Frankreich, wie ich sagte, 1815 Napoleon endgültig gestürzt worden, anschließend wurde die alte Bourbonenmonarchie mit Ludwig XVIII. restauriert. Es beginnt die Epoche der Restauration, die ungefähr 15 Jahre dauert. Nachdem er den Thron mit Hilfe ausländischer Einmischung zurückerhalten hat, mit Hilfe von Zar Alexander I., macht Ludwig eine Reihe von Zugeständnissen an die Grundbesitzer, die unter der Revolution gelitten haben. Zwar konnte er ihnen unmöglich das Land zurückgeben, es blieb den Bauern, aber er tröstete sie mit Entschädigungen in Höhe von mehreren Milliarden Francs. Ludwig bemühte sich mit allen Kräften, die Weiterentwicklung der gesellschaftlich-politischen Verhältnisse aufzuhalten. Er strengte sich an, soviel wie möglich von den Zugeständnissen rückgängig zu machen, zu denen er gezwungen gewesen war. In diesem Kampf zwischen Liberalen und Konservativen verschleißt sich die Bourbonendynastie bis zum Juli des Jahres 1830, in dem eine neue Revolution ausbricht.

England, das zu Ende des 18. Jahrhunderts auf die französische Revolution mit dem Erstarken der Arbeiterbewegung antwortete, erlebt jetzt, unter dem Einfluss der Julirevolution von neuem einen revolutionären Aufschwung. Es beginnt eine machtvolle Bewegung für die Erweiterung des Wahlrechts. Nach den englischen Gesetzen besaß nur ein verschwindend geringer Teil der Bevölkerung das Wahlrecht, hauptsächlich die Großgrundbesitzer. Ihnen gehörten oft Anwesen mit zwei bis drei Wählern (sogenannte faulige Siedlungen), die auf ihr Geheiß Abgeordnete nach ihrem Geschmack ins Unterhaus schicken mussten. Die regierenden Parteien, Tories und Whigs, vertreten im wesentlichen die verschiedenen Fraktionen der Landaristokratie. Von diesen miteinander verfeindeten Parteien gewinnt die liberale, die Whigs, die Oberhand. Sie hält, es für notwendig, ein Zugeständnis an das Volk zu machen und eine Wahlreform durchzuführen. Diese führte dazu, dass die wohlhabendere Bevölkerung – die Industriebourgeoisie – jetzt das Wahlrecht erhielt. Die Betrogenen waren die Arbeiter. Als Reaktion auf diesen Verrat der liberalen Bourgeoisie - an dem sich auch Pless, das ehemalige Mitglied der Korrespondentengesellschaft beteiligte – wird nach wenigen Jahren und nach verschiedenen missglückten Versuchen im Jahr 1836 der Londoner Arbeiterverein organisiert. Im Unterschied zu der alten Korrespondentengesellschaft trägt er schon den klassischen

Namen Arbeitergesellschaft. An der Spitze dieser Gesellschaft standen einige fähige Arbeiter. Die hervorragendsten von ihnen waren William Lovett und Henry Hazarington. 1837 formulierten Lovett und seine Genossen zum ersten Mal die grundlegenden politischen Forderungen der Arbeiterklasse. Sie stellen sich schon die Aufgabe, die Arbeiter in Form einer besonderen politischen Partei mit einem besonderen politischen Programm zu organisieren. Jedoch, wie ich hinzufüge, nicht in Form einer Partei der Arbeiterklasse, die ihr besonderes Programm gegen alle anderen, bürgerlichen Parteien aufstellt, sondern in Form einer Arbeiterpartei, die den gleichen Machtanteil will wie alle anderen Klassen. Sie will ebenfalls am politischen Leben teilnehmen. Sie will in dieser bürgerlichen politischen Umgebung die politische Partei der Arbeiterklasse sein. Sie setzt sich überhaupt keine besonderen Ziele, sie stellt überhaupt kein besonderes ökonomisches Programm auf gegen die ganze bürgerliche Gesellschaft. Ihr werdet das am besten verstehen, wenn Ihr Euch erinnert, dass es in Australien und Neuseeland solche Arbeiterparteien gibt, die sich nicht die radikale Veränderung der gesellschaftlichen Bedingungen selbst zum Ziel gesetzt haben. Sie stehen manchmal in einer engen Koalition mit den bürgerlichen Parteien, um den Arbeitern einen bestimmten Anteil am Einfluss in der Regierungsmaschine zu sichern.

Das Dokument, in dem Lovett und seine Genossen die Forderungen der Arbeiter formulierten, erhielt die Bezeichnung Charta. Da das entsprechende Wort im englischen Charter heißt, wurde diese Bewegung als die chartistische bezeichnet. Chartisten nannten sich die Arbeiter, die diese Charta geschaffen hatten. Sie erhoben 6 Forderungen: Das allgemeine Wahlrecht, ein jährlich zu wählendes Parlament, geheime Abstimmung, Bezahlung der Abgeordneten, Aufteilung des Landes in gleiche Wahlkreise und die Abschaffung der Bindung der Wählbarkeit der Abgeordneten an ihr Vermögen. So begann die chartistische Bewegung.

Ihr seht, diese Bewegung begann im Jahr 1837, als Marx schon 19 und Engels 17 Jahre alt war. Sie stellt den höchsten Punkt dar, den die Arbeiterbewegung in ihrer Entwicklung bis zu der Zeit errreicht hatte, in der Marx und Engels begannen, ihre Umwelt bewusst zu beobachten.

In Frankreich, wo die Julirevolution der 30er Jahre zum Sturz der Bourbonen geführt hatte, wurde nicht die Republik errichtet, die sich die revolutionären Organisationen der 20er Jahre zum Ziel gesetzt hatten, sondern eine konstitutionelle Monarchie, welche jetzt von einer neuen Dynastie, der sogenannten Dynastie von Orleans, geführt wurde, die während der Zeit der großen französischen Revolution und auch später, in der Zeit der Restauration, in Opposition zu ihren Verwandten, den Bourbonen, gestanden hatten.

Diese Julimonarchie gibt der Industrie-, Handels- und Finanzbourgeoisie freie Hand, den Prozess ihrer Bereicherung zu beschleunigen und richtet ihre Schläge gegen die Arbeiterklasse, in der bereits das Bedürfnis nach einer Organisation erwacht, jedoch noch nicht stark genug ist.

Zu Beginn der 30er Jahre bestehen die revolutionären Gesellschaften hauptsächlich aus Studenten und Intelligenzlern, Arbeiter gibt es unter ihnen nur vereinzelt. Doch als Antwort auf den Wechsel innerhalb der Bourgeoisie bricht im Jahr 1831 in Lyon, dem Zentrum der Seidenweberindustrie, ein Arbeiteraufstand aus. Einige Tage lang haben die Arbeiter die Stadt in der Hand. Sie stellen überhaupt keine politischen Forderungen auf. Sie tragen auf ihrem Banner die Losung Arbeitend leben oder kämpfend untergehen! Schließlich werden sie geschlagen, mit allen üblichen Folgen einer solchen Niederlage.

Dieser Aufstand wiederholt sich noch einmal 1834 in derselben Stadt. Er spielte eine gewaltige Rolle, eine noch gewaltigere Rolle als die Julirevolution. Die Julirevolution wirkte hauptsächlich auf die kleinbürgerlichen, sogenannten demokratischen Elemente ein. Der Aufstand von Lyon und seine Wiederholung offenbarte zum ersten Mal die revolutionäre Bedeutung der Arbeiterelemente, die – wenn auch zunächst nur in einer Stadt – das Banner des Aufstandes gegen die gesamte Bourgeoisie erheben und die Arbeiterfrage zur entscheidenden machen. Die Forderungen, die das Proletariat von Lyon erhob, waren noch nicht gegen die Grundlagen der bürgerlichen Ordnung selbst, aber sie waren gegen die Kapitalisten, gegen die Ausbeutung gerichtet.

So betritt in der Mitte der 30er Jahre sowohl in Frankreich als auch in England die neue revolutionäre Klasse die Szene - das Proletariat. Ihr seht in England den Versuch, dieses Proletariat zu organisieren. Auch in Frankreich seht Ihr nach dem Lyoner Aufstand die ersten Versuche seiner revolutionären Organisation. Der glänzendste Vertreter dieser Bewegung ist Auguste Blanqui einer der größten französischen Revolutionäre. Er nahm Teil an der Julirevolution. Und gerade unter dem Einfluss der Lyoner Aufstände, die gezeigt haben, dass das am meisten revolutionäre Element in Frankreich die Arbeiter sind, beginnt Blanqui, gemeinsam mit Genossen, unter den Arbeitern in Paris revolutionäre Gesellschaften zu organisieren. An diesen revolutionären Gesellschaften beteiligen sich, wie einst zur Zeit der großen Französischen Revolution in Paris, auch Elemente anderer Nationalitäten – Deutsche, Belgier und

Schweizer. Als Ergebnis dieser revolutionären Tätigkeit von Blanqui und seinen Genossen, die sich zum Ziel setzen, auf dem Wege eines erfolgreich durchgeführten Aufstandes die politische Macht zu ergreifen und eine Reihe von Maßnahmen im Interesse der Arbeiterklasse durchzuführen, unternehmen sie einen kühnen Versuch, einen Aufstand, der im Mai 1839 mit einem Misserfolg endet. Dieser Maiaufstand in Paris, der, ich wiederhole es, mit einer Niederlage und für Blanqui mit lebenslänglichem Zuchthaus anstelle der Todesstrafe endete, zog die Verhaftung einer ganzen Reihe von Deutschen nach sich, die an diesem Aufstand teilgenommen hatten. Den Namen eines dieser Deutschen, dem wir noch begegnen werden, nenne ich Euch – Schapper, der mit seinen Genossen nach wenigen Monaten gezwungen wurde, Frankreich zu verlassen. Sie brechen nach London auf und organisieren in London im Februar 1840 den Arbeiterbildungsverein.

Erinnert Euch jetzt, dass zu dieser Zeit Marx schon 22, Engels 20 Jahre alt war. Wir kommen zum höchsten Punkt, den die proletarische, revolutionäre Arbeiterbewegung zu der Zeit erreicht, zu der Marx und Engels bewusst lebende Menschen werden. Wir müssen jetzt beim nächsten Mal genauer auf die ganze historische Lage im allgemeinen und die Situation in Deutschland im besonderen eingehen, wie sie sich in der Rheinprovinz herausgebildet hatte, wo Marx und Engels ihre Jugendjahre verbrachten. Ich werde dann auch eine Skizze der Entwicklung der deutschen Bewegung geben.

2. VORTRAG

Die revolutionäre Bewegung im Deutschland
der 30er Jahre – Die Rheinprovinz – Die
Jugendjahre von Marx und Engels – Die
literarischen Arbeiten von Engels – Marx als
Redakteur der Rheinischen Zeitung

Die Kriege mit Napoleon waren beendet. An diesen Kriegen nahm, wie Euch bekannt ist, außer England, das die Seele der Koalition war, auch unser gottwohlgefälliges Heimatland teil, zusammen mit den Deutschen und Österreichern. Unsere Heimat nahm so sehr teil, dass der gesegnete Alexander die Hauptrolle auf jenem Wiener Kongress spielte, der nach diesem langen Krieg über das Schicksal Europas entschied, und der so genannt wurde, weil er in Wien, der Hauptstadt Österreichs, zusammentrat. Der Friede von Wien stellte damals die Ordnung in Europa nicht besser her, als der von Versailles, der den letzten imperialistischen Krieg beendet hat. Er fesselte Frankreich und nahm ihm alle territorialen Eroberungen der revolutionären Periode. England gab man alle Kolonien Frankreichs, in Deutschland dagegen, das als Ergebnis des Befreiungskampfes die Herstellung der Einheit erwartete, vollzog sich die endgültige Zweiteilung in Norddeutschland und Österreich.

Bald nach dem Jahr 1815 beginnt in Deutschland unter der Intelligenz, unter der Studenschaft eine Bewegung, deren Hauptziel die Herstellung der Einheit Deutschlands ist – zunächst noch nicht die Republik, sondern lediglich ein einheitliches Deutschland. Als Hauptfeind galt damals Russland, das kurz zuvor, unmittelbar nach dem Wiener Kongress, mit Deutschland und Österreich die Heilige Allianz geschlossen hatte, die gegen alle revolutionären Bestrebungen gerichtet war. Als ihre Gründer galten Alexander I. und der österreichische Kaiser, aber tatsächlich war der Hauptlenker der österreichischen Politik, Metternich, die Seele dieser ganzen Politik. Doch galt Russland als Hauptvertreter der reaktionären Bestrebungen, und als inmitten der Intelligenz und der Studenschaft die liberale Bewegung begann, die sich zum Ziel setzte, Kultur und Aufklärung im deutschen Volk zu verbreiten, um die Einigung vorzubereiten, da konzentrierte sich der Hass hauptsächlich auf Russland, als dem Vertreter von Konservatismus und Reaktion. Aus dieser Bewegung entwickelten sich Zirkel an der Jenaer, Giessener und anderen Universitäten. Im Jahr 1819 ermordete einer der Studenten, Karl Sand, den deutschen Schriftsteller Kotzebue, den man nicht ohne Grund für einen russischen Spion hielt. Dieser terroristische Akt, der einen sehr starken Eindruck in Russland machte, wo Karl Sand das Ideal vieler unserer künftigen Dekabristen[3] war, gab Metternich, gab den deutschen Behörden den Anlass, über die deutsche Intelligenz herzufallen. Die studentischen Gesellschaften hörten jedoch nicht auf zu existieren, sondern wurden nur noch revolutionärer, und aus ihnen entwickelten sich allmählich in der Mitte der 20er Jahre revolutionäre Organisationen.

Genossen, ich habe gerade unsere Dekabristenbewegung erwähnt, die am 14. Dezember 1825 zum Versuch des bewaffneten Aufstandes führte und mit einer Niederlage endete. Ich muss hinzufügen, daß diese Bewegung keine isolierte, rein russische ist. Diese Bewegung entwickelte sich unter dem Einfluss der revolutionären Bewegung der Intelligenz in Polen, Österreich, Frankreich und dem fernen Spanien. Das ist eine intelligenzlerische revolutionäre Bewegung, der auch eine besondere Richtung in der Literatur entsprach, deren wichtigster und glänzendster Vertreter der bekannte Publizist und erste deutsche politische Schriftsteller Ludwig Börne ist. Von Geburt Jude, übte er einen großen Einfluss auf die Entwicklung des deutschen politischen Denkens aus. Er war ein echter politischer Demokrat, der sich zu dieser Zeit wenig für die soziale Frage interessierte, überzeugt, daß man alles in Ordnung bringen, alles bessern könne, wenn man nur dem Volk die volle politische Freiheit gäbe.

---

3   Dezemberrevolutionäre

So ging es fort bis zum Jahr 1830, in dem, wie Ihr wisst, in Frankreich die Julirevolution ausbrach. Ich habe Euch schon gesagt, dass sie in ganz Europa einen tiefen Eindruck hinterließ, von Frankreich bis in den Osten, aber besonders stark beeinflusste sie Deutschland. In einigen Orten führte sie zu Empörungen, zu Aufständen, die mit einigen konstitutionellen Zugeständnissen in den kleinen deutschen Staaten endeten. Die Regierung wurde schnell mit dieser Bewegung fertig, denn sie war nicht wirklich in den Volksmassen verwurzelt. Eine zweite Welle des Aufruhrs breitete sich in ganz Deutschland nach dem polnischen Aufstand von 1831 aus. Ebenfalls eine direkte Folge der Julirevolution, endete er mit einer Niederlage, die dazu führte, dass eine Masse von verfolgten polnischen Revolutionären eine Zuflucht in Deutschland suchte. Dadurch verstärkt sich in der deutschen Intelligenz von neuem die alte Strömung – Hass auf Russland und Solidarität mit dem unterdrückten Polen, das von Russland terrorisiert wurde.

Unter dem Einfluss dieser beiden Ereignisse entstehen nach dem Jahr 1831, trotz der Niederlage der Julirevolution, einige revolutionäre Bewegungen, bei denen wir kurz verweilen müssen. Ich möchte Euch auf Tatsachen hinweisen, die auf die eine oder andere Art auf den jungen Marx und den jungen Engels eingewirkt haben können. Im Jahr 1832 konzentriert sich in Süddeutschland die revolutionäre Bewegung nicht in der Rheinprovinz, sondern in der Pfalz. Genau wie die Rheinprovinz war auch die Pfalz lange in der Hand der Franzosen gewesen und erst nach 1815 an Deutschland zurückgegeben worden. Die Rheinprovinz wurde Preußen zugeschlagen, die Pfalz Bayern, wo die Reaktion auch nicht weniger als in Preußen wütete. Ihr werdet leicht verstehen, dass die Bewohner der Rheinprovinz, die an die freieren französischen Verhältnisse gewöhnt waren, und ebenso die Bewohner der Pfalz, heftig darauf reagieren mussten. Jede revolutionäre Aktion in Frankreich musste diese oppositionelle Stimmung verstärken. 1831 wuchs sie in der Pfalz besonders stark unter der liberalen Intelligenz, den Advokaten und Schriftstellern. Im Jahr 1832 veranstalteten die Advokaten Wirth und Siebenpfeiffer in Hambach ein großes Fest, bei dem eine Reihe von Rednern – unter ihnen auch Börne – auftraten. Sie verkündeten die Notwendigkeit eines freien vereinten Deutschlands.

Ein Festteilnehmer war der Bürstenmachermeister Johann-Philipp Becker, damals ungefähr 23 Jahre alt. Wir werden dem Namen Becker in der Geschichte der europäischen revolutionären Bewegung noch mehr als einmal begegnen. Er stand auch mit einigen Generationen von russischen Revolutionären in engen Beziehungen, von Bakunin bis Plechanov. Becker versuchte damals, der Intelligenz klarzumachen, dass man sich nicht auf Agitation beschränken kann, sondern dass es notwendig ist, sich auf den bewaffneten Aufstand vorzubereiten. Becker war ein typischer Revolutionär alten Schlags. Ein begabter Mensch, wurde er später Schriftsteller, obwohl er nie ein hervorragender Theoretiker war, sondern mehr der Typus des revolutionären Praktikers. Nach dem Hambacher Fest bleibt er noch einige Jahre in Deutschland und befasst sich damit, womit bei uns die Revolutionäre der 70er Jahre beschäftigt waren: er betreibt Agitation und Propaganda, organisiert die Flucht von Genossen und Überraschungsangriffe zur Befreiung von Genossen aus dem Gefängnis. Auf diese Weise gelang es ihm, einigen Revolutionären zu helfen. Im Jahr 1833 unternimmt die Gruppe, mit der Johann Becker eng verbunden ist – er selbst saß damals im Gefängnis – den Versuch eines bewaffneten Überfalls auf die Hauptwache in Frankfurt, um Waffen zu erobern. In Frankfurt tagte damals der Bundesrat. Die Studenten und Arbeiter, die mit ihnen verbündet waren, waren überzeugt, dass sie, wenn es ihnen gelänge, einen bewaffneten Aufstand in dieser Stadt durchzuführen, eine starke Wirkung in ganz Deutschland erzielen würden; doch man wurde schnell mit ihnen fertig. Einer der entschiedensten Teilnehmer dieses Aufstandes war Karl Schapper. Wir haben ihn in Paris gesehen. Jetzt begegnen wir ihm auf deutschem Boden. Es gelang Schapper nach Frankreich zu fliehen. Diese ganze Bewegung konzentriert sich, wie Ihr sicher schon bemerkt habt, Genossen, gerade an den Orten, die unter langer französischer Herrschaft gestanden hatten.

Es muss noch die revolutionäre Bewegung im Herzogtum Hessen erwähnt werden. In diesem Herzogtum steht an der Spitze der Bewegung Weidig, ein Pastor, ein religiöser Mensch, aber zugleich ein überzeugter Anhänger der politischen Freiheit und ein Fanatiker der Vereinigung Deutschlands. Er baut eine geheime Druckerei auf, in der er revolutionäre Aufrufe druckt. Er bemüht sich, die Intelligenz um sich zu scharen. Einer von diesen Intelligenzlern, die einen gewaltigen Anteil an der Bewegung hatten, war Georg Büchner, von dem einige Genossen sicher als Autor des Dramas Dantons Tod gehört haben. Georg Büchner unterscheidet sich dadurch von Weidig, dass er in seiner politischen Agitation die Notwendigkeit bewies, die Solidarität der hessischen Bauern zu erringen. Für diese Bauern schuf er eine besondere Agitationsschrift; dies ist der erste Versuch dieser Art. Diese Zeitung druckte Weidig in seiner geheimen Druckerei. 1835 wurde Weidig verhaftet. Büchner entkam der Verhaftung mit knapper Not. Er floh in die Schweiz, wo er bald starb. Weidig wurde ins Gefängnis gesperrt und ausgepeitscht. Ich muss hinzufügen, dass Weidig ein naher Verwandter von Wilhelm Liebknecht war und dass der letztere unter dem Einfluss dieser tiefen Eindrücke aufwuchs, die sich fest in sein kindliches Denken einprägten.

Ein Teil der Revolutionäre, die Becker aus dem Gefängnis befreit hatte – Schapper, der nach dem Frankfurter Aufstand floh, danach Schuster – siedelte nach Paris über und gründete dort eine Geheimgesellschaft – den Bund der Geächteten. Unter dem Einfluss Schusters und einiger deutscher Arbeiter, die sich zu dieser Zeit in großer Zahl in Paris niedergelassen hatten, verstärkt sich die sozialistische Tendenz bei einem Teil der Mitglieder immer mehr, was schließlich zur Spaltung des Bundes führt. Ein Teil gründet unter Führung von Schuster den Bund der Gerechten, der drei Jahre lang in Paris existiert. Seine Mitglieder nahmen am Aufstand Blanquis teil und teilten das Schicksal der Blanquisten, mit denen zusammen man sie ins Gefängnis warf. Nach der Freilassung brachen Schapper und seine Genossen nach London auf, wo sie den Arbeiterbildungsverein gründeten, der später kommunistisch wurde. In den 30er Jahren übten, zusammen mit Börne, einige andere Schriftsteller einen starken Einfluss auf die deutsche Intelligenz aus, unter denen Heinrich Heine der bedeutendste ist, ein Dichter und Publizist, dessen Korrespondenz aus Paris, wie auch die Korrespondenz von Ludwig Börne, für die deutsche Jugend eine große erzieherische Bedeutung hatte.

Genossen, ich gehe jetzt zu Marx und Engels über. Ich habe Euch zwei Namen genannt: Börne und Heine – beide waren Juden. Börne war von Geburt Pfälzer, Heine Rheinländer. Auch Marx und Engels stammten aus der Rheinprovinz. Marx war ebenfalls Jude. Eine der Fragen, die sich jedem aufdrängen, ist die Frage, in welchem Ausmaß der Umstand, dass Marx Jude war, sein weiteres Schicksal bestimmte.

Es ist eine Tatsache, dass in der Geschichte der deutschen Intelligenz, in der Geschichte des deutschen Denkens, des deutschen Sozialismus die vier Juden: Marx, Lassalle, Heine und

Börne, eine sehr große Rolle gespielt haben. Ich könnte hier noch andere Namen anführen, aber ich nehme nur die berühmtesten. Man muss sagen, dass tatsächlich der Umstand, dass Marx, wie auch Heine, Jude war, einen bestimmten Einfluss auf die Richtung ihres politischen Denkens hatte. Wenn die studentische Intelligenz gegen die gesellschaftliche und politische Ordnung protestierte, die damals in Deutschland herrschte, so empfand die jüdische Intelligenz dieses Joch noch stärker. Man muss bei Börne nachlesen, was für Zensurvorschriften damals in Deutschland galten, man muß seine Artikel lesen, in denen er das ganze Philistertum des damaligen Deutschland geißelte, die Herrschaft der Polizeimentalität, um zu sehen, dass jeder auch nur im Ansatz bewusste, auch nur etwas aufgeklärte Mensch gegen diese Verhältnisse protestieren musste. Besonders schwer lasteten sie auf den Juden. Börne verbrachte seine ganze Jugend im jüdischen Viertel von Frankfurt, unter denselben Bedingungen, unter denen die Juden im finstersten Mittelalter lebten. Nicht weniger schwer bedrückte diese Lage auch Heine.

Marx befand sich in etwas anderen Verhältnissen, was einige Biographen dazu führt, diesen Einfluss fast völlig zu leugnen. Ich will mit einigen Worten näher darauf eingehen, um Euch mit den Bedingungen bekannt zu machen, unter denen sich der junge Marx entwickelte.

Marx war der Sohn des Advokaten und späteren Justizrates Heinrich Marx, der ein sehr gebildeter und aufgeklärter Mensch war, der sich völlig vom Einfluss der zeremoniellen Religion befreit hatte. Wir wissen von Marxens Vater, dass er ein begeisterter Anhänger der französischen Aufklärungsliteratur des 18. Jahrhunderts war, dass überhaupt der französische Einfluss in der Familie Marx sehr stark war. Der Vater von

Marx las sehr gerne – und hielt auch seinen Sohn dazu an – solche Schriftsteller wie den englischen Philosophen Locke, wie die französischen Aufklärer Voltaire und Diderot. Locke, einer der Ideologen der zweiten, sogenannten Glorreichen Revolution von 1688, bekämpfte auf philosophischem Gebiet die Behauptung, Ideen seien angeboren. Er bewies, dass der Mensch keine angeborenen Ideen hat, die unabhängig von der Erfahrung existieren, dass im Gegenteil jede Idee, jeder neue Gedanke nur ein Produkt der Erfahrung und der Erziehung ist; es gibt keine angeborenen Ideen, wiederholte er immer wieder. Die französischen Materialisten gingen in dieselbe Richtung. Sie behaupteten, dass es nichts im menschlichen Verstand gäbe, das nicht so oder so die Wahrnehmung, die Sinne durchlaufen hätte. Sie anerkannten ebenfalls überhaupt keine angeborenen Ideen. Wie weit diese Atmosphäre des französischen Materialismus reichte, werdet Ihr an einem Beispiel sehen, das ich gleich anführen werde.

Der Vater von Marx war, obwohl er längst mit der Religion gebrochen hatte, nach außen hin weiter mit dem Judentum verbunden und trat erst 1824 zum Christentum über, als Karl Marx sechs Jahre alt war. Mehring hat sich in seiner Marx-Biographie bemüht, nachzuweisen, dass dies der Übertritt eines Menschen war, der einen Berechtigungsnachweis für den Eintritt in die kultivierte bürgerliche Gesellschaft haben wollte. Bis zu einem gewissen Grad hat das eine Rolle gespielt, aber hier hat auch der Wunsch mitgewirkt, sich von all den neuen Unterdrückungsmaßnahmen zu befreien, mit denen man nach 1815 über die Juden herfiel, als die Rheinprovinz wieder an Preußen kam. Marx selbst – das muss man hervorheben – interessierte sich in seinen Jugendjahren stark für die jüdische Frage, obwohl er geistig absolut nicht mit dem Judentum verbunden war. Er unterhielt Beziehungen mit der damaligen jüdischen Gemeinde von Trier. Die Juden mussten sich mit einer ganzen Reihe von Petitionen darum bemühen, dass man sie von verschiedenen Repressionen befreite. In einem Fall ist uns bekannt, dass nahe Verwandte von Marx und die ganze Gemeinde sich mit der Bitte an ihn wandten, eine solche Petition zu verfassen. Zu der Zeit war Marx schon 24 Jahre.

Das beweist, dass Marx seinen Verwandten nicht im geringsten aus dem Weg ging, dass er sich für die jüdische Frage interessierte und am Kampf für die sogenannte Emanzipation der Juden teilnahm. Das hinderte ihn nicht, ganz scharf zu unterscheiden zwischen der armen jüdischen Bevölkerung, der er nahe stand, und den Repräsentanten des reichen Finanzjudentums, obwohl man hinzufügen muss, dass es, bis auf wenige Ausnahmen, an den Orten, wo Marx lebte, ein reiches Judentum nicht gab. Dieses konzentrierte sich damals in Hamburg und Frankfurt.

Die Stadt Trier, in der Marx geboren wurde, wo einige seiner Vorfahren Rabbiner gewesen waren, lag, wie ich sagte, in der Rheinprovinz, einer der preußischen Provinzen, in denen das industrielle und politische Leben pulsierte. In dieser Stadt, wo Marx lebte, war die Leder- und Weberindustrie entwickelt. Es war eine alte mittelalterliche Stadt, die im 10. Jahrhundert eine große Rolle gespielt hatte, ein zweites Rom, der Sitz des katholischen Bischofs, aber auch eine Industriestadt, die zur Zeit der Französischen Revolution von einer starken revolutionären Bewegung erfasst wurde. Allerdings war die Fabrikindustrie im Vergleich mit den nördlichen Teilen der Rheinprovinz, wo die Zentren der Hütten- und Baumwollindustrie lagen, hier nur schwach entwickelt. Trier liegt an einem Nebenfluss des Rheins, an der Mosel, im Zentrum des Weinbaues, wo sich Reste des Gemeineigentums erhalten hatten, wo die Bauernschaft zu den kleinen Grundbesitzern gehörte, wo es noch nicht sehr viele Großgrundbesitzer gab. Trier hatte das Gepräge einer mittelalterlichen Stadt bewahrt. Aufgrund einiger Hinweise wissen wir, dass Marx sich in diesen Jahren sehr für die Lage der Bauern interessierte. Er unternahm damals schon Ausflüge in die Dörfer der Umgebung und machte sich sehr gründlich mit dem Leben der Bauern bekannt. Einige Jahre später bewies er in seinen Artikeln, bis zu welchem Grad ihm alle Einzelheiten und Verhältnisse des bäuerlichen Lebens vertraut waren.

Auf dem Gymnasium ist Marx einer der begabtesten Schüler. Das bemerken auch die Lehrer. Wir besitzen zufällig ein Dokument, ein Gutachten über Marx von einem seiner Lehrer, ein sehr lobendes Zeugnis über seine letzte Arbeit, den Abituraufsatz. Der Lehrer lobt sowohl den Inhalt wie die Form, wobei er es für notwendig hält, einen Gedanken hervorzuheben, der ihn offenbar selbst verblüffte. Marx war aufgefordert, einen Aufsatz darüber zu schreiben, wie junge Leute ihren Beruf wählen, wobei er jedoch die Frage anders stellte. Er bewies, dass es eine freie Berufswahl nicht geben kann, dass der Mensch unter Bedingungen geboren wird, die schon von vornherein seinen Beruf bestimmen, die seine Weltanschauung schaffen. Man kann hierin den Keim der materialistischen Geschichtsauffassung erblicken. Aber nach dem, was ich über seinen Vater gesagt habe, werdet Ihr darin nur den Beweis dafür sehen, dass Marx schon in jungen Jahren, unter dem Einfluss des Vaters, einige Ideen des französischen Materialismus in sich aufnahm.

Als Marx das Gymnasium verließ, war er 16 Jahre, an die Universität kam er im Jahr 1836, dass heißt zu der Zeit, wo eine Reihe von revolutionären Aufständen schon beendet, in den

Universitäten und im gesellschaftlichen Leben eine gewisse Stockung eingetreten war.

Um Euch das verständlich zu machen, Genossen, verweise ich auf unsere russische revolutionäre Bewegung. Für meine Generation sind die 80er Jahre noch ganz gut in Erinnerung. Der Aufstieg der revolutionären Bewegung zu Ende der 70er und Anfang der 80er Jahre dauerte ungefähr bis 1883/1884, als es klar wurde, dass die alte Gruppe Narodnaja Wolja[4] eine Niederlage erlitten hatte. Die Jahre 1887 bis 1889, besonders nach dem Attentatsversuch auf Alexander III. am 1. März 1887, brachten in den Universitäten eine Zeit der vollständigen Reaktion, der gewaltsamen Beendigung der revolutionären Bewegung. Meine Altersgenossen - die, die dennoch ihre revolutionäre Wut nicht verloren - warfen sich damals auf die Erforschung der Ursachen des Misserfolges dieser politisch-revolutionären Bewegung, sie gingen eine Zeit lang zur wissenschaftlichen Beschäftigung über.

Und auf eine solche Strömung treffen wir auch in Deutschland zu der Zeit, zu der Marx die Universität betrat. Seine Universitätsjahre verbringt er mit angestrengten Studien. Aus dieser Zeit ist ein sehr interessantes Dokument erhalten, ein Brief des jungen, neunzehnjährigen Marx an den Vater.

Der Vater schätzte seinen Sohn sehr richtig ein, er verstand ihn. Es genügt, seine Antwort durchzulesen, um zu sehen, was für ein gebildeter Mensch er war. Es gibt in der Geschichte von Revolutionären selten solche Fälle, wo dem Sohn von sei-

---

4   „Narodnaja Wolja" kann als „Volkswille" oder „Volksfreiheit"
     übersetzt werden. Nach dem Beispiel dieser Gruppe gingen viele
     russische Intellektuelle in den siebziger Jahren „ins Volk", dass heißt zu
     den Bauern, um sie aufzuklären, zu revolutionieren und für einen
     bäuerlichen Sozialismus zu gewinnen

ten des Vaters volles Verständnis entgegengebracht wird, wo er zu seinem Vater wie zu einem nahen Freund stehen kann. In dieser Zeit sucht Marx nach einer Weltanschauung, nach einer Lehre, die es ihm erlaubt, den Hass gegen die herrschende politische und gesellschaftliche Ordnung, der ihn schon damals auszeichnet, theoretisch zu begründen. Ich werde später genauer darauf eingehen. Jetzt sage ich Euch nur, dass Marx bei diesem Suchen zum Anhänger der Hegelschen Philosophie wurde, und zwar der Form der Hegelschen Philosophie, die sie bei den sogenannten Junghegelianern erhalten hatte, als diese radikal mit allen Vorurteilen brachen, als sie aus der Philosophie Hegels die radikalsten Schlüsse auf dem Gebiet der Politik, der bürgerlichen Verhältnisse, der religiösen Verhältnisse zogen. 1841 beendet Marx das Studium und erhält den Doktortitel.

Gerade zu der Zeit gerät auch der junge Engels in eben diese Umgebung der Junghegelianer. Ich werde später darauf zurückkommen.

Engels wurde in der Stadt Barmen geboren, im Norden der Rheinprovinz, im Zentrum der Baumwoll- und Wollindustrie, in der Nähe von Essen, dem künftigen riesigen Zentrum der Hüttenindustrie. Engels war deutscher Abstammung und gehörte einer sehr vermögenden Familie an.

Ich habe hier ein Buch mit den Stammbäumen der Kaufleute und Fabrikanten der Rheinprovinz in der Hand. Unter ihnen nimmt die Familie einen angesehenen Platz ein. Man findet hier das Familienwappen der Familie Engels, man sieht, dass diese Kaufleute zum alten Adelsgeschlecht gehörten, dass sie wie die Adligen ihr Wappen hatten. Als wollten sie damit den künftigen friedlichen Verlauf des Lebens von Engels kennzeichnen, sein Trachten nach Frieden, stellten seine Vorfahren ins Zentrum ihres Wappens einen Engel mit einem Ölzweig. Unter einem solchen Wappen kam Engels auf die Welt. Diese Familie konnte ihre Vorfahren bis ins 16. Jahrhundert zurückverfolgen. Bei Marx dagegen können wir nur mit Mühe feststellen, wer sein Großvater war. Bekannt ist nur, dass die Familie von Marx eine Rabbinerfamilie war. Aber man interessierte sich so wenig für sie, dass man nicht weiter als bis zum Großvater kam. Bei Engels existieren sogar zwei Versionen über seine Abstammung. Nach einigen Angaben ist Engels ein entfernter Nachfahre des Franzosen d'Angers, eines Protestanten und Hugenotten, der vor den Verfolgungen aus Frankreich nach Deutschland fliehen musste. Die jetzigen Verwandten von Engels, die seine echte deutsche Abstammung beweisen möchten, bestreiten dies. Auf jeden Fall wird schon zu Anfang des 17. Jahrhunderts ersichtlich, dass die Familie Engels eine alte Familie von Tuchfabrikanten ist, die dann zu Baumwollfabrikanten werden. Sie ist äußerst vermögend und damit stark bestrebt, sich international auszuweiten. Der Vater von Engels gründet zusammen mit seinem Freund Ermen eine Textilfabrik nicht nur in seiner Heimat, sondern auch in Manchester, und verwandelt sich so in einen englisch-deutschen Textilfabrikanten.

Der Vater von Engels ist nach seinem Glaubensbekenntnis Protestant. Er erinnert verblüffend an die alten Calvinisten, die einen tiefen Glauben mit der nicht weniger tiefen Überzeugung vereinbarten, dass die Berufung des Menschen darin bestehe, durch Produktion und Handel Geld zu machen und Kapital anzuhäufen. Er war ein fanatischer religiöser Mensch, der keine einzige Minute, die ihm bei seiner Jagd nach Geld übrig blieb, auf irgend etwas anderes verschwenden wollte als auf fromme Betrachtungen. Auf dieser Grundlage bildeten sich zwischen Engels und seinem Vater Beziehungen heraus, die den Beziehungen zwischen Marx und dessen Vater geradezu entgegengesetzt sind. Zwischen Engels und seinem Vater kommt es schon sehr früh zu Zusammenstößen wegen weltanschaulicher Fragen. Der Vater will aus dem Sohn einen Kaufmann machen, er erzieht ihn in kaufmännischem Geist. Mit 17 Jahren schickt er den Sohn nach Bremen, in eine der bedeutendsten Handelsstädte Deutschlands. Dort zwingt man Engels, drei Jahre im Handelskontor zu arbeiten. Aus den Briefen von Engels an seine Schulfreunde kann man ersehen, wie sehr er sich bemüht, nachdem es ihn nun einmal in dieses Milieu verschlagen hat, sich von dessen Einfluss zu befreien.

Er gerät schon sehr bald unter den Einfluss von Börne und Heine. Mit 19 Jahren wird er Schriftsteller und tritt bereits in seinen ersten Arbeiten als Schüler des freiheitsliebenden demokratischen Deutschland auf. Die ersten Artikel, mit denen er auf sich aufmerksam machte (unter dem Pseudonym Oswald), geißeln unbarmherzig die ganze Umgebung, in der er seine Kindheit verbrachte. Diese Artikel machten einen tiefen Eindruck. Man spürte, hier schreibt ein Mensch, der an diesem Ort aufgewachsen ist und alle seine Helden gut kennt. Schon in Bremen befreit er sich vollkommen von allen religiösen Vorurteilen und verwandelt sich in einen französischen Jakobiner.

Ungefähr im Jahr 1841, mit 20 Jahren, tritt er, als Sohn eines reichen Fabrikanten, freiwillig in die Gardeartillerie in Berlin ein. Dort gerät er in den selben Kreis junger Hegelianer, dem auch Marx angehörte. Zusammen mit ihnen nimmt Engels teil am Kampf gegen alle Vorurteile und wird selbst – genau wie Marx – zum Anhänger des radikalsten Flügels der Hegelschen Philosophie. Zur selben Zeit – wo Marx noch, wie man sagt, zu Hause in der Gelehrtenstube hockt und sich auf die Universitätslaufbahn vorbereitet –, nimmt Engels, der schon 1839 zu schreiben begonnen hat, bereits einen ansehnlichen Platz in der Literatur ein, beteiligt er sich äußerst aktiv an dem Ideenkampf, der zwischen den Anhängern der alten und neuen philosophischen Systeme vor sich geht. 1842 fanden Marx und Engels schließlich bei einer gemeinsamen Arbeit zusammen.

Marx beendete sein Universitätsstudium mit der Doktorprüfung im April 1841. Er beabsichtigte zunächst, einer philosophischen und wissenschaftlichen Tätigkeit nachzugehen, gab diesen Gedanken jedoch auf, als seinem Freund und Lehrer Bruno Bauer, der einer der Führer der Junghegelianer war und die offizielle Theologie scharf kritisierte, das Recht zu Lehren an der Bonner Universität entzogen wurde. Da erhielt er, gerade zur rechten Zeit, die Einladung, sich an einer neuen Zeitung zu beteiligen. Die Vertreter des radikalsten Flügels der Handels- und Industriebourgeoisie in der Rheinprovinz, Camphausen und andere, hatten beschlossen, ihr eigenes politisches Organ zu gründen. Die einflussreichste Zeitung in der Rheinprovinz war die Kölnische Zeitung, und Köln war damals das entwickelteste Zentrum der rheinischen Industrie. Die radikale rheinische Bourgeoisie wollte dieser regierungsfrommen Zeitung ihr eigenes Organ entgegenstellen, um gegenüber den Feudalen ihre eigenen ökonomischen Interessen zu verteidigen. Eine große Rolle spielte neben Camphausen der bekannte Eisenbahnbau-Unternehmer Mevissen. Sie hatten Geld gesammelt, aber literarische Kräfte fehlten. Es passierte dasselbe, was wir aus der russischen Geschichte kennen. Das Geld wurde von vermögenden Industriellen gegeben und einer bestimmten Gruppe von Literaten anvertraut. So war es auch hier: An der Spitze der Zeitung stand eine Gruppe von jungen Philosophen, jungen Literaten dieser Zeit. Unter ihnen spielte Moses Hess eine Hauptrolle. Moses Hess war älter als Marx und Engels. Er hatte sich sehr früh der Freiheitsbewegung angeschlossen und bewies schon in den 30er Jahren die Notwendigkeit, ein Bündnis zwischen den aufgeklärten Nationen herzustellen, um die politische und kulturelle Freiheit zu erkämpfen. Dieser Moses Hess wurde bereits 1842, früher als Marx und Engels, unter dem Einfluss der französischen kommunistischen Bewegung zum Kommunisten. Zusammen mit anderen Genossen wird er einer der hervorragenden Redakteure der Rheinischen Zeitung.

Marx lebte damals in Bonn. Lange Zeit war er nur ein Mitarbeiter, der als einer der damals einflussreichen Publizisten Artikel an die Zeitung schickte. Erst allmählich erwarb Marx in ihr eine tonangebende Position. Bis dahin leitete Hess die Zeitung zusammen mit zwei jungen Kollegen. So war diese Zeitung, obwohl sie auf Kosten der rheinischen Industriebourgeoisie herausgegeben wurde, gleichzeitig auch das Organ der Berliner Gruppe der jüngsten und radikalsten Schriftsteller, zu denen auch Marx und Engels gehörten.

Erst im Herbst 1842 zieht Marx nach Köln um und gibt der Zeitung sogleich eine neue Richtung. Im Unterschied zu seinen Berliner Freunden und im Unterschied zu Engels besteht er darauf, daß man den gründlichsten, radikalsten Kampf mit den existierenden gesellschaftlichen und politischen Verhältnissen führen muss, aber nicht nur verbal-radikal. Hier schon beweisen sich die unterschiedlichen Bedingungen, unter denen er und unter denen Engels aufgewachsen war, dass Marx nicht dasselbe religiöse, dasselbe intellektuelle Joch hatte ertragen müssen wie der junge Engels. Deshalb ist er im Kampf gegen die Religion kaltblütiger und hält es nicht für notwendig, sich mit aller Kraft auf die Kritik der Religion zu werfen. Er zieht einer bloß äußerlichen Polemik eine sehr grundsätzliche Kritik vor, weil er auch davon ausging, dass es wichtig war, durch diese Form der Auseinandersetzung die Zeitung zu erhalten.

Die Biographen von Marx erwähnen, dass Marx und Engels sich in der Redaktion der Rheinischen Zeitung recht kühl begegneten. Engels, der einer der Berliner Korrespondenten der Zeitung war, fuhr, bevor er nach England abreiste, nach Köln. Es ist möglich, dass er schon damals eine klärende Aussprache mit Marx hatte, wobei dieser seine Taktik verteidigte und dabei schon entschieden die Arbeiterfrage aufwarf. Er unterzog die Gesetze gegen das eigenmächtige Fällen von Bäumen (Holzdiebstahlgesetze) der ätzendsten Kritik. Er zeigte, dass der Geist dieser Gesetze nur der Geist der Eigentümer war, der Grundbesitzer, die sich mit allen Kräften bemühten, die kleinen Bauern auszubeuten, indem sie absichtlich Bestimmungen ausarbeiteten, die die Bauern zu Verbrechern machen mussten. Jetzt bringt er von neuem in der Rheinischen Zeitung eine Reihe von Artikeln über die Lage seiner alten Bekannten, der Moselbauern. Wegen dieser Artikel entbrennt ein großer Streit mit dem Oberpräsidenten der Rheinprovinz.

Eine doppelte Zensur wird über die Zeitung verhängt. Da nach Ansicht der Regierung Marx die Seele der Zeitung war, drängte man auf seine Entfernung. Der neue Zensor hegt zwar großen Respekt für diesen glänzenden und klugen, mit Geschicklichkeit mehrere Zensurhindernisse umgehenden Publizisten, fährt jedoch fort, ihn zu denunzieren, jetzt schon nicht mehr bei der Redaktion, sondern darüber hinaus bei der Gruppe von Aktionären, die hinter der Zeitung steht. Unter diesen macht sich nun eine Stimmung breit, die durch folgende Frage charakterisiert wird: kann man denn nicht ein bisschen vorsichtiger sein, kann man denn nicht auf die heiklen Probleme verzichten? Marx will nicht darauf verzichten. Er weist ihnen nach, dass jeder Versuch, noch gemäßigter zu werden, sowieso nichts fruchten wird, dass die Regierung sich dadurch nicht besänftigen lässt. Schließlich tritt er von der Redaktion zurück und verlässt die Zeitung. Das aber hat die Zeitung nicht gerettet. Ihr Erscheinen wurde bald endgültig eingestellt.

Als Marx die Zeitung verließ, war er ein völlig anderer als bei seinem Eintritt. Er war nicht als Kommunist eingetreten, sondern nur als radikaler Demokrat, aber als ein Demokrat, der sich für die sozial-ökonomische Lage der Bauern interessierte und der sich später für alle grundlegenden ökonomischen Fragen, die in Verbindung mit der Lage der Bauern standen, zu interessieren begann. Das zwang Marx, der sich bis zu dieser Zeit fast ausschließlich mit Philosophie und Jurisprudenz befaßt hatte, dazu, sich immer mehr mit ökonomischen und anderen speziellen Problemen zu beschäftigen.

Marx verlässt die Rheinische Zeitung nicht als Kommunist, wohl aber als jemand, der sich mit dem Kommunismus als einer besonderen Bewegung, einer besonderen Weltanschauung befasst hat. Zusammen mit A. Ruge kommt er zu dem Schluss, dass es in Deutschland keinerlei Möglichkeit für politische und soziale Propaganda gibt. Sie entschließen sich deshalb, nach Paris zu gehen und dort die Zeitschrift Deutsch-französische Jahrbücher herauszugeben. Mit diesem Titel wollten sie, im Gegensatz zu den französischen und deutschen Nationalisten, unterstreichen, dass eine der Bedingungen für das Gelingen des Kampfes gegen die Reaktion ein enges politisches Bündnis zwischen Deutschland und Frankreich ist. In den Deutsch-französischen Jahrbüchern formuliert Marx zum ersten Mal die Grundelemente seiner künftigen Weltanschauung; er wandelt sich vom radikalen Demokraten zum Kommunisten.

Beim nächsten Mal werde ich auf die geistige Vorbereitung dieser neuen marxistischen Weltanschauung eingehen und Euch zeigen, was ab 1844 Marx an Neuem, an Originellem zur Geschichte dieses Denkens beizutragen begann.

3. VORTRAG

Die Verbindung des wissenschaftlichen Sozialismus mit der Philosophie – Der Materialismus – Kant – Fichte – Hegel – Feuerbach – Der dialektische Materialismus von Marx – Die historische Mission des Proletariats.

Um zu erkennen, was der 25jährige Marx an wirklich Neuem schuf, will ich versuchen, in kurzen Zügen mit Euch zu untersuchen, was Marx auf dem Gebiet der Philosophie vorfand.

Erlaubt mir, Euch zunächst die bekannten Worte von Engels im Vorwort zu dem Büchlein: Die Entwicklung des Sozialismus von der Utopie zur Wissenschaft in Erinnerung zu bringen; dort schreibt er:

> „Wir deutschen Sozialisten sind stolz darauf, dass wir abstammen nicht nur von Saint-Simon, Fourier und Owen, sondern auch von Kant, Fichte und Hegel."[5]

Engels lässt einen vierten deutschen Philosophen, Feuerbach, dem er später eine besondere Arbeit widmete, hier noch unerwähnt. Ich gehe jetzt auf die philosophische Herkunft des wissenschaftlichen Sozialismus ein. Ich bin kein Spezialist in der Philosophie. Ich habe mich nur irgendwann einmal bemüht, mir Rechenschaft zu geben über die philosophischen Grundfragen, wie sich alle bemüht haben, sich darüber klar zu werden, woher die Entwicklung der Menschheit stammt, wo sie ihren Ausgangspunkt hat.

Die Grundfrage, – so wurde sie auch von Engels gestellt –, ist die Frage, ob der Welt irgendein besonderer schöpferischer Anfang vorausgegangen ist, das, woran alle von Kindheit auf unter der Bezeichnung Gott gewöhnt sind. Dieser Schöpfer, Allmächtige, Herrgott kann verschiedene Formen in verschiedenen Religionen annehmen, er kann sich auch in Gestalt des unumschränkten himmlischen Monarchen zeigen, dem unzählige Engel als Laufburschen zur Verfügung stehen. Er kann Väter, Bischöfe und Päpste mit seinen Vollmachten ausstatten.

---

5   MEW, Bd. 19, S. 188.

Er kann schließlich, als guter und aufgeklärter Monarch, ein für alle Mal eine Verfassung erlassen, Grundgesetze, von denen alles Menschliche und Natürliche regiert wird, und sich in seiner unendlich gütigen Weisheit der Liebe und Verehrung seiner Kinder erfreuen, die sich nicht in die Angelegenheit seiner Herrschaft einmischen. Kurz, er kann sich in den verschiedensten Formen zeigen, aber sobald Ihr die Herrschaft dieses Gottes und dieser Untergötter anerkennt, anerkennt Ihr dadurch zugleich, dass es irgendein ursprüngliches Wesen gibt, das eines schönen Tages sagte: es soll die Welt geben! Und es ward die Welt. So soll also der Gedanke, der Wunsch, die Absicht, diese Welt zu schaffen, irgendwo außerhalb dieser Welt existiert haben, wo genau, ist unbekannt. Das Geheimnis ist bis heute von keinem Philosophen gelüftet worden.

Dieses uranfängliche Wesen schafft alles Sein. Auf diese Weise bestimmt das Bewusstsein, das Denken all das, was existiert. Die Idee schafft die Materie, das Bewusstsein bestimmt das Sein. In Wirklichkeit ist diese neue Erscheinungsform des Ursprünglichen trotz ihrer philosophischen Verkleidung die alte theologische, religiöse Weltanschauung.

Die Frage ist die: kann in diesem Sein, in dem wir uns befinden, – in dem, was existiert –, kann da irgend etwas so vor sich gehen, dass irgendein unbekanntes überirdisches Wesen darauf Einfluss nimmt – man kann es nennen wie man will: Gott Zebaoth, Vater, Sohn, Heiliger Geist, man kann es sogar Vernunft nennen. Man kann es, wie im Johannesevangelium, Das Wort nennen. Im Anfang war das Wort. Dieses Wort schuf das Sein. Das Wort schuf die Welt.

Mit dieser Vorstellung, Im Anfang war das Wort, kämpften schon im 18. Jahrhundert die Materialisten, die Vertreter der neuen Weltanschauung, der neuen Klasse der revolutionären Bourgeoisie, da sie ja mit allen überkommenen gesellschaftlichen Zuständen, mit der feudalen Gesellschaftsordnung, im Kampf lagen. Die alte Weltanschauung gab ihnen keine Antwort auf die Frage, wie das Neue entstanden war, das unzweifelhaft ihrer Zeit von der alten, die neue Ära von der vorhergehenden unterschied.

Das Bewusstsein, die Idee, der Verstand hatten einen großen Mangel, da sie einzig und unveränderlich waren. Aber die Beobachtung zeigte, dass alles Irdische sich verändert. Das Sein, das, was ist, nahm die verschiedensten Formen an. Soweit Ihr es in der Geschichte oder in der Gegenwart beobachtet habt – und Reisen und Entdeckungen haben mit jedem Tag neues Material geliefert – hat sich gezeigt, dass es verschiedene Menschen gibt, dass verschiedene Staaten existieren, dass es verschiedene Ideen gibt. Man muss die Frage beantworten, woher alle Verschiedenheit kommt, wie die Unterschiede, die zwischen Menschen und zwischen den Dingen existieren, entstehen.

Soweit die Philosophen sich der Vergangenheit, der Geschichte der Menschheit zuwandten, haben sie verschiedene Völker wahrgenommen. Die einen gingen unter, die anderen bestanden weiter. Die Engländer durchlebten verschiedene Epochen, die Franzosen auch. Woher kommt diese Verschiedenheit im Raum und in der Zeit, woraus ist all dies entstanden, wenn die Ursache von allem ein und derselbe Anfang, sagen wir: Gott, ist? Es bleibt uns nur übrig, anzunehmen, dass Gott ohne jeden wie immer gearteten Grund, einfach zum Spaß, heute beschließt: es soll England geben, morgen – Deutschland, übermorgen – Frankreich. Es kommt ihm so in den Kopf – und schon herrschen heute in England die Stuarts, morgen köpft

man den leichtsinnigen Karl und es regiert der fromme Purita-
ner Cromwell.

Beginnend mit dem 18. Jahrhundert – aber auch schon stark
im 17. Jahrhundert bemerkbar: in dem Maße, wie dieses Sein,
dieses Dasein, diese ganze menschliche Welt, alle diese
menschlichen Beziehungen unter dem Einfluss des Handelns
derselben Menschen sich so jäh veränderten – rief die Vorstellung der Gottheit als Quelle von allem immer größeren Zweifel hervor. Denn das, was alles in seiner Mannigfaltigkeit, sowohl in der Zeit wie auch im Raum erklärt, erklärt noch gar
nichts. Der Unterschied und nicht das Gemeinsame der Dinge
erklärt sich dadurch, dass sie unter verschiedenen Bedingungen
geschaffen werden, unter dem Einfluss verschiedener Ursachen. Jeder dieser Unterschiede muss erklärt werden durch die
besonderen, ganz spezifischen Ursachen und die besonderen
Einwirkungen, die ihn hervorgebracht haben.

Schon die englischen Philosophen, die unter den Bedingungen
eines sich rasch entwickelnden Kapitalismus lebten und die die
Erfahrung zweier Revolutionen gemacht hatten, stellten entschieden die Frage: Gibt es denn wirklich eine solche Kraft,
die unabhängig vom Willen der Menschen all das schafft? All
diese verschiedenen Ideen, die in der Epoche der englischen
Revolution auftauchten und miteinander kämpften, waren
doch in gleicher Weise ursprünglich, von Menschen geboren.
Zu klar, zu deutlich trugen sie, trotz aller Anstrengungen, sie
mit der Bibel zu verknüpfen, das Siegel der Neuheit.

Die französischen Materialisten, von denen ich Euch erzählt
habe, stellten diese Frage noch schärfer: diese Macht, die sich
angeblich irgendwo außerhalb unserer Welt befindet, eine gött-
liche Macht, die sich die ganze Zeit mit dem neuen Europa be-

schäftigt und alles bedenkt und für alle alles lenkt, gibt es nicht. Im Gegenteil, all das, was für uns dieses Sein ausmacht, diese Geschichte, ist das Resultat der Tätigkeit der Menschen selbst.

Die französischen Materialisten konnten nicht aufzeigen, nicht erklären, was die Handlungen der Menschen bestimmt, aber für sie stand schon fest, dass nicht Gott, nicht irgend eine äußere Kraft die Geschichte macht, sondern dass die Menschen selbst alle diese Ereignisse hervorbringen. Hier aber verfingen sie sich in einem Widerspruch: sie wussten, dass die Menschen unterschiedlich handeln, weil sie verschiedene Interessen, verschiedene Meinungen haben. Was jedoch nun genau die verschiedenen Interessen der Menschen bestimmt, sie hervorruft, unter dem Einfluss welcher verschiedenen Bedingungen sie aufwachsen, wussten diese Philosophen noch nicht. Im Gegenteil, ihrer Meinung nach wird die Erziehung der Menschen selbst von diesem oder jenem Gesetzgeber bestimmt, der über die Menschen verfügt und ihre Handlungen nicht schlechter als ein anderer Gott bestimmt.

Einige dieser französischen Materialisten warfen auch schon eine andere Frage klar auf. Natürlich, sagten ihre Gegner, kann Gott weder dem schrecklichen jüdischen Gott gleichen noch dem der christlichen Dreieinigkeit: Vater, Sohn und Heiliger Geist; aber es gibt irgendeinen geistigen Ursprung, der in die Materie selbst die Möglichkeit des Denkens hineingelegt hat, ein Geist, der auf diese Weise der Natur vorausging. Die französischen Materialisten antworteten, dass dafür nicht irgendeine äußere Kraft notwendig, dass in der Materie selbst schon die Fähigkeit der Wahrnehmung angelegt ist.

Die Wissenschaft im allgemeinen, besonders die Naturwissenschaft, war zu der Zeit, wo die französischen Materialisten ihre

Ansicht ausarbeiteten, noch ungenügend entwickelt, dennoch stellten sie schon damals diese grundlegende These auf.

Jeder, der sich Materialist nennt, bestreitet, dass das Bewusstsein, das Denken – in dem Sinn, wie wir diese Worte verstehen – der Materie, der Natur vorausgingen. Hunderttausende, Millionen von Jahren gab es auf der Erde absolut keine Spuren lebendiger, organisierter Existenz, es gab folglich auch nicht das, was man Denken nennt; was man Bewusstsein nennt, existierte nicht. Das Sein, die Natur, die Materie gingen dem Bewusstsein, dem Geist, dem Denken voraus.

Man darf nur nicht denken, dass die Materie unbedingt etwas grobes, schweres, hässliches ist und die Idee unbedingt etwas feines, leichtes und reines. Einige, besonders die Vulgärmaterialisten, und mitunter auch einfach die jungen Leute, behaupten manchmal im Eifer des Gefechts absichtlich, dass die Materie etwas schweres, grobes ist, um damit alle Pharisäer des Idealismus zu ärgern, die nur vom Schönen und Erhabenen reden und sich zugleich großartig mit dem ganzen Schmutz und der ganzen Abscheulichkeit der bürgerlichen Welt zufriedengeben.

Ganz im Gegenteil, wenn Ihr Euch bekannt macht mit der Naturwissenschaft, werdet Ihr sehen, dass während der letzten 150 Jahre die Materie eine unglaublich feine und bewegliche Existenz bekommen hat. Seit der Zeit, wo die Industrielle Revolution die ganze alte, kaum bewegliche Naturalwirtschaft umgekrempelt hat, ist alles in Bewegung geraten. Alles, was schlummerte, ist erwacht, alles Unbewegliche in Bewegung gekommen. In der festen und, wie es schien, erstarrten Materie wurden ungeahnte Kräfte, neue Formen der Bewegung entdeckt.

Wie unzureichend die Kenntnisse der französischen Materialisten waren, könnt Ihr aus der folgenden Tatsache schließen: Als Holbach, einer der konsequentesten französischen Materialisten, sein Buch System der Natur schrieb, wusste er noch nicht, was heute sogar jeder weiß, der unsere überaus schlechte Volksschule durchlaufen hat. Für ihn war die Luft etwas unteilbares, eines der wichtigsten Grundelemente allen Seins, dass heißt er wusste über die Luft nicht mehr als die Griechen 2000 Jahre vor ihm. Einige Jahre nach dem Erscheinen des Hauptwerkes von Holbach wies die Chemie nach, in erster Linie Lavoisier, dass die Luft aus verschiedenen Elementen besteht, aus Stickstoff und Sauerstoff, denen in geringfügigen Mengen noch andere Bestandteile beigemischt sind. Und nach weiteren 100 Jahren, schon zu Anfang des 19. Jahrhunderts, entdeckte die Chemie in dieser geringfügigen Beimischung ein wenig von den sogenannten Edelgasen – Argon und Helium –, gleichfalls Materie, aber sozusagen eine Materie von überaus delikater Beschaffenheit.

Und noch ein Beispiel, Genossen: Wir bedienen uns in Sowjetrussland sehr eifrig der Telegraphie. Sie hat uns während der ganzen Blockade und während des ganzen Bürgerkrieges kolossale Dienste geleistet. Ohne sie hätten wir im wahrsten Sinn des Wortes im Dunkeln getappt. Und dabei gibt es die Telegraphie, wenn man ihre Entwicklung verfolgt, ganze 26 Jahre.

Erst im Jahr 1897 hat man in der toten und groben Materie Dinge entdeckt, die so immateriell sind, dass man, um sie kennzeichnen zu können, Namen einführen musste, die es schon in der altindischen Religion gibt. Das Radio übermittelt Zeichen und Töne. Man kann hier, in Moskau, ein Konzert hören, das einige tausend Kilometer entfernt aufgeführt wird. Und all das geschieht nicht mit Hilfe des Geistes, sondern mit

Hilfe einer – natürlich überaus feinen und delikaten – Materie, die von uns selbst erforscht und gelenkt wird.

Ich habe Euch diese Beispiele angeführt um zu zeigen, wie rückständig die üblichen Vorstellungen über Materialität und Immaterialität sind. Noch rückständiger waren sie im 18. Jahrhundert. Wenn die Materialisten dieser Zeit schon alle diese neuen Erkenntnisse zur Verfügung gehabt hätten, wären sie weniger grob gewesen und hätten nicht alle empfindsamen Menschen so stark abgestoßen.

Diejenigen deutschen Philosophen, die Zeitgenossen Kants waren, standen auf dem rechtgläubigen Standpunkt. Die Lehre der Materialisten verwarfen sie als gottlos und unmoralisch. Kant begnügte sich nicht mit einer so einfachen Entscheidung. Er erkannte sehr gut die ganze Haltlosigkeit der überkommenen religiösen Vorstellungen. Aber es fehlte ihm an Kühnheit und Konsequenz, um endgültig mit dem Alten zu brechen.

Im Jahr 1781 publizierte er sein Hauptwerk, die Kritik der reinen Vernunft. Dort wird in sehr gründlicher Weise entwickelt, daß es absolut keine Beweise für die Existenz Gottes, die Unsterblichkeit der Seele und ewige Ideen gibt, dass unser Wissen auf der Erfahrung beruht. Wir können zwar nicht die Dinge selbst, ihr Wesen, erkennen, sondern nur die Formen, in denen sie erscheinen und damit Eindrücke in unserer Wahrnehmung hinterlassen. Das Wesen aller Dinge, das sich hinter den Erscheinungen verbirgt, bleibt für uns auf Ewigkeit unerkennbar. Auf diese Weise wurde eine Brücke zwischen Materialismus und Idealismus geschlagen, zwischen Wissenschaft und Religion. Kant bestritt nicht die Erfolge der Wissenschaft in der Naturerkenntnis, aber gleichzeitig ließ er der Religion ein Hintertürchen offen, in dem er ihr die Möglichkeit gab, das Wesen aller Dinge auf den Namen Gott zu taufen.

Kant ging in seiner doppelten Buchführung, in seinem Wunsch, weder der Wissenschaft noch dem Glauben wehzutun, noch weiter. Er verfasste ein zweites Buch, die Kritik der praktischen Vernunft. In ihm bemühte er sich sehr gründlich nachzuweisen, dass, wenn man auch in der Theorie ohne Gott, ohne Unsterblichkeit der Seele usw. auskommen kann, man in der Praxis doch all das anerkennen muss; denn der Verzicht darauf würde das menschliche Handeln ja jeder sittlichen Grundlage berauben.

Der deutsche Dichter Heine, der ein großer Freund von Marx war und der zu einer bestimmten Zeit einen großen Einfluss auf ihn hatte, hat sehr anschaulich die Motive dieses Tanzes auf zwei Hochzeiten geschildert. Kant hatte einen alten, frommen Diener, Lampe, der zusammen mit seinem Herrn 40 Jahre verbrachte und für ihn sorgte wie ein guter leibeigener Erzieher für seinen Herrn, den jungen Adligen, sorgt. In diesem Lampe verkörperte sich für Kant die Welt der Spießburger, die ohne Glauben nicht leben können. Und Heine erklärt nun, indem er glänzend die volle revolutionäre Bedeutung der Kritik der reinen Vernunft im Kampf mit der Religion und selbst im Kampf mit dem Glauben an einen rein göttlichen Ursprung darlegt, wozu Kant die Kritik der praktischen Vernunft brauchte, in der er wieder all das, was er gerade erst selbst zerstört hat, aufrichtet. Heine schreibt:

> „Nach der Tragödie kommt die Farce. Immanuel Kant hat bisher den unerbittlichen Philosophen traciert [gespielt, Anm. d. Ü.], er hat den Himmel gestürmt, er hat die ganze Besatzung über die Klinge springen lassen, der Oberherr der Welt schwimmt unbewie-

sen in seinem Blute, es gibt jetzt keine Allbarmherzigkeit, keine Va-
tergüte, keine jenseitige Belohnung für diesseitige Enthaltsamkeit,
die Unsterblichkeit der Seele liegt in den letzten Zügen – das rö-
chelt, das stöhnt – und der alte Lampe steht dabei mit seinem Re-
genschirm unterm Arm, als betrübter Zuschauer, und Angst-
schweiß und Tränen rinnen ihm vom Gesichte. Da erbarmt sich I.
Kant und zeigt, dass er nicht bloß ein großer Philosoph, sondern
auch ein guter Mensch ist, und er überlegt, und halb gutmütig halb
ironisch spricht er: Der alte Lampe muss einen Gott haben, sonst
kann der arme Mensch nicht glücklich sein – der Mensch soll aber
auf der Welt glücklich sein – das sagt die praktische Vernunft –
meinetwegen – so mag auch die praktische Vernunft die Existenz
Gottes verbürgen."[6]

Kant hatte auch eine große Bedeutung für die Geschichte der
Wissenschaft. Zusammen mit dem französischen Astronomen
Laplace bewies er, dass unsere Erde nicht an einem Tag von
Gott erschaffen wurde, wie die Bibel berichtet, sondern das
Produkt einer langen Entwicklung, einer langen Evolution ist,
dass sie sich mit allen anderen Himmelskörpern auf dem Wege
der Verdichtung der formlosen, verdünnten Materie aus Urne-
beln entwickelt hat.

Kant war wesentlich der Versöhnler zwischen der alten und
der neuen Philosophie, ein Versöhnler auch auf allen Gebieten
des praktischen Lebens. Obwohl er nicht entschieden mit der
Vergangenheit zu brechen vermochte, machte er doch einen
großen Schritt noch vorn.

Seine konsequenteren Schüler, die ebenso gut wie Heine den
geheimen Wunsch seiner doppelten Buchführung verstanden,

---

6   H. Heine, Sämtliche Werke in XIV Bänden, Bd. IX, München 1964, S.
     250 f.

verwarfen seine Kritik der praktischen Vernunft und zogen zugleich radikale Schlussfolgerungen aus seiner Kritik der reinen Vernunft.

Ich werde nicht im einzelnen auf den Philosophen Fichte eingehen, den Engels erwähnt. Er hat einen ungleich größeren Einfluss auf Lassalle gehabt als auf Marx und Engels. Aber es gibt in seiner Philosophie ein Element, das im System Kants völlig unentwickelt blieb und das einen großen Einfluss auf die deutsche revolutionäre Intelligenz ausübte. Wenn Kant ein friedlicher Professor war, der jahrzehntelang nicht über sein geliebtes Königsberg hinauskam, so war Fichte nicht nur ein Philosoph, sondern auch ein praktisch handelnder Mensch. Und gerade dieses Element des Handelns, der Aktivität führte er in seine Philosophie ein. Der alten Vorstellung von einer besonderen Macht, die die Menschen lenkt und führt, setzte er die neue entgegen, die die menschliche Persönlichkeit und ihr Handeln zur Hauptquelle aller Theorie und Praxis macht.

Am meisten von allen beeinflusste Marx und Engels der deutsche Philosoph Hegel, der sein philosophisches System auf der Grundlage einer Kritik der Systeme von Kant und Fichte geschaffen hatte. In seiner Jugend war Hegel ein begeisterter Anhänger der Französischen Revolution gewesen, aber im Jahr 1831, als er starb, war er ein preußischer Professor und Beamter, dessen Philosophie sich des Wohlwollens der aufgeklärten Obrigkeit erfreute.

Nun taucht unwillkürlich die Frage auf, wie die Philosophie Hegels zur Quelle werden konnte, aus der Marx, Engels und Lassalle ihren Wissensdurst stillten? Was war an der Philosophie Hegels so beschaffen, dass es die besten Vertreter des revolutionären und gesellschaftlichen Denkens unwiderstehlich zu ihm hinzog?

Die Philosophie Kants hatte sich in ihren wichtigsten Grundzügen schon vor der großen Französischen Revolution herausgebildet. Bei Ausbruch der Revolution war Kant bereits 65 Jahre alt. Er wurde zwar von ihr beeinflusst, ging aber auch hier nicht über die für ihn üblichen Kompromisse, über versöhnlerische Schlussfolgerungen hinaus. Festzuhalten bleibt, dass er sich, wie wir gesehen haben, im Bereich der Natur schon die Idee der Evolution, insoweit es sich um die Geschichte unseres Planeten handelt, zu eigen gemacht hatte; aber sein ganzes System lief auf die Erklärung der Welt, wie sie ist, hinaus.

Im Gegensatz dazu konzentrierte Hegel, der die Erfahrungen des ausgehenden 18. und beginnenden 19. Jahrhunderts durchgemacht hatte - einer Epoche der gewaltigsten Erschütterungen des ökonomischen wie des politischen Lebens - seine ganze Aufmerksamkeit auf die Erklärung der Welt, wie sie sich entwickelt. Es gibt nichts, was nicht in Bewegung ist. Seine absolute Idee, die Vernunft, lebt und tritt zutage nur im Prozess einer ununterbrochenen Bewegung, Entwicklung. Alles ist im Fluss, verändert sich, wird zerstört. Die ununterbrochene Bewegung, die ununterbrochene Entwicklung der absoluten Idee bestimmt die Entwicklung unserer ganzen Welt auf allen Gebieten. Um die uns umgebenden Erscheinungen zu verstehen, genügt es nicht, sie so zu studieren, wie sie jetzt existieren, wir müssen verstehen, wie sie sich entwickelt haben; denn alles, was uns umgibt, ist das Resultat einer früheren Entwicklung. Mehr noch. Auch wenn es uns auf den ersten Blick scheint, dass ein gegebenes Ding in unbewegtem Zustand verharrt, so sehen wir doch, wenn wir es aufmerksam betrachten und das

Auge an es gewöhnen, dass in ihm selbst eine Bewegung, ein Kampf vor sich geht, dass in ihm einerseits bestimmte Einflüsse und Kräfte wirksam sind, die es in dem Zustand festhalten, in dem wir es kennen, und andererseits Einflüsse und Kräfte, die danach streben, es zu verändern.

In jeder Erscheinung, in jedem Ding vollzieht sich ein Kampf dieser beiden Prinzipien, der These und der Antithese. Von diesen beiden Prinzipien ist das eine das bewahrende, das andere das zerstörende. Im Prozess des Kampfes dieser beiden Prinzipien, die in jeder Erscheinung vorhanden sind, ergibt sich etwas Mittleres, die Vereinigung der widerstreitenden Prinzipien.

In der Sprache Hegels wurde das so ausgedrückt: Die Vernunft, das Denken, die Idee bleiben nicht unbeweglich, erstarren nicht bei einer Position, beruhigen sich nicht bei einer These. Im Gegenteil, diese These, dieser Gedanke gerät in Widerspruch mit sich selbst, teilt sich in zwei Gedanken, von denen einer dem anderen widerspricht, in Position und Negation, in Ja und Nein. Der Kampf dieser beiden entgegengesetzten Elemente, die in der Antithese enden, bildet die Bewegung, die Hegel dialektisch nennt, um das Element des Kampfes in ihr zu unterstreichen. Im Resultat dieses Kampfes, dieser Dialektik, gleichen sich beide Gegensätze gegenseitig aus und vereinen sich. Die Verschmelzung dieser beiden einander widersprechenden Gedanken formt einen neuen Gedanken – ihre Synthese. Dieser neue Gedanke, diese neue Idee, teilt sich ihrerseits wieder in zwei entgegengesetzte Gedanken – die These bringt eine Antithese hervor und beide vereinigen sich wieder in einer neuen Synthese.

So betrachtete Hegel jede Erscheinung, jedes Ding als einen Prozess, als etwas, was sich in ununterbrochener Bewegung und ununterbrochener Entwicklung befindet. Jede Erscheinung ist nicht nur das Resultat einer vorangegangenen Veränderung, sondern trägt auch in sich selbst den Keim einer neuen Veränderung. Sie beruhigt sich niemals auf einer einmal erreichten Stufe – nach dem Motto: so ist es immer gewesen, so wird es immer sein. Im Gegenteil, kaum hat sie eine neue Stufe erreicht, beginnt in ihr der Kampf neuer Widersprüche. Wie Hegel so schön sagt, ist gerade der Kampf der Gegensätze die Quelle der Entwicklung.

Darin lag auch das revolutionäre Element der Philosophie Hegels. Ungeachtet dessen, dass Hegel Idealist war, dass für ihn der Geist die Grundlage war und nicht die Natur, die Idee und nicht die Materie, übte er einen kolossalen Einfluss auf alle Geschichts- und Gesellschaftswissenschaften aus, sogar auf die Naturwissenschaft. Er trieb die Erforschung der Wirklichkeit voran, er zwang dazu, alle Entwicklungsformen der absoluten Idee zu suchen. Je mannigfaltiger die Erscheinungsformen dieser Idee waren, desto mannigfaltiger waren die Erscheinungen, die Prozesse, deren Entwicklung man studieren musste.

Damit Ihr noch besser versteht, was genau nun so anziehend an dieser scheinbar trockenen Philosophie mit ihrer nebelhaften Sprache war, was Marx, Engels und Lassalle zu ihr hinzog, was auch unsere russischen Revolutionäre zu ihr hinzog – Belinskij, Herzen, Bakunin, Tschernyschewskij – lese ich Euch vor, was der letztere über sie schreibt:

> „Der ewige Wechsel der Form, die ewige Abstoßung der Form, die durch einen bestimmten Inhalt oder eine bestimmte Tendenz erzeugt ist, infolge der Verstärkung dieser Tendenz, der höchsten Entwicklung dieses Inhalts – wer dieses gewaltige, ewige, allgegenwärtige Gesetz verstanden hat, wer sich daran gewöhnt hat, es auf

jede Erscheinung anzuwenden – o wie ruhig sehnt der Möglichkeiten herbei, die andere nur entsetzen. Um den Dichter zu zitieren:

Ich hab mein Sach auf nichts gestellt

und mir gehört die ganze Welt.

Er trauert um nichts, was sich überlebt hat, und sagt: Komme was da wolle, auch wir werden es einmal besser haben."

Ich werde nicht bei den anderen Seiten der Hegelschen Philosophie verweilen, die erklären, warum sie einen so starken Anstoß für ein aufmerksameres Studium der Wirklichkeit gegeben hat. Je mehr die Schüler Hegels, im Lichte und unter Anleitung der von ihrem Lehrer geschaffenen dialektischen Methode, die Wirklichkeit studierten, um so mehr stellte sich ein Mangel dieser Philosophie als entscheidend heraus: sie war eine idealistische Philosophie, dass heißt für sie war der Hauptmotor, der Schöpfer die absolute Idee, das Bewusstsein, das das Sein bestimmt.

Dieser schwache Punkt des Hegelschen Systems forderte Kritik heraus. Man konnte sagen, dass im Grunde genommen diese absolute Idee doch nur eine Neuausgabe unseres alten Bekannten war, des dreieinigen Gott-Vater, Sohn und Heiliger Geist, dieses von aller Körperlichkeit gereinigten Gottes, den Philosophen wie Voltaire für sich und vor allem für das Volk geschaffen haben.

Und genau unter diesem Gesichtspunkt ging an die Philosophie Hegels einer seiner begabtesten Schüler, Ludwig Feuerbach heran. Er verstand die revolutionäre Seite der Philosophie Hegels sehr gut und machte sie sich zu eigen, dann aber stellte er folgende Frage: Kann wirklich diese absolute Idee in ihrer Entwicklung alles Sein bestimmen? Feuerbach verneinte diese Frage. Er kehrte die Grundthese von Hegel um und zeigte, dass im Gegenteil das Sein das Bewusstsein bestimmt, dass es eine Zeit gegeben hat, wo das Sein ohne Bewusstsein existiert hat, er zeigte, dass der Gedanke, die Idee selbst ein Produkt desselben Seins sind. Die Hegelsche Philosophie war von seinem Standpunkt aus das letzte theologische System, denn sie ersetzte Gott durch ein genauso ursprüngliches Wesen, die absolute Idee. Feuerbach zeigte, dass alle unsere Vorstellungen von Gott, die verschiedenen religiösen Systeme, darunter auch das Christentum, Produkte des Menschen selbst sind, dass demnach nicht Gott den Menschen, sondern umgekehrt der Mensch selbst sich nach seinem Bilde Gott schafft. Man muss nur diese ganze Welt von Hirngespinsten, von überirdischen Dingen, von Engeln, Hexen und ähnlichen Erscheinungen zerstreuen, die alle dieselbe Grundlage, ein göttliches Wesen, haben, und übrig bleibt: die menschliche Welt. So ist der Mensch das Grundprinzip der ganzen Philosophie Feuerbachs. Als oberstes Gesetz für die menschliche Welt gilt nicht ein Gesetz Gottes, sondern das Wohl des Menschen selbst. Um es in wissenschaftlicher Sprache auszudrücken: Feuerbach hat dem alten theologischen, göttlichen Prinzip ein neues Prinzip entgegengesetzt, das anthropologische oder menschliche.

Wenn Ihr unsere alten Kritiker und Publizisten Tschernyschewskij und Dobroljubow lest, Genossen, werdet Ihr sehen, dass ihrer Weltanschauung genau dieses anthropologische Prinzip zugrunde liegt, dass für sie der Mensch und seine Bedürfnisse der Ausgangspunkt ist. Um ein wirkliches menschliches Gemeinschaftsleben aufzubauen, muss man sich nicht nur um den Geist, sondern auch um den Körper, muss man sich um die Befriedigung aller Bedürfnisse des Menschen kümmern.

Man muss Bedingungen schaffen, unter denen der Mensch alle seine Fähigkeiten entwickeln kann. Zu diesen Schlussfolgerungen kamen sie mit Hilfe Feuerbachs. Und all das machten sich auch Marx und Engels zu eigen, wie die gesamte fortschrittliche Intelligenz jener Zeit. Wenn Ihr die Geschichte des russischen gesellschaftlichen Denkens studiert, werdet Ihr auf diese interessante Erscheinung stoßen. Es genügt, die Werke von Marx und Engels, die sie bis zum Jahr 1845 schrieben, mit den Werken von Herzen, Belinskij, Dobroljubow und Tschernyschewskij zu vergleichen, und Ihr werdet sofort die Ähnlichkeit der Ideen und Ansichten bemerken, die um so größer ist, je mehr unsere russischen Schriftsteller dieselbe Entwicklung von Hegel zu Feuerbach durchgemacht haben. Ihr wisst, dass weder Tschernyschewskij noch Dobroljubow und noch weniger Herzen Marxisten, Kommunisten waren, obwohl sie Sozialisten waren. Sie blieben alle auf einer bestimmten Stufe stehen – sogar Tschernyschewskij, der weiter als alle ging auf dem Weg, auf den ihn das Studium Feuerbachs gebracht hatte.

Erst Marx führte etwas vollständig Neues in die Philosophie Feuerbachs ein, indem er die weitestgehenden Schlüsse aus ihr zog. Aber um zu verstehen, was genau Marx an Neuem in die deutsche Philosophie hineintrug, müssen wir nochmals zurückgehen.

Als ich Euch über die Jugend von Marx erzählte, habe ich auf ein charakteristisches Detail hingewiesen. Ihr erinnert Euch, dass Marx in seinem Schulaufsatz behauptet hatte, dass schon vor der Geburt eines Menschen eine Reihe von Bedingungen vorhanden sind, die im voraus seinen zukünftigen Beruf bestimmen. Also kannte Marx schon als Gymnasiast die Idee, die die logische Folgerung aus der materialistischen Philosophie des 18. Jahrhunderts darstellt. Der Mensch ist ein Produkt seiner Umgebung, der Umstände, und kann deshalb nicht vollständig frei in seiner Berufswahl sein, er kann nicht der Schmied seines Glückes sein. Ich habe schon damals darauf hingewiesen, dass in dieser These nichts Neues liegt, das Marx geschaffen hätte. Er hat das formuliert – wenn auch durchaus auf seine eigene Art – was er schon mehr als einmal in den Werken gelesen hatte, die sein Vater so sehr liebte. Als er die Universität betrat und in ein neues intellektuelles Milieu geriet, wo die deutsche klassische Philosophie herrschte, stellte er schon von Anfang an ihrem Idealismus eine stärker materialistische Weltanschauung entgegen. Deshalb zog er so schnell alle radikalen Schlüsse aus der Hegelschen Philosophie und begrüßte so begeistert Das Wesen des Christentums von Feuerbach. Dieser kam in seiner Kritik des Christentums zu denselben Ergebnissen wie die radikalen Materialisten des 18. Jahrhunderts, nur mit dem Unterschied, dass dort, wo sie nur Betrug und Aberglauben gesehen hatten, er, der durch die Hegelsche Schule gegangen war, eine unvermeidliche Phase der menschlichen Kultur feststellte. Doch auch bei Feuerbach war der Mensch eine ebenso abstrakte Figur wie bei den französischen Materialisten des 18. Jahrhunderts.

Es genügte, noch weiter zu gehen in der Kritik, in der Analyse sowohl des Menschen wie seiner Umgebung, um zu sehen, dass dieser Mensch sich in vielfältigen Formen zeigt, in den verschiedensten Häuten steckt, die unterschiedlichsten Felle trägt. Menschen waren in gleicher Weise der preußische König wie der Oberpräsident der Rheinprovinz wie der Moselbauer wie der Fabrikarbeiter. Mit ihnen hatte es Marx in der Rheinprovinz zu tun. Sie alle hatten ein und dieselben Organe: einen

Kopf, Füße, Hände. Physiologisch und anatomisch gab es keinen besonderen Unterschied zwischen einem Moselbauern und einem preußischen Gutsbesitzer, und zugleich herrschte doch, was ihre soziale Lage anging, ein kolossaler Unterschied.

Aber die Menschen unterschieden sich einer vom anderen nicht nur im Raum, sondern auch in der Zeit. Die Menschen des 18. Jahrhunderts unterschieden sich von denen des 12. und von denen des 19. Jahrhunderts. Woher stammten diese Unterschiede, wenn der Mensch selbst sich nicht veränderte und nur ein Produkt der Natur war?

In diese Richtung bewegte sich auch das Denken von Marx. Es genügt nicht zu sagen, dass der Mensch das Produkt seiner Umwelt ist, dass die Umwelt den Menschen erzieht. Um so verschiedene Menschen heranzubilden, muss diese Umwelt selbst in sich verschieden sein, muss sie in sich selbst verschiedene Gegensätze einschließen. Es erweist sich, dass diese Umwelt nicht nur einfach eine Ansammlung von Menschen, sondern eine gesellschaftliche Umwelt ist, in der die Menschen durch bestimmte Beziehungen verbunden sind, verschiedenen gesellschaftlichen Gruppen angehören.

Deshalb konnte Marx sich sogar mit der Feuerbachschen Kritik der Religion nicht zufrieden geben. Feuerbach erklärte das Wesen der Religion durch das Wesen des Menschen; aber das Wesen des Menschen ist durchaus nicht etwas Abstraktes, was ihm als einer einzelnen Person innewohnt. Der Mensch selbst stellt schon die Summe, die Gesamtheit bestimmter gesellschaftlicher Verhältnisse dar. Einen für sich existierenden isolierten Menschen gibt es nicht. Aber auch die natürlichen Bande zwischen den Menschen machen ihrem Inhalt nach den gesellschaftlichen Banden Platz, die sich zwischen ihnen im Prozess der geschichtlichen Entwicklung herausgebildet haben. Deshalb ist das religiöse Gefühl nicht irgend etwas Natürliches, von Natur Gegebenes – es ist selbst ein gesellschaftliches Produkt.

Es genügt deshalb nicht zu sagen, dass der Mensch der Ausgangspunkt der neuen Weltanschauung ist. Man muss hinzufügen, dass es der gesellschaftliche Mensch ist, dass heißt also der Mensch als das Produkt einer bestimmten gesellschaftlichen Entwicklung, dass er sich formt und entwickelt auf dem Boden einer Gesellschaft, die in einer bestimmten Weise sozial geschichtet, differenziert ist. Näher betrachtet zeigt sich, dass diese Schichtung, die Differenzierung der Umwelt in verschiedene Klassen, nichts Ursprüngliches, sondern im Gegenteil selbst wiederum Produkt einer langen historischen Entwicklung ist. Wenn wir untersuchen, auf welche Weise sich diese Entwicklung vollzogen hat, so stellen wir fest, dass sie stets ein Kampf von Widersprüchen, Gegensätzen war, die auf der jeweiligen bestimmten Stufe der gesellschaftlichen Entwicklung entstanden.

Marx begnügte sich damit nicht, er unterzog auch die anderen philosophischen Thesen Feuerbachs einer Kritik. In die rein theoretische, anschauende Philosophie führt er ein neues Element ein – das revolutionäre, auf die Kritik der Wirklichkeit gegründete, praktische Handeln.

Wie die französischen Materialisten lehrte Feuerbach, dass die Menschen ein Produkt der Umstände und der Erziehung sind, ein Produkt der Einwirkung des Seins auf das Bewusstsein. Das ergab die Vorstellung, dass der Mensch, so wie er ist, mit Kopf, Händen, Füßen, abgesondert von der übrigen belebten Welt, nur einen bestimmten Wahrnehmungsapparat darstellt, der der Einwirkung der Natur unterworfen ist. Alle seine Gedanken, seine Ideen sind eine Widerspiegelung dieser Natur. So lief es, Feuerbach zufolge, darauf hinaus, dass der Mensch nur ein passives Element ist, das gehorsam alle Anstöße aufnimmt, die es von der Natur empfängt.

Dieser Überzeugung setzte Marx eine andere entgegen: alles, was sich im Menschen vollzieht, die Veränderungen des Menschen selbst, sind Resultate nicht nur der Einwirkung der Natur auf ihn, sondern in noch größerem Maß Resultat der Einwirkung des Menschen auf die Natur. Die Entwicklung der Menschheit besteht gerade darin, dass das menschenähnliche Wesen der Urgesellschaft in seinem ununterbrochenen Kampf ums Überleben nicht nur passiv der Natur unterworfen ist, sondern selbst auf sie einwirkt, und indem es die Natur verändert, die Bedingung seiner eigenen Existenz verändert, gleichzeitig damit auch sich selbst verändert.

So führte Marx in die passive Philosophie Feuerbachs ein revolutionäres, aktives Element ein. Die Aufgabe der Philosophie – sagt Marx im Gegensatz zu Feuerbach – besteht nicht nur darin, die Welt zu erklären, sondern darin, sie zu verändern. Die Theorie wird durch die Praxis ergänzt, die Kritik der Wirklichkeit, der uns umgebenden Welt, ihre Negation - durch die wirkliche Arbeit, durch praktisches Handeln. So hat Marx in die Philosophie des Materialismus das revolutionäre Prinzip eingeführt, hat er die anschauende Philosophie Feuerbachs in eine tätige Philosophie verwandelt. Durch seine Praxis, durch sein ganzes Handeln muss der Mensch die Wahrheit seines Denkens, seines Programms beweisen. Je besser er es in der Praxis durchführt, je schneller er es in die Praxis umsetzt, desto gründlicher beweist er, dass schon in der Wirklichkeit selbst alle Elemente für die Lösung der Aufgaben, die er sich gestellt hat, für die Durchführung seines Programms, das er ausgearbeitet hat, enthalten waren.

Diese Feuerbach-Kritik formulierte Marx in allgemeinen Zügen schon sehr früh. Wenn Ihr Euch aufmerksam in den Gang seines Denkens hineindenkt, werdet Ihr leicht verstehen, auf welche Weise er zu seiner Grundidee kam, deren Ausarbeitung ihn zum wissenschaftlichen Kommunismus führte.

Marx ging aus der Mitte der deutschen Intelligenz hervor. Und mit ihr führt er auch eine Auseinandersetzung, um sie von der Haltlosigkeit ihrer alten Losungen zu überzeugen. Wir sind uns alle einig, sagte er zu ihr, dass die deutsche Wirklichkeit, die uns umgibt, dieses Preußen, in dem alles gesellschaftliche Leben erstickt ist, in dem es weder Gedanken- noch Lehrfreiheit gibt, dass diese ganze Welt sehr abstoßend ist. Es unterliegt keinem Zweifel, dass diese Welt verändert werden muss, wenn wir nicht wollen, dass das deutsche Volk völlig in diesem widerlichen Sumpf versinkt.

Aber wie kann sie geändert werden? fragt Marx. – Sie kann nur dann geändert werden, wenn sich in dieser deutschen Gesellschaft eine Gruppe findet, eine Klasse von Menschen, die aufgrund ihrer gesamten Existenzbedingungen daran interessiert ist, diese Welt zu verändern.

Marx betrachtet nacheinander die verschiedenen Gruppen, die in der deutschen Gesellschaft existieren: Den Adel, das Beamtentum, die Bourgeoisie. Er kommt zu dem Schluss, dass die letztere – im Unterschied zur französischen Bourgeoisie, die eine gewaltige revolutionäre Rolle gespielt hat – nicht in der Lage ist, die Rolle der Befreierklasse auf sich zu nehmen, die die ganze Gesellschaft verändert.

Aber wenn nicht die Bourgeoisie, welche andere Klasse kann dann diese Rolle auf sich nehmen? Und Marx, der zu dieser Zeit überaus aufmerksam die Geschichte und die zeitgenössischen Verhältnisse von England und Frankreich studiert, kommt zu dem Schluss, dass diese Klasse nur das Proletariat sein kann.

So stellt Marx schon im Jahr 1844 folgende Grundthese auf: die Klasse, die die Mission der Befreiung des deutschen Volkes, die Veränderungen der gesamten gesellschaftlichen Ordnung auf sich nehmen kann und muss, kann nur das Proletariat sein.

Warum? Weil das diejenige Klasse war, in deren Existenzbedingungen selbst sich alles Übel der zeitgenössischen bürgerlichen Gesellschaft verkörperte. Es gab keine andere Klasse, die tiefer auf der Leiter der gesellschaftlichen Klassen stand, auf der die ganze übrige Gesellschaft lastete, als eben das Proletariat. Während die Existenz aller übrigen Klassen auf dem Privateigentum sich aufbaut, ist das Proletariat entblößt von diesem Eigentum und nicht daran interessiert, die so existierende Gesellschaft um jeden Preis zu erhalten. Dem Proletariat fehlt es nur am Bewusstsein seiner Mission, am Wissen, an der Philosophie. Und es wird zur Achse der ganzen Befreiungsbewegung werden, wenn es nur von diesem Bewusstsein, von dieser Philosophie durchdrungen werden wird, wenn es alle Bedingungen seiner Befreiung verstehen wird und wenn es verstehen wird, welche gewaltige Rolle ihm zufällt.

Das ist der Grundgedanke von Marx, der ausschließlich ihm gehört. Obwohl die großen Utopisten – Saint-Simon, Fourier, Owen, insbesondere der letztere – schon ihre Aufmerksamkeit auf die zahlreichste und elendeste Klasse lenkten, auf die Proletarier, gingen sie doch alle von der Überzeugung aus, dass das Proletariat nur die am meisten leidende, ärmste Klasse ist, dass man sich um sie kümmern muss, und dass dies die höheren, aufgeklärten Klassen tun müssten. Im Elend des Proletariats sahen sie nur das Elend und bemerkten nicht die revolutionäre Seite, die dieses Elend, Produkt der Zersetzung der bürgerlichen Gesellschaft, in sich barg.

Marx zeigte als erster auf, dass das Proletariat nicht nur eine leidende Klasse ist, sondern auch ein aktiver Kämpfer gegen die bürgerliche Gesellschaft, dass diese Klasse sich durch alle ihre Existenzbedingungen in die einzig revolutionäre Klasse der bürgerlichen Gesellschaft verwandelt.

Diese Idee, die Marx schon Anfang 1844 darlegte, entwickelte er weiter in einem Werk, das er gemeinsam mit Engels schrieb. Es heißt Die heilige Familie und ist gegen die ehemaligen Mitstreiter, die Gebrüder Bauer, gerichtet. In diesem Buch verhöhnt Marx in der giftigsten Weise alle Versuche der deutschen Intelligenz, sich entweder vom Proletariat abzukehren oder sich mit wohltätigen Vereinen zu begnügen, die dem Proletariat Gutes tun sollten. Marx setzt der deutschen Intelligenz wiederum die revolutionäre Bedeutung des Proletariats auseinander, das einige Monate zuvor im Aufstand der schlesischen Weber gezeigt hatte, dass es in der Verteidigung seiner ureigensten Interessen auch nicht vor dem Aufstand halt macht.

Schon in diesem Buch markiert Marx auch die folgenden Meilensteine seiner neuen Weltanschauung. Das Proletariat ist eine besondere Klasse, weil die Gesellschaft selbst, in der es lebt, eine Klassengesellschaft ist. Dem Proletariat steht die Bourgeoisie gegenüber. Den Arbeiter beutet der Kapitalist aus. Und hier erhebt sich eine neue Frage. Woher kommen die Kapitalisten? Welche Ursachen haben die Ausbeutung der Lohnarbeit durch das Kapital erzeugt?

Es war notwendig, diese Gesellschaft zu erforschen, die Grundgesetze ihrer Entwicklung und Existenz. Und Marx lässt wiederum Feuerbach weit hinter sich, den ganz allgemein die Frage nach der Entwicklung der gesellschaftlichen Verhältnisse wenig interessierte, der in dieser Beziehung bedeutend tiefer stand als sein Lehrer Hegel, der – auf seine idealistische Art ,– aufmerksam die Entwicklungsgesetze der bürgerlichen Gesellschaft untersucht hatte.

Marx hebt schon in diesem Buch hervor, dass wir nichts von der Geschichte einer bestimmten Periode verstehen, wenn wir nicht den Zustand der Industrie kennen, wenn uns die unmittelbaren Bedingungen der Produktion, die materiellen Bedingungen des menschlichen Lebens, die Verhältnisse, die sich zwischen den Menschen im Prozess der Befriedigung, ihrer materiellen Bedürfnisse herstellen, unbekannt sind.

Marx beginnt seit dieser Zeit angestrengt an dieser Frage zu arbeiten. Wir werden im weiteren sehen, zu welchem Ergebnis er im Verlauf der nächsten zwei Jahre, noch vor der Revolution des Jahres 1848, kam. Er wirft sich auf das Studium der politischen Ökonomie, um den ganzen Mechanismus der ökonomischen Verhältnisse der modernen Gesellschaft besser zu verstehen.

Aber Marx war nicht nur ein Philosoph, der die Welt erklären möchte, er war ein Revolutionär, der sie verändern will. Die theoretische Arbeit ging bei ihm Hand in Hand mit der praktischen.

Beim nächsten Mal werde ich Euch damit bekannt machen, wie im Verlauf von zweieinhalb Jahren, im Prozess des erbarmungslosesten Fraktionskampfes, zusammen mit Engels die Organisation schuf, in deren Auftrag sie das Kommunistische Manifest verfassten: Den Bund der Kommunisten.

4. VORTRAG

Kritik der gängigen Ansichten über die Geschichte des Bundes der Kommunisten – Marx als Organisator – Der Kampf mit Weitling – Die Gründung des Bundes der Kommunisten – Das Kommunistische Manifest – Die Polemik mit Proudhon

Ich habe beim letzten Mal versprochen, die Tätigkeit von Marx zu betrachten, soweit er sich an der Schaffung der Organisation des Bundes der Kommunisten beteiligte, in dessen Auftrag das Manifest der kommunistischen Partei geschrieben wurde. Ich habe Euch versprochen, dass ich die Biographie von Marx und Engels darstellen werde, indem ich mich ihrer eigenen Methode bediene. Nun komme ich, nachdem ich alle Daten untersucht habe, die man in den Werken von Marx und Engels zur Frage der Geschichte des Bundes der Kommunisten finden kann, zu dem Schluss, dass die Angaben von Marx und Engels zu dieser Frage einer strengen Analyse nicht standhalten. Marx berührte nur einmal in seinem Leben diese Geschichte in einem seiner Werke, das sehr wenig gelesen wird. Das ist Herr Vogt – ein Buch, das 1860 erschien. Marx unterläuft dort eine ganze Reihe von Fehlern. Aber gewöhnlich lernt man die Geschichte des Bundes der Kommunisten anhand einer kleinen Skizze, die 1885 von Engels verfasst wurde. Von Engels mit leichter Hand aufs Papier geworfen, stellt sich die Sache so dar: es waren einmal Marx und Engels, zwei deutsche Philosophen und Politiker, die gezwungen waren, Deutschland zu verlassen; sie lebten in Frankreich, sie lebten in Deutschland, und sie schrieben gelehrte Bücher, die die Aufmerksamkeit der Intelligenz auf sich zogen und später in die Hände von Arbeitern fielen. Und da, eines schönen Tages, wandten sich die Arbeiter an diese beiden Gelehrten, die in ihrer Studierstube saßen und sich nicht in die ganze schmutzige praktische Arbeit einmischten, sondern zu Hause darauf warteten, – wie es sich auch für die Hüter des wissenschaftlichen Denkens gehört –, dass die Arbeiter zu ihnen kämen. Und sie warteten bis zu diesem Tag: die Arbeiter kamen und luden Marx und Engels ein, ihrem Bund beizutreten. Diese erklärten, dass sie nur unter der Bedingung beitreten würden, dass man ihr Programm annähme. Die Arbeiter stimmten zu, organisierten den Bund der

Kommunisten und beauftragten als erstes Marx und Engels mit der Abfassung des Manifests der kommunistischen Partei. Die Arbeiter, die dies taten, gehörten zu dem Bund der Gerechten, von dem ich Euch in meinem ersten Vortrag im Zusammenhang mit der Geschichte der Arbeiterbewegung in Frankreich und England erzählt habe. Ich habe gezeigt, dass dieser Bund der Gerechten sich in Paris gebildet hatte und nach dem missglückten Aufstandsversuch der Blanquisten am 12. Mai 1839 schweren Verfolgungen ausgesetzt war. Ich sagte, dass nach dieser Niederlage die Mitglieder des Bundes nach London aufbrachen. Unter ihnen war Schapper, der im Februar 1840 den Arbeiterbildungsverein gegründet hatte.

Die Historiker der Internationale wie Mehring und Steklow haben bisher immer nur das wiederholt, was Engels selbst erzählt. Uns stehen andere Informationen zur Verfügung, die sich durchaus nicht mit der gerade ausgebreiteten Erzählung vereinbaren lassen. Im Gegenteil, sobald Marx zu der Ansicht gekommen war, dass jeder, der es für notwendig hält, die existierende gesellschaftliche Ordnung radikal zu verändern, sich nur auf die Arbeiterklasse, das Proletariat stützen kann, das ja in seiner Existenz selbst alle Antriebe, jeden Ansporn findet, der es in den Kampf gegen diese Ordnung treibt, – sobald Marx zu dieser Ansicht gekommen war, ging er mitten unter die Arbeiter, bemühte er sich, zusammen mit seinem Freund, überall hinzukommen, in alle Organisationen einzudringen, wo diese Arbeiter schon anderen Einflüssen ausgesetzt waren. Und solche Organisationen existierten damals schon. Wenden wir uns jetzt ihnen zu.

In meiner Darstellung der Geschichte der Arbeiterbewegung bin ich am Anfang der 40er Jahre stehen geblieben. Der Bund der Gerechten verlor seine Funktion als Zentralorgan mit seiner Vernichtung im Mai 1839. Mindestens seit 1840 begegnen wir keiner Spur von Existenz oder Tätigkeit des Bundes als solchem mehr. Es blieben nur einzelne Zirkel übrig, die von ehemaligen Mitgliedern des Bundes der Gerechten organisiert waren. Über einen dieser Zirkel, der in London gegründet wurde haben wir schon gesprochen.

Andere Mitglieder des Bundes der Gerechten flohen in die Schweiz. Unter ihnen besaß Wilhelm Weitling den größten Einfluss. Weitling, von Beruf Schneider, war einer der ersten deutschen Revolutionäre aus dem Kreis des Handwerker-Proletariats. Wie viele deutsche Handwerker in dieser Zeit wanderte er von einer Stadt in die andere und geriet schon 1835 nach Paris, ließ sich dort aber erst 1837 für längere Zeit nieder. Dort wurde er Mitglied des Bundes der Gerechten und machte sich mit den Lehren von Lamernnais, einem Vertreter des christlichen Sozialismus, und denen Saint-Simons und Fouriers bekannt. Dort traf er auch mit Blanqui und seinen Anhängern zusammen. Ende 1838 verfasste er im Auftrag seiner Genossen die Broschüre Die Menschheit, wie sie ist und wie sie sein sollte, in der er schon die Ideen des Kommunismus verteidigte.

In der Schweiz, anfangs der französischen, später auch in der deutschen, begann er mit einigen Genossen, nach einem missglückten Versuch der Propagandaarbeit unter den Schweizern selbst, Zirkel unter den deutschen Arbeitern und Emigranten zu organisieren. 1842 veröffentlichte er sein Hauptwerk, die Garantien der Harmonie und Freiheit. Darin entwickelte er eingehender seine Ansichten, die er schon 1838 dargelegt hatte.

Ich werde nicht bei der Darstellung seiner Ansichten verweilen. Von anderen Utopisten seiner Zeit unterschied er sich –

und darin zeigte sich der Einfluss von Blanqui – dadurch, dass er nicht an einen friedlichen Übergang zum Kommunismus durch Überzeugung glaubte. Im Gegenteil, man wird die neue Gesellschaft, deren Plan Weitling in allen Einzelheiten ausarbeitete, nur auf dem Wege der Gewalt verwirklichen können. Je schneller wir die existierende Gesellschaft zerstören, um so schneller werden wir das Volk befreien. Das beste Mittel hierzu ist, die bestehende gesellschaftliche Unordnung zum letzten Extrem zu treiben. Je schlimmer, desto besser! Für das hoffnungsvollste revolutionäre Element, das diese Gesellschaft stürzen könnte, hielt Weitling die Asozialen, das Lumpenproletariat, sogar die Räuber.

In der Schweiz lernte auch unser Bakunin Weitling und seine Lehre kennen. Er machte sich schon damals einige der gerade wiedergegebenen Ideen zu eigen. Als im Frühjahr 1843 Weitling in Paris festgenommen wurde und man ihn und seine Anhänger gerichtlich verfolgte, war auch Bakunin kompromittiert und seit dieser Zeit Emigrant. Nach dem Ende der Gefängnishaft wurde Weitling nach Deutschland ausgewiesen. Nach allen möglichen Strapazen gelang es ihm, über Hamburg nach London zu kommen. Dort empfing man ihn mit großem Triumph.

Zu seinen Ehren wurde eine große Versammlung veranstaltet, an der gemeinsam mit englischen Sozialisten und Chartisten deutsche und französische Emigranten teilnahmen. Das war die erste große internationale Versammlung in London. Sie, gab Schapper den Anlass, im Oktober 1844 eine internationale Gesellschaft unter dem Namen Gesellschaft der demokratischen Freunde der Völker zu organisieren. Diese setzte sich die Zusammenführung der Revolutionäre aller Nationalitäten zum Ziel, die Festigung der Brüderlichkeit zwischen den verschiedenen Völkern, die Erkämpfung sozialer und politischer

Rechte. An der Spitze der Gesellschaft standen Schapper und seine nächsten Freunde.

Weitling, der fast ein halbes Jahr in London blieb, hatte anfangs einen großen Einfluss auch im Londoner Arbeiterverein, in dem leidenschaftliche Diskussionen über alle Themen geführt wurden, die mit der aktuellen Situation zusammenhingen. Doch sehr bald musste er bemerken, dass er auf eine starke Opposition stieß. Seine alten Genossen, wie Schapper, Bauer und Moll, hatten während der Zeit der Trennung die englische Arbeiterbewegung und die Lehre Owens genau kennengelernt.

Wir haben schon gesehen, dass für Weitling das Proletariat keine besondere Klasse mit besonderen Klasseninteressen war. Das Proletariat war nur ein Teil der armen, unterdrückten Bevölkerung, aber von diesen Armen griff er, als das nach seiner Ansicht revolutionärste Element, das Lumpenproletariat heraus. Er trug sich immer noch mit seiner Idee, dass die Räuber, die Banditen eines der hoffnungsvollsten Elemente im Kampf mit der existierenden Gesellschaft sind. Der Propaganda maß er überhaupt keine Bedeutung bei. Die Zukunftsgesellschaft stellte er sich als kommunistische Gesellschaft vor, in der die Führung einer kleinen Gruppe von weisen Menschen gehört. Und um die Massen auf seine Seite zu ziehen, hielt er es für notwendig, zu einem religiösen Element Zuflucht zu nehmen, indem er Christus zum Propheten des Kommunismus machte und den Kommunismus als ein von allen späteren Verunreinigungen befreites Urchristentum darstellte.

Um die Missverständnisse besser zu verstehen, die später zwischen ihm und Marx und Engels entstanden, muss man sich daran erinnern, dass Weitling ein sehr begabter Arbeiter und

Autodidakt war, der über ein nicht alltägliches literarisches Talent verfügte, doch unter allen Unzulänglichkeiten solcher Autodidakten litt. Unser Russland ist reich an solchen Autodidakten, und Ihr seid ihnen sicher schon öfter begegnet.

Der Autodidakt hat es, wie man sagt, immer darauf abgesehen, aus seinem eigenen Kopf etwas extra-neues herauszufischen, irgendeinen ausgeklügelten Apparat zu erfinden, wobei er häufig in die Lage kommt, unter großem Kräfteverschleiß ein längst schon entdecktes Amerika zu entdecken. Der Autodidakt kann irgendein perpetuum mobile zu erfinden versuchen oder irgendeinen Nürnberger Trichter, mit dessen Hilfe man einen Menschen im Handumdrehen zum Gelehrten machen kann. Und Weitling gehörte zu dieser Art von Autodidakten. Er wollte sich eine besondere Lehre ausdenken, die es den Menschen ermöglichen würde, sich in der kürzesten Zeit jede Wissenschaft anzueignen. Es ist charakteristisch, daß auch ein anderer Arbeiter-Autodidakt, dem wir noch begegnen werden, nämlich Proudhon, sich an der Lösung dieser Aufgabe versuchte. Bei Weitling war es manchmal schwer zu ergründen, was er höher schätzte: seinen Kommunismus oder die Universalsprache. Wie ein echter Prophet vertrug er absolut keine Kritik, und besonderes Misstrauen nährte er gegenüber Buchgelehrten, die seinem Steckenpferd sehr skeptisch gegenüberstanden.

Doch im Jahr 1844 gehörte Weitling zur Gruppe der populärsten und bekanntesten Leute nicht nur unter den deutschen Arbeitern, sondern auch unter der deutschen Intelligenz.

Wir besitzen eine charakteristische Beschreibung der Begegnung des berühmten Schneiders mit dem berühmten Dichter Heine, die von dem letzteren stammt:

„Was meinen Stolz am meisten verletzte, war der gänzliche Mangel an Respekt, den der Bursche an den Tag legte, während er mit mir sprach. Er behielt die Mütze auf dem Kopf, und während ich vor ihm stand, saß er auf einer kleinen Holzbank, mit der einen Hand sein zusammengezogenes rechtes Bein in die Höhe haltend, so dass er mit dem Knie fast sein Kinn berührte; mit der anderen Hand rieb er beständig dieses Bein oberhalb der Fußknöchel. Diese unehrerbietige Position hatte ich anfangs den kauernden Handwerksgewöhnungen des Mannes zugeschrieben. Doch er belehrte mich eines Bessern, als ich ihn befrug, warum er beständig in erwähnter Weise sein Bein riebe. Er sagte mir nämlich im unbefangen gleichgültigsten Tone, als handele es sich von einer Sache, die ganz natürlich, dass er in den verschiedenen Gefängnissen, worin er gesessen, gewöhnlich mit Ketten belastet worden sei; und da manchmal der eiserne Ring, welcher das Bein anschloss, etwas zu eng gewesen, habe er an jener Stelle eine juckende Empfindung bewahrt, die ihn zuweilen veranlasse, sich dort zu reiben ...Ja, ich gestehe, ich wich einige Schritte zurück, als der Schneider solchermaßen mit seiner widerwärtigen Familiarität von den Ketten sprach, womit ihn die deutschen Schließer zuweilen belästigten, wenn er im Loch saß."[7]

Obwohl Heine selbst in dieser Beschreibung keinen besonders sympathischen Eindruck macht, sehen wir doch, dass Weitling einen tiefen Eindruck auf den von seinen Verehrern verwöhnten Dichter machte. Der Revolutionär konnte Heine leicht als den großen Herrn von Literatur und Kunst erkennen, der mit Neugier, wenngleich nicht ohne Widerwillen, den ihm fremden Typus des Kämpfers fixiert. Mit derselben eitlen Neugier betrachteten auch unsere Dichter einst irgendein Mitglied einer revolutionären Gruppe oder einen Bolschewiken. Anders verhielt sich ein solcher Intellektueller wie Marx. Für ihn war Weitling ein begabter Wortführer der Bestrebungen desselben Proletariats, dessen his-

---

7   H. Heine, a.a.O., Bd. XIII, S. 115 f.

torische Mission er selbst gerade formuliert hatte. Folgendes schrieb er über Weitling vor seiner Bekanntschaft mit ihm:

> „Wo hätte die Bourgeoisie, ihre Philosophen und Schriftgelehrten eingerechnet, ein ähnliches Werk wie Weitling's Garantien der Harmonie und Freiheit in Bezug auf die Emanzipation der Bourgeoisie – die politische Emanzipation – aufzuweisen? Vergleicht man die nüchterne, kleinlaute Mittelmäßigkeit der deutschen politischen Literatur mit diesem maßlosen und brillanten literarischen Debüt der deutschen Arbeiter; vergleicht man diese riesenhaften Kinderschuhe des Proletariats mit der Zwerghaftigkeit der ausgetretenen politischen Schuhe der deutschen Bourgeoisie, so muss man dem deutschen Aschenbrödel eine Athletengestalt prophezeien."[8]

Es ist vollkommen natürlich, dass Marx und Engels die Bekanntschaft mit Weitling suchen mussten. Wir wissen, dass schon im Sommer 1845 – und zu dieser Zeit lebte Weitling noch in London – beide Freunde während ihrer kurzen Reise nach England die englischen Chartisten und deutschen Emigranten kennenlernten. Ob sie auch Weitling begegnet sind, wissen wir nicht genau. Sie traten erst Anfang 1846 in nähere Beziehung zueinander, als Weitling nach Brüssel kam, wo Marx sich nach seiner Anfang 1845 erfolgten Ausweisung aus Frankreich niedergelassen hatte. Marx steckte damals schon bis zum Hals in der Organisationsarbeit. Brüssel bot dafür gute Möglichkeiten. Belgien war das Durchgangsland zwischen Frankreich und Deutschland. Die deutschen Arbeiter und Intellektuellen, die auf dem Weg nach Paris waren, verbrachten immer einige Tage in Brüssel. Von dort schmuggelten sie auch illegale Literatur nach ganz Deutschland ein. Unter den Arbeitern, die sich zeitweise in Brüssel niedergelassen hatten, gab es einige sehr begabte Menschen.

---

8   MEW, Bd. 1, S. 405.

So konnte Marx schon sehr früh die Idee propagieren, einen Kongress aller Kommunisten zur Schaffung der ersten Organisation, die alle kommunistischen Kräfte umfassen sollte, einzuberufen. Er sollte in der belgischen Stadt Verviers stattfinden, die sich nah an der deutschen Grenze befand und wohin die deutschen Kommunisten leicht kommen konnten. Ich habe nicht genau feststellen können, ob dieser Kongress tatsächlich stattfand. Aber Marx hatte alle Vorbereitungen für ihn getroffen, lange bevor – nach den Worten von Engels – Delegierte des Bundes der Gerechten aus London zu ihm kamen und ihn einluden, diesem beizutreten.

Marx und Engels hielten es natürlich für äußerst wichtig, auch die Zirkel zu gewinnen, die stark unter dem Einfluss von Weitling standen. Sie strebten durchaus an, sich mit ihm auf einer gemeinsamen Plattform zu treffen. Die Sache endete jedoch mit dem Abbruch der Beziehungen. Ein glücklicher Zufall wollte es, dass die Geschichte dieses Bruchs uns von einem unserer Landsleute überliefert worden ist. Dieser Landsmann, der russische Kritiker Annenkov, war damals ein Bewunderer von Marx, ließ aber sehr bald alle revolutionaren Neigungen fallen.

Er war gerade im Frühjahr 1846 in Brüssel und hinterließ uns eine interessante Beschreibung, die nicht wenig Lüge, aber auch einen bestimmten Kern Wahrheit enthält. Er berichtet von einer Versammlung, auf der es zu einer erbitterten Auseinandersetzung zwischen Marx und Weitling kam. Wir erfahren, dass Marx mit der Faust auf den Tisch schlug und Weitling anschrie:

„Unwissenheit hat noch nie jemandem geholfen."[9]

---

9 Ausführlich ist diese Episode geschildert bei E. Wilson, Der Weg nach Petersburg. Europas revolutionäre Tradition und die Entstehung des

Das ist durchaus wahrscheinlich, wenn wir uns erinnern, dass Weitling, wie auch unser Bakunin, gegen die propagandistische Vorbereitung der Revolution war, da er ja behauptete, dass die Armen immer zur Revolution bereit sind, dass die Revolution deshalb jeden beliebigen Moment gemacht werden kann, wenn nur die entscheidenden Führer vorhanden sind.

Aus dem Brief von Weitling selbst über diese Versammlung wissen wir, dass Marx folgende Punkte hervorhob: eine Überprüfung in den Reihen der Kommunisten ist notwendig; man muss alle untauglichen Theoretiker einer Kritik unterziehen; jedem Sozialismus, der sich nur auf schöne Gefühle stützt, eine Absage erteilen; der Verwirklichung des Kommunismus muss eine Epoche vorangehen,in der sich die Bourgeoisie an der Macht befindet.

So gleichen die damaligen Meinungsverschiedenheiten zwischen Marx und Engels einerseits und Weitling andererseits fast genau den Meinungsverschiedenheiten, die 40 Jahre lang unter den russischen Revolutionären bestanden.

Im Mai 1846 vollzog sich der endgültige Bruch. Weitling ging bald darauf, wiederum über London, nach Amerika, wo er bis zur Revolution von 1848 blieb.

Marx und Engels setzten ihre organisatorische Arbeit mit Hilfe anderer Genossen fort, mit denen sie sich zu dieser Zeit befreundet hatten. In Brüssel wurde von ihnen der Arbeiterbildungsverein gegründet, wo Marx für die Arbeiter Vorträge über politische Ökonomie hielt. Außer den Intellektuellen, unter denen Wilhelm Wolff — Marx widmete ihm später den ersten Band des Kapital –, Weydemeyer und andere hervorsta-

---

Sozialismus, München 1963, S. 142 ff.

chen, lebten in Brüssel Stefan Born, Ballau, Seiler und andere Arbeiter.

Marx und Engels stützten sich auf diese Organisation und bemühten sich, mit Hilfe von Genossen, die von Brüssel aus aufgebrochen waren, Verbindung mit anderen Zirkeln, die in Deutschland, in London, in Paris und in der Schweiz existierten, anzuknüpfen und zu festigen. Engels selbst führte diese Arbeit in Paris aus. Allmählich wuchs die Zahl derer, die den neuen Ansichten von Marx und Engels anhingen. Nun fasste Marx folgenden Plan, um alle kommunistischen Elemente zu vereinigen. Er plante diese Organisation jetzt nicht als nationale, nicht als rein deutsche, sondern als internationale. Anfangs war es notwendig, eine Gruppe zu schaffen, einen Kern von Kommunisten in Brüssel, Paris, London, die schon weitgehende Übereinstimmung erzielt hatten. Nach der Überlegung von Marx sollten diese Gruppen nun Komitees aus ihrer Mitte bilden, die wiederum Beziehungen mit anderen kommunistischen Organisationen unterhalten sollten. So würden engere Verbindungen mit anderen Ländern vorbereitet und der Boden für ihre künftige internationale Vereinigung bereitet. Diese Komitees sollten, nach dem Vorschlag von Marx, kommunistische Verbindungskomitees (Korrespondenz-Komitees), heißen.

Literaten und Journalisten, oft Mitglieder von Korrespondentenbüros, von Pressebüros also, haben die Geschichte des deutschen Sozialismus und der Arbeiterbewegung geschrieben. Diese kamen leicht zu dem Schluss, dass die Korrespondenz-Komitees nichts anderes waren als gewöhnliche Korrespondentenbüros.

Das hörte sich dann so an: Marx und Engels beschlossen, in Brüssel ein Korrespondenz-Komitee zu gründen, von dem aus sie gedruckte Korrespondenzen verschickten. Oder, wie Mehring noch in seiner letzten Arbeit über Marx schreibt:

> „Da Marx und seine Freunde kein eigenes Organ hatten, bemühten sie sich nach Möglichkeit, diese Lücke zu füllen, indem sie zu gedruckten oder lithographierten Zirkularbriefen Zuflucht nahmen. Gleichzeitig damit bemühten sie sich, sich ständige Korrespondenten in den großen Zentren zu sichern, wo die Kommunisten lebten. Solche Korrespondentenbüros existierten in Brüssel und London, und man beabsichtigte, ein Büro auch in Paris zu gründen. Marx schrieb Proudhon und bat ihn um seine Mitarbeit."[10]

Dabei genügt es, die Antwort von Proudhon aufmerksam zu lesen um zu erkennen, dass die Rede von etwas ist, was überhaupt keine Ähnlichkeit mit einem gewöhnlichen Korrespondentenbüro hat. Und wenn wir uns erinnern, dass dieser Briefwechsel sich auf das Jahr 1846 bezieht, können wir folgern, dass schon lange vor der Zeit, wo man aus London mit dem Vorschlag zu Marx kam, in den bereits länger existierenden Bund der Gerechten einzutreten, sowohl in London wie in Brüssel wie in Paris bestimmte Organisationen existierten, wobei die Initiative zu deren Gründung zweifellos von Marx ausgegangen war.

Erinnert Euch jetzt, was ich Euch über die 1792 von Thomas Hardy gegründete Londoner Korrespondenzgesellschaft erzählt habe. Eine ähnliche Organisation stellten diejenigen Korrespondenz-Komitees dar, die vom Jakobinerclub organisiert wurden, nachdem ihm verboten worden war, in der Provinz Filialabteilungen zu gründen. So bin ich, nachdem ich all diese Fakten verglichen habe, schon lange zu dem Schluss gekom-

---

10 Mehring, Karl Marx. Geschichte seines Lebens. Leipziger Buchdruckerei, Leipzig 1918

men, dass Marx, als er seine Gesellschaften gründete, gerade die Korrespondenz-Komitees im Auge hatte.

Und in der Tat, es zeigt sich, dass bis zur zweiten Hälfte des Jahres 1846 bereits ein vollkommen organisiertes Korrespondenz-Komitee in Brüssel existiert, das die Rolle eines Zentralkomitees spielt, an das die Rechenschaftsberichte geschickt werden. Ihm gehören einige Dutzend Leute an, darunter einige Arbeiter. Es gibt schon das Pariser Komitee, das von Engels organisiert wird, und das aktiv unter den deutschen Handwerkern arbeitet; es gibt das Londoner Komitee, an dessen Spitze Schapper, Bauer und Moll stehen, derselbe Moll, der angeblich ein halbes Jahr später nach Brüssel kam, um Marx aufzufordern, Mitglied des Bundes der Gerechten zu werden. Wie aus einem Brief ersichtlich ist (vom 20. Januar 1847), den ich aufgefunden und Mehring übergeben habe, kam derselbe Moll eben nicht im Namen des Bundes der Gerechten, sondern gerade im Namen des Kommunistischen Korrespondenz-Komitees in London, um Rechenschaft über die Lage der Dinge im Londoner Komitee abzulegen.

So bin ich zu dem Schluss gekommen, dass die Geschichte von der Gründung des Bundes der Kommunisten, die, von Engels mit leichter Hand aufs Papier geworfen, bis heute herumgeistert und von einem Buch ins nächste gerät, nichts anderes ist als eine Legende, die der Analyse nicht standhält. Die große Vorbereitungsarbeit, die hauptsächlich von Marx vollbracht wurde, erinnert in vielem an die Arbeit, die die ersten russischen Sozialdemokraten fünfzig Jahre lang taten, als sie sich bemühten, die schon existierenden Organisationen zu vereinigen, nur mit dem Unterschied, dass den Platz von Korrespondenz-Komitees die Organisationen der Iskra[11], den Platz

---

11   deutsch: „Der Funke"

der verschiedenen Arbeitergesellschaften, unter denen Abgesandte der Kommunisten arbeiteten, die diversen Bünde und Komitees einnahmen, in die die Agenten des Zentrums sich bemühten einzudringen, um sie auf ihre Seite zu ziehen.

Diese ganze organisatorische Arbeit von Marx haben die Forscher überhaupt nicht wahrgenommen; sie haben ihn damit zu einem bloßen Schreibtischdenker gemacht. Die Rolle von Marx als Organisator – einen der interessantesten Züge seiner Persönlichkeit – haben sie so übersehen. Wenn wir aber nicht die Rolle kennen, die Marx – ich betone: Marx, und nicht Engels - schon in der zweiten Hälfte der 40er Jahre gespielt hat als Führer und Inspirator dieser Vorbereitungsarbeit, werden wir auch die gewaltige Rolle nicht verstehen, die er später als Organisator in den Jahren 1848 und 1849 und in der Epoche der I. Internationale gespielt hat.

Wahrscheinlich wurde nach der Reise von Moll nach Brüssel, als Marx sich überzeugt hatte, dass die Londoner sich schon in ihrer Mehrheit vom Einfluss Weitlings befreit hatten, auf Initiative des Brüssler Komitees beschlossen, einen Kongress in London, als dem geeignetsten Ort, einzuberufen. Es begann die Diskussion, die dem Kongress vorausging, der Kampf der verschiedenen Tendenzen. Am heißesten ging es in Paris zu, wo Engels arbeitete. Wenn man seine Briefe von dort liest, fühlt man sich in Gedanken in unsere nahe Vergangenheit versetzt. So verblüffend erinnert der von ihm beschriebene Fraktionskampf an unsere Diskussion auf der Ebene von Plattformen. Die eine verteidigt Grün, ein Repräsentant des sogenannten deutschen oder wahren Kommunismus, den wir im Kommunistischen Manifest boshaft charakterisiert finden, die andere Engels. Dabei sorgten sie, wie es sich für gute Praktiker gehört, dafür, dass ihnen keine einzige Stimme verloren ging –

nicht schlechter als in einem unserer Bezirksparteikomitees. Und genau wie unser Bezirksarbeiter glaubt auch Engels, einen großen Sieg errungen zu haben, den er dem Brüsseler Komitee triumphierend bekannt gibt, nicht nur, wenn es ihm prinzipiell gelungen ist, die Schwankenden umzustimmen, sondern auch wenn er hier einen überlistet, dort jemanden geschickt in die Organisation hineingeschleust hat.

Im Sommer 1847 versammelte sich der Kongress in London. Marx war nicht anwesend. Aus Brüssel war als Vertreter Wilhelm Wolff erschienen. Engels vertrat die Pariser Kommunisten. Es waren nicht viele Delegierte, aber das beunruhigte niemanden. Ihr wisst, Genossen, dass, als im Jahr 1898 die russische sozialdemokratische Partei gegründet wurde, auf dem Kongress in Minsk, im ganzen 9 oder 10 Menschen anwesend waren – die Vertreter von 3 oder 4 Organisationen.

Man beschloss, sich zum Bund der Kommunisten zu vereinigen. Das war nicht der reorganisierte, alte Bund der Gerechten, wie Engels versichert, der vergessen hat, dass er der Vertreter des Pariser Korrespondenz-Komitees war, das er selbst organisiert hatte. Ein Statut wurde angenommen, dessen erster Paragraph klar und bestimmt die Grundidee des revolutionären Kommunismus formulierte:

> „Der Zweck des Bundes ist der Sturz der Bourgeoisie, die Herrschaft des Proletariats, die Aufhebung der alten, auf Klassengegensätzen beruhenden bürgerlichen Gesellschaft und die Gründung einer neuen Gesellschaft ohne Klassen und ohne Privateigentum."[12]

Das Organisationsstatut wurde allerdings unter der Voraussetzung angenommen, dass es in den einzelnen Komitees noch

---

12   MEW, Bd. 4, S. 596.

zu erörtern sei, um es auf dem folgenden Kongress mit allen notwendigen Verbesserungen zu verabschieden.

Als Grundlage der Organisation wurde das Prinzip des Demokratischen Zentralismus angenommen, – ein Name, der uns aus unseren Diskussionen bekannt ist. Von den einzelnen Mitgliedern wurde ein Bekenntnis zum Kommunismus und ein den Zielen des Bundes entsprechendes Leben gefordert. Eine bestimmte Gruppe von Mitgliedern bildete die Grundeinheit der Organisation, ihre Zelle. Sie trug den Namen Gemeinschaft. Aus den letzteren setzten sich die Bezirke zusammen mit ihren Bezirkskomitees. Die verschiedenen Bezirke eines Landes waren unter der Führung eines besonderen führenden Bezirkes vereinigt, dessen Bevollmächtigte sich über das ganze Land verteilten. Und die führenden Bezirke waren dem Zentralkomitee rechenschaftspflichtig.

Im allgemeinen wurde diese Organisation später das Vorbild für alle kommunistischen Parteien der Arbeiterklasse in den Anfangsstadien ihrer Entwicklungen. Es gab eine Besonderheit in ihr, die später verschwand, obwohl wir sie bei den deutschen Genossen noch bis zum Beginn der 70er Jahre finden. Das Zentralkomitee des Bundes der Kommunisten wurde nicht persönlich auf dem Kongress gewählt. Seine Vollmachten als Hauptführungszentrum wurden dem Bezirkskomitee der Stadt übergeben, die vom Kongress zum Sitz des Zentralkomitees bestimmt worden war. So wählte, wenn der Kongress London bestimmte, die Organisation dieses Bezirks das Zentralkomitee, das aus mindestens fünf Mitgliedern bestand. Dieses Verfahren sicherte eine enge Verbindung mit der großen nationalen Organisation. Einem ebensolchen Organisationstyp begegnen wir später bei den Deutschen: in Deutschland selbst wie in der Schweiz. Bei ihnen war das Zentralkomitee immer mit einer bestimmten Stadt verbunden, die auf dem Kongress benannt wurde und den Namen führende Stadt, Avantgarde-Stadt trug.

Auf dem Kongress wurde auch beschlossen, den Entwurf eines kommunistischen Glaubensbekenntnisses auszuarbeiten, das das Programm des Bundes werden sollte. Die einzelnen Bezirke sollten ihre Entwürfe zum nächsten Kongress vorstellen. Außerdem wurde beschlossen, mit der Herausgabe einer populären Zeitschrift zu beginnen. Diese Zeitschrift ist das erste uns bekannte Arbeiterorgan, das offen die Bezeichnung kommunistisch annahm. Auf der ersten Seite steht die Losung – sie erschien ein halbes Jahr vor der Veröffentlichung des Kommunistischen Manifests –: Proletarier aller Länder, vereinigt euch!

Über eine Probenummer kam die Zeitschrift nicht hinaus. Die Artikel sind hauptsächlich von Vertretern des Bundes der Kommunisten, die in London lebten, geschrieben und zusammengestellt. Es gibt da einen Leitartikel, der sehr volkstümlich geschrieben ist. In einfachen Ausdrücken weist er auf die Besonderheiten der neuen kommunistischen Organisation hin, die sie von den Organisationen Weitlings und von den französischen Organisationen unterscheidet. Über den Bund der Gerechten findet sich kein Wort. Ein spezieller Artikel ist dem französischen Kommunisten Cabet gewidmet, dem Autor der bekannten Utopie Reise nach Ikarien. Im Jahre 1847 entwickelte Cabet eine starke Agitationstätigkeit mit dem Ziel, Menschen zu sammeln, die nach Amerika auswandern wollten, um dort auf jungfräulichem Boden eine kommunistische Kolonie von der Art zu schaffen, wie er sie in seinem Roman Ikarien beschrieben hatte. Er fuhr sogar nach London, um die dortigen Kommunisten auf seine Seite zu ziehen. Der Artikel unterzieht diesen Plan einer gründlichen Kritik und empfiehlt den Arbeitern, den europäischen Kontinent nicht zu verlassen, weil der Kommunismus zuerst in Europa eingeführt werden wird. Es gibt noch einen großen Artikel, der, wie ich vermute, von Engels verfasst wurde. Die Zeitschrift schließt mit einer politischen und sozialen Rundschau, die zweifellos, von dem Delegierten des Brüsseler Komitees auf dem Kongress stammt, von Wilhelm Wolff.

Ende November 1847 trat der 2. Kongress in London zusammen. Dieses Mal war Marx anwesend. Noch bevor er nach London aufbrach, hatte Engels ihm aus Paris geschrieben, dass er den Entwurf eines Katechismus oder Glaubensbekenntnisses fixiert hätte, dass er es aber für zweckmäßiger hielte, ihn Kommunistisches Manifest zu nennen. Wahrscheinlich brachte Marx Thesen, die er ausgearbeitet hatte, auf den Kongress mit. Natürlich verlief die Sache nicht so glatt, wie der Genosse Steklow das darstellt. Auf dem Kongress kam es zu heftigen Auseinandersetzungen. Die Debatten dauerten einige Tage an, und es kostete Marx keine geringe Mühe, die Mehrheit von der Richtigkeit des neuen Programms zu überzeugen. Es wurde dann in seinen Grundzügen angenommen, und der Kongress beauftragte niemand anderen als Marx, im Namen des Bundes der Kommunisten nicht ein Glaubensbekenntnis, sondern ein Manifest zu schreiben, wie Engels schon vorgeschlagen hatte. Es ist nötig, das hervorzuheben. Marx benutzte zwar beim Verfassen auch den Entwurf von Engels. Aber die politische Verantwortung für das Manifest gegenüber dem Bund trug nur er. Wenn es dann den Eindruck eines harmonischen, aus einem Guss geformten Monumentes macht, so gerade dank der Tatsache, dass allein Marx es verfasst hatte. Natürlich gingen in das Manifest Gedanken ein, die gemeinsam von Marx und Engels ausgearbeitet worden waren, aber sein Grundgedanke gehört ausschließlich Marx, wie auch Engels selbst immer betont hat:

> „Der durchgehende Grundgedanke des Manifestes: dass die ökonomische Produktion und die aus ihr mit Notwendigkeit folgende gesellschaftliche Gliederung einer jeden Geschichtsepoche die Grundlage bildet für die politische und intellektuelle Geschichte dieser Epoche; dass demgemäß (seit Auflösung des uralten Gemeinbesitzes an Grund und Boden) die ganze Geschichte eine Geschichte von Klassenkämpfen gewesen ist, Kämpfen zwischen Ausgebeuteten und Ausbeutenden, beherrschten und herrschenden Klassen auf verschiedenen Stufen der gesellschaftlichen Entwicklung; dass dieser Kampf aber jetzt eine Stufe erreicht hat, wo die ausgebeutete und unterdrückte Klasse (das Proletariat) sich nicht mehr von der sie ausbeutenden und unterdrückenden Klasse (der Bourgeoisie) befreien kann, ohne zugleich die ganze Gesellschaft für immer von Ausbeutung, Unterdrückung und Klassenkämpfen zu befreien - dieser Grundgedanke gehört einzig und ausschließlich Marx an."[13]

Ich habe diesen Umstand hervorgehoben, damit Ihr wisst, dass die Hauptarbeit bei der Ausarbeitung des neuen Programms Marx zufiel, dass mit der Abfassung des Manifests kein anderer als Marx betraut wurde. Wir besitzen einen Brief, der besser als alles andere diese Tatsache bestätigt. Dieser Brief ist auch noch deshalb aufschlussreich, weil er ein interessantes Licht wirft auf die Beziehung zwischen Marx und einer – im wesentlichen – Arbeiter-Organisation, mit ihrer Tendenz den Intellektuellen nur als einen Formulierungsexperten zu betrachten, nach dem Motto: hat er den Auftrag nicht erfüllt, übergeben wir ihn eben einem anderen. Damit Ihr den Brief des Zentralkomitees besser versteht, füge ich hinzu, dass auf

---

13 Ebd., S. 577.

dem Kongress – entsprechend dem Statut – London zum Sitz des Zentralkomitees bestimmt worden war, und dass infolgedessen das Zentralkomitee von der Londoner Organisation gewählt worden war.

Der Brief, den ich Euch jetzt vorlese, wurde vom Zentralkomitee am 26. Januar 1848 dem Kreiskomitee in Brüssel zur Weiterleitung an Marx geschickt. Er enthält eine Resolution des ZK, die am 24. Januar angenommen worden war:

> „Das Zentralkomitee beauftragt hiermit das Bezirkskomitee in Brüssel, dem Bürger Marx mitzuteilen, dass, wenn das Manifest der kommunistischen Partei, dessen Abfassung er auf dem letzten Kongress übernommen hat, nicht bis zum Dienstag, dem ersten Februar dieses Jahres nach London geliefert wird, weitere Maßregeln gegen ihn ergriffen werden. Im Fall, dass der Bürger Marx die Arbeit nicht ausführt, verlangt das Zentralkomitee die sofortige Zurücksendung der Marx zur Verfügung gestellten Dokumente. Im Namen und im Auftrag des Zentralkomitees Schapper, Bauer, Moll."

Ihr erseht aus diesem verärgerten Schreiben, dass noch gegen Ende Januar Marx nicht mit der Arbeit fertig geworden war, mit der man ihn Ende Dezember beauftragt hatte. Auch das ist ein charakteristischer Zug von Marx. Bei all seinem literarischen Talent war er ein bisschen schwerfällig. Er überarbeitete seine Werke immer lange, besonders wenn es sich um eine verantwortungsvolles Dokument handelte. Er wollte diesem Dokument die vollkommenste Form geben, damit es der Kritik der Zeit standhalten konnte. Wir besitzen eine einzige Seite des Marxschen Konzepts, die beweist, wie sorgfältig er ständig jeden Ausdruck prüfte und änderte.

Das Zentralkomitee musste keine weiteren Maßregeln treffen. Es gelang Marx, mit seiner Arbeit bis Anfang Februar fertig zu werden. So erschien das Manifest in der zweiten Februarhälfte, dass heißt einige Tage vor dem Ausbruch der Februarrevolution. Ihr werdet von selbst daraus den Schluss ziehen, dass das Manifest natürlich nicht schon von sich aus irgendeine Rolle bei der Vorbereitung der Februarrevolution gespielt haben kann, und wenn ich vorgreife und Euch sage, dass die ersten Exemplare nicht vor Mai/Juni 1848 nach Deutschland gelangten, so werdet Ihr daraus weiter folgern, dass es auch auf die deutsche Revolution keinen großen Einfluss ausüben konnte. Nur ein kleines Häufchen von Brüsseler und Londoner Kommunisten kannte seinen Inhalt und hatte ihn sich zu eigen gemacht.

Erlaubt mir jetzt, etwas über den Inhalt des Manifests zu sagen. Es ist das Programm des internationalen Bundes der Kommunisten. Ihm gehörten einige Belgier an, einige Engländer aus dem Kreis der kommunistisch gesinnten Chartisten, aber vor allem Deutsche. Das Manifest musste nicht irgendein einzelnes Land ins Auge fassen, sondern die ganze bürgerliche Welt, vor der die Kommunisten zum ersten Mal offen ihre Ziele darlegten.

Im ersten Kapitel wird ein klares und deutliches Bild der bürgerlich-kapitalistischen Gesellschaft gezeichnet, des Klassenkampfes, der sie hervorgebracht hat und sich auf ihrer Grundlage weiterentwickelt. Wir sehen, wie unausweichlich im Schoße der alten, mittelalterlichen feudalen Ordnung die Bourgeoisie entstand, wie sich ihre Existenzbedingungen wandelten in Abhängigkeit von den Veränderungen der ökonomischen Verhältnisse, welche revolutionäre Rolle sie im Kampf mit dem alten Feudalismus spielte, bis zu welcher erstaunlichen Stufe sie die Produktivkräfte der menschlichen Gesellschaft entwickelte und zum ersten Mal in der Geschichte die Möglichkeit der materiellen Befreiung der ganzen Menschheit schuf.

Es folgt weiter eine historische Skizze der Entwicklung des Proletariats. Wir sehen, wie das Proletariat sich genauso unausweichlich entwickelt wie die Bourgeoisie, indem es deren eigene Entwicklung wie ein Schatten begleitet. Wir sehen, wie es sich allmählich zu einer besonderen Klasse formt. Vor unserem Auge ziehen alle Formen vorbei, die der Kampf des Proletariats gegen die Bourgeoisie durchläuft, bis es sich zu einer Klasse für sich entwickelt, bis es eine besondere Klassenorganisation für sich schafft.

Weiter werden im Manifest alle von den Ideologen der Bourgeoisie vorgebrachten Einwände gegen den Kommunismus dargestellt und einer vernichtenden Kritik unterzogen. Ich werde mich nicht bei ihnen aufhalten, denn ich bin überzeugt, dass Ihr alle, ohne Ausnahme, das Manifest schon gelesen habt oder bald lesen werdet.

Marx – und hier stützte er sich auf Engels, wenn auch nicht in dem Maße, wie man früher annahm – erklärt weiter die Taktik der Kommunisten in Bezug auf alle übrigen Arbeiterparteien.

Hier stoßt Ihr sofort auf eine interessante Besonderheit. Das Manifest sagt, dass die Kommunisten nicht irgendeine besondere Partei bilden, die den anderen Arbeiterparteien gegenübersteht. Sie unterscheiden sich nur dadurch, dass sie die Avantgarde der Arbeiter darstellen, dass heißt der übrigen Masse des Proletariats die Einsicht in die Bedingungen, den Gang und die allgemeinen Resultate der Arbeiterbewegung voraushaben.

Jetzt, wo wir die wirkliche Geschichte des Bundes der Kommunisten kennen, werdet Ihr leichter verstehen, wie diese Formulierung der Aufgaben der Kommunisten zu erklären ist. Sie wurde diktiert durch den Zustand der Arbeiterbewegung zu dieser Zeit, besonders in England. Die wenigen Chartisten die in den Bund eintraten, taten dies nur unter der Voraussetzung, dass sie die Verbindungen mit ihrer Partei aufrechterhalten könnten. Sie verpflichteten sich lediglich, innerhalb des Chartismus so etwas wie eine kommunistische Zelle zu organisieren, um dort das Programm und die Ansichten der Kommunisten zu verbreiten.

Das Manifest analysiert gründlich die zahlreichen Strömungen, die damals um den Einfluss unter Sozialisten und Kommunisten kämpften. Es unterzieht sie einer schonungslosen Kritik und verwirft sie entschieden, mit Ausnahme der großen Utopisten – Saint-Simon, Fourier und Owen – deren Lehren, besonders die der beiden letzteren, bis zu einem bestimmten Grad von Marx und Engels aufgenommen und umgearbeitet wurden. Doch indem es ihre gegen die bürgerliche Ordnung gerichtete Kritik aufnimmt, setzt das Manifest dem friedlichen, utopischen, den politischen Kampf meidenden Sozialismus das revolutionäre Programm des neuen, proletarischen, kritischen Kommunismus entgegen.

Zum Schluss erörtert das Manifest die Taktik der Kommunisten während der Revolution, besonders in Bezug auf die bürgerlichen Parteien. Für jedes Land ändern sich die Regeln je nach den bestimmten geschichtlichen Bedingungen. Wo die Bourgeoisie schon die herrschende Klasse ist, richtet sich der Kampf des Proletariats vollständig gegen sie. In den Ländern, wo die Bourgeoisie eine Klasse ist, die gerade erst die politische Macht erlangt, wie zum Beispiel in Deutschland, geht die kommunistische Partei Hand in Hand mit der Bourgeoisie, soweit sie revolutionär gegen die Monarchie und den Adel auftritt.

Doch keine Minute lang hören die Kommunisten auf, den Arbeitern zu einem möglichst klaren Bewusstsein von der Gegensätzlichkeit der Klasseninteressen der Bourgeoisie und des Proletariats zu verhelfen. Sie stellen stets als Grundfrage der ganzen Bewegung die Eigentumsfrage an die erste Stelle. So sahen die taktischen Regeln aus, die Marx und Engels am Vorabend der Februar- und Märzrevolution von 1848 ausarbeiteten. Wir werden beim nächsten Mal sehen, wie diese Regeln von ihren Autoren in der Praxis angewandt wurden und wie sie sich, aufgrund der Erfahrungen der Revolution, veränderten.

Ich habe Euch nur in den allgemeinsten Zügen den Inhalt des Manifestes dargestellt. Man muss daran denken, dass alle Resultate der wissenschaftlichen Arbeit, die Marx und Engels, besonders der erstere, von 1845 bis Ende 1847 geleistet hatten, darin eingingen. Engels gab zu dieser Zeit den von ihm in England gesammelten Materialien über Die Lage der arbeitenden Klasse in England den letzten Schliff. Marx arbeitete an einer Geschichte der politischen und ökonomischen Lehren. Die materialistische Geschichtsauffassung, die es ihnen ermöglichte, sich so gut in den materiellen Verhältnissen, in den Bedingungen der Produktion und Verteilung zurecht zu finden, – die ja ihrerseits alle gesellschaftlichen Verhältnisse bestimmen, – wurde von ihnen im Verlauf dieser zwei Jahre im Kampf mit allen idealistischen Lehren ausgearbeitet.

In der vollständigsten und klarsten Form wurde die neue Lehre von Marx noch vor dem Manifest dargestellt, in der Polemik gegen Proudhon, den ich schon früher erwähnt habe. Und dabei hatte Marx noch in dem Buch Die heilige Familie Proudhon große Hochschätzung entgegengebracht. Wodurch wurde dann der Bruch zwischen den alten Verbündeten hervorgerufen? Proudhon war, wie Weitling, seiner Herkunft nach Arbeiter, ebenfalls Autodidakt, aber noch begabter, einer der hervorragendsten französischen Publizisten. In seinem Buch Was ist das Eigentum? – es erschien 1841 – unterwirft er das bürgerliche Eigentum der schärfsten Kritik und kommt zu dem kühnen Schluss, dass das Eigentum im Grund nichts anderes ist als Diebstahl. Doch sehr bald zeigte sich, dass Proudhon, indem er das Eigentum verurteilte, nur eine seiner Formen verurteilte, und zwar die Form des kapitalistischen Privateigentums, die auf der Ausbeutung des Kleinproduzenten durch den großen Kapitalisten beruht. Obwohl er nichts gegen die Vernichtung des kapitalistischen Privateigentums hatte, war Proudhon gleichzeitig ein Gegner des Kommunismus. In der Erhaltung und Stärkung des Privateigentums der Bauern und Handwerker sah er das einzige Unterpfand für ihr Wohlergehen. Die Lage des Arbeiters konnte man seiner Meinung nach nicht durch Streiks, nicht durch den ökonomischen Kampf bessern, sondern nur durch Verwandlung des Arbeiters in einen Eigentümer. Zu dieser Ansicht kam Proudhon endgültig in den Jahren 1845 und 1846, als er auch zum ersten Mal einen Plan ausdachte, der die Handwerker vor dem Ruin bewahren und die Arbeiter zu selbständigen Produzenten machen sollte.

Ich habe schon von der Rolle gesprochen, die Engels in Paris gerade zu dieser Zeit spielte. Ich habe auch erwähnt, dass sein Hauptgegner in der damaligen Diskussion über die Plattformen Karl Grün war, der Vertreter des Wahren Sozialismus. Er hatte sehr enge Beziehungen zu Proudhon, dessen Ansichten er den deutschen Arbeitern, die in Paris lebten, darlegte. Noch bevor Proudhon sein neues Buch veröffentlichte, in dem er alle aufdecken, in dem er erklären wollte, woher das Elend stammt und damit eine Philosophie des Elends geben wollte, teilte er seinen neuen Plan Grün mit, der sich beeilte, ihn in der Polemik gegen die Kommunisten zu benutzen. Aufgrund der Äußerungen von Grün teilte Engels diesen Plan umgehend dem Brüsseler Komitee mit:

> „Jetzt hört die Größe dieses Welterlösungsplans: ni plus ni moins als die in England längst dagewesenen zehnmal bankruttierten labour-bazars oder labour-markets, Assoziationen aller Handwerker aller Zweige, großes Depot, alle von den Associés eingelieferten Arbeiten genau nach den Kosten des Rohprodukts plus der Arbeit taxiert [werden]. Was mehr geliefert, als in der Assoziation verbraucht wird, soll auf dem Weltmarkt verkauft werden, der Ertrag den Produzenten ausbezahlt. Auf diese Weise, spekuliert der pfiffige Proudhon, umgeht er und seine Mitassociés den Profit des Zwischenhändlers."[14]

Im nächsten Brief gibt Engels neue Einzelheiten über den Plan Proudhons bekannt. Er entrüstet sich, dass solche Phantastereien, wie die Verwandlung von Arbeitern in Eigentümer durch den Kauf von Werkstätten mit Ersparnissen, noch deutsche Arbeiter anziehen.

Deshalb machte sich Marx, sobald das Buch von Proudhon erschienen war, an die Arbeit und schrieb als Antwort auf die Philosophie des Elends ein kleines Buch mit dem Titel Das Elend der Philosophie, in dem er Schritt für Schritt alle Ideen Proudhons widerlegt. Doch er begnügt sich nicht mit der Kritik: den Ansichten Proudhons stellt er die schon von ihm ausgearbeiteten Grundlagen des kritischen Kommunismus entgegen.

---

14 MEW, Bd. 27, S. 42.

In seiner Gedankenschärfe ist dieses Buch eine würdige Einführung in das Kommunistische Manifest. Es bleibt nicht hinter dem letzten Artikel von Marx gegen Proudhon zurück, der fast dreißig Jahre später, 1874, für die italienischen Arbeiter geschrieben wurde. Wenn Ihr diesen Artikel über den „Politischen Indifferentismus"[15] durchlest, werdet Ihr im Grunde überhaupt keinen Unterschied zwischen ihm und dem Elend der Philosophie bemerken, – so sehr hatte Marx seinen Grundstandpunkt schon im Jahr 1847 ausgearbeitet und präzisiert.

Ich wiederholte, dass Marx, in weniger klarer Form, ihn zum ersten Mal im Jahr 1845 formuliert hatte. Es bedurfte zweier Jahre unentwegter Arbeit, damit Marx das Elend der Philosophie schreiben konnte. Indem er die Bedingungen der Herausbildung und Entwicklung des Proletariats in der bürgerlichen Gesellschaft untersuchte, vertiefte er sich immer mehr in die Gesetze der kapitalistischen Gesellschaftsordnung, in die Gesetze, durch die Produktion und Verteilung der Produkte in der kapitalistischen Gesellschaft reguliert werden. Er überprüfte die Lehren der bürgerlichen Ökonomen im Lichte der dialektischen Methode, zeigte, dass alle Grundkategorien, Erscheinungen der bürgerlichen Gesellschaft – Ware, Wert, Geld, Kapital – etwas Vorübergehendes, zeitlich Begrenztes sind. Im Elend der Philosophie unternimmt er den ersten Versuch, die Hauptphasen der Entwicklung des kapitalistischen Produktionsprozesses zu kennzeichnen. All dies ist vorerst nur eine Skizze, aber deutlich sichtbar wird schon, dass Marx auf dem richtigen Weg ist, dass er über eine zuverlässige Methode verfügt, über einen sehr guten Kompass, mit dessen Hilfe er sich im Labyrinth der bürgerlichen Ökonomie sicher zurechtfindet. Doch dieses Buch zeigt auch, dass es nicht genügt, die richtige

---

15   MEW, Bd. 18, S. 299 ff.

Methode zu haben, dass man sich nicht mit allgemeinen Schlussfolgerungen begnügen kann, dass ein sorgfältiges Studium der kapitalistischen Wirklichkeit unumgänglich ist, um alle Feinheiten dieses komplizierten Mechanismus zu durchdringen. Marx stand noch die kolossale Arbeit bevor, die geniale Skizze (die „Das Elend der Philosophie" im Grunde darstellt, soweit es sich um die ökonomischen Hauptfragen handelt) in ein harmonisches Gebäude zu verwandeln. Bis er diese Möglichkeit bekam – übrigens zu seinem großen Verdruss, denn sie entstand aus der Unmöglichkeit, sich mit unmittelbar praktischer Arbeit zu befassen – stand ihm und Engels noch die Revolution von 1848 bevor, die Revolution, die sie mit Ungeduld erwartet, die sie vorausgesagt, auf die sie sich vorbereitet und für die sie die Grundthesen ausgearbeitet hatten, die im Kommunistischen Manifest dargestellt sind.

5. VORTRAG

Die deutsche Revolution des Jahres 1848 – Marx und Engels in der Rheinprovinz – Die Gründung der Neuen Rheinischen Zeitung – Gottschalk und Willich – Der Kölner Arbeiterbund – Politik und Taktik der Neuen Rheinischen Zeitung – Stephan Born – Die Wende in der Taktik von Marx – Die Niederlage der Revolution und die Meinungsverschiedenheiten im Bund der Kommunisten – Die Spaltung.

Genossen, wir sind jetzt bei der Februarrevolution angelangt. Ich möchte Euch zu Anfang an eine grundlegende Tatsache erinnern. Wir haben beim letzten Mal festgestellt, dass das Manifest der kommunistischen Partei wenige Tage vor dem Ausbruch der Februarrevolution gedruckt wurde. Die Organisation des Bundes der Kommunisten war gerade erst im November 1847 zustandegekommen – eine Organisation, die ausländische Zirkel umfasste, den Pariser, Brüsseler und Londoner Zirkel, und die nur teilweise mit einigen kleinen deutschen Gruppen Verbindung hatte.

Schon allein das lässt uns vermuten, dass die organisierten Kräfte, mit denen Marx zu tun hatte – ich spreche nicht vom ganzen Bund der Kommunisten, sondern nur von seiner deutschen Sektion –, dass also die organisierten Kräfte, auf die man rechnen konnte, sehr armselig waren. Die Revolution bricht schon am 24. Februar 1848 in Paris aus. Sie springt schnell auf Deutschland über. Am 3. März spielt sich in Köln, der Hauptstadt der Rheinprovinz, so etwas wie ein Volksaufruhr ab. Die Stadtväter sind gezwungen, sich mit einer Petition an den preußischen König zu wenden, damit er diesem Volksaufstand Aufmerksamkeit schenkt und einige Zugeständnisse macht. An der Spitze dieser Empörung, oder, wenn Ihr so wollt, dieses Aufruhrs am 3. März in Köln standen zwei Leute – merkt Euch ihre Namen: Gottschalk, ein Arzt, der sehr populär bei den Kölner Arbeitern und Armen war, und der ehemalige Offizier Willich. Nur zehn Tage nach dem 3. März bricht die Revolution in Wien, der Hauptstadt Österreichs, aus. Am 18. März springt sie auf Berlin, die preußische Hauptstadt, über.

Marx befindet sich zu dieser Zeit in Brüssel. Die belgische Regierung, die nicht das Schicksal der französischen Julimonarchie teilen will, stürzt sich auf die in Brüssel lebenden Emigranten, nimmt Marx fest und weist ihn nach einigen Tagen aus Brüssel aus. Marx bricht nach Paris auf, wohin man ihn gerade eingeladen hat. Einer der führenden Leute der provisorischen Regierung, Flocon, ein Redakteur der Zeitung, bei der Engels mitarbeitete, schickte sofort einen Brief an Marx, in dem er erklärte, dass auf dem jetzt freien französischen Boden alle Verordnungen der alten Regierung aufgehoben seien, und ihn zur Rückkehr aufforderte.

Das Brüsseler Bezirkskomitee, dem das Londoner Komitee seine Befugnisse nach dem Ausbruch der Revolution auf dem Kontinent übergeben hatte, hatte diese seinerseits Marx übertragen. Unter den deutschen Arbeitern, die sich in riesiger Zahl in Paris versammelt haben, entstehen Streitigkeiten, organisieren sich verschiedene Gruppen. Zu einer von ihnen hat auch unser Landsmann Bakunin Beziehung, der gemeinsam mit dem deutschen Dichter Herwegh einen verrückten Plan fasst: sie wollen mit einer bewaffneten Organisation in Deutschland einfallen.

Marx bemüht sich, die Arbeiter von diesem Plan abzubringen und schlägt ihnen vor, einzeln nach Deutschland zu fahren und dort am revolutionären Geschehen teilzunehmen. Bakunin und Herwegh bleiben bei ihrem alten Plan. Herwegh organisiert eine revolutionäre Legion und marschiert an ihrer Spitze auf die deutsche Grenze zu, wo ihm eine Niederlage bereitet wird. Marx gelingt es, zusammen mit anderen Genossen nach Deutschland zu kommen, wo sie sich an verschiedenen Orten niederlassen, Marx und Engels in der Rheinprovinz.

Jetzt, Genossen, sollten wir von vornherein folgendes festhalten: Marx und Engels mussten mit einer bestimmten Tatsache rechnen – die deutsche Sektion des Bundes der Kommunisten hatte überhaupt keine Organisation. Es gab nur einzelne Personen, die mit dem Bund sympathisierten. Was blieb Marx und Engels und ihren engsten Genossen zu tun? Ungefähr 40 Jahre nach diesen Ereignissen bemühte sich Engels, jungen Genossen die Taktik zu erklären, die er und Marx im Jahr 1848 in Deutschland verfolgt hatten. Man fragte sie, warum sie nicht nach Berlin gegangen, sondern in der Rheinprovinz, in Köln geblieben seien. Sie antworten: Wir haben die Rheinprovinz gewählt als die industriell entwickeltste, wir haben sie deshalb gewählt, weil dort das Gesetzbuch Napoleons in Kraft war, ein Erbe der Französischen Revolution, und weil wir dort auf eine große Handlungsfreiheit rechnen konnten, auf eine große Freiheit unserer Agitation und Propaganda.

Außerdem gab es in der Rheinprovinz bedeutende proletarische Kader. Obwohl Köln selbst nicht zu den entwickeltsten Gegenden der Rheinprovinz in Bezug auf seine industrielle Entwicklung gehörte, war es die Hauptstadt, in der sich alle Behörden konzentrierten, die Stadt, die in allen anderen Beziehungen das Zentrum der ganzen Provinz war. Nach seiner Bevölkerungszahl war Köln eine der größten Städte der Rheinprovinz, obwohl es Euch erstaunen wird zu hören, dass Köln 80.000 Einwohner hatte. Ein ziemlich großer Teil der Bevölkerung war proletarisch, wenn auch nur ein ganz unbedeutender Prozentsatz in der Großindustrie arbeitete. Die größten Fabriken waren Zucker-Raffinerien. Köln rühmte sich außerdem einer Produktion, die zur chemischen Industrie gehört: der Herstellung von Eau de Cologne. Aber das alles ist keine maschinelle Großindustrie. In Bezug auf die Entwicklung seiner Textilindustrie blieb es bedeutend hinter Elberfeld und Barmen zurück. Auf jeden Fall hatten Marx und Engels einen wichtigen Grund, als sie Köln zu ihrem Aufenthaltsort wählten. Sie wollten auf ganz Deutschland einwirken, sie wollten ein großes Organ gründen, das eine Tribüne für das ganze Land sein sollte, und dafür war ihrer Meinung nach Köln der geeignetste Ort. Dies war ja dieselbe Rheinprovinz, in der 1842 das erste große politische Organ der deutschen Bourgeoisie herausgegeben worden war. Schon waren die vorbereitenden Arbeiten zur Herausgabe eines solchen Organs im Gange, und es gelang Marx und Engels, die neu organisierte Zeitung in die Hände zu bekommen.

Aber diese Zeitung war ein Organ der Demokratie. Engels bemüht sich zu erklären, warum sie die Bezeichnung Organ der Demokratie wählten. Er weist daraufhin, dass es überhaupt keine proletarische Organisation gab, und dass von Anfang an nur zwei Wege übrig blieben: Entweder sofort, vom ersten Tag an, mit der Organisation einer kommunistischen Partei zu beginnen, oder die demokratischen Organisationen, die bereits vorhanden waren, auszunutzen, sie zu vereinigen, in ihnen selbst durch Kritik, durch Propaganda die unumgängliche Reorganisation durchzuführen, indem man für diese allgemeine demokratische Organisation auch die verschiedenen Arbeitergesellschaften gewinnt, die nicht in eine demokratische Organisation eingetreten sind. Der zweite Weg, der von Marx und Engels gewählt wurde, bedeutete eine Absage an den Aufbau von speziell proletarischen Organisationen in der Rheinprovinz und den Eintritt in den demokratischen Bund, den es in Köln gab. Dies brachte Marx und Engels von Anfang an in eine etwas zweideutige Situation gegenüber dem Kölner Arbeiter-Verein, der sofort nach dem 3. März von Gottschalk und Willich gegründet worden war.

Gottschalk war, wie ich Euch schon sagte, Arzt und sehr populär unter den Kölner Armen. Seiner Weltanschauung nach war er kein Kommunist. Bei der Gründung des Buches vorausgegangenen Auseinandersetzung hatte er sich eher Weitling und dessen Anhängern angenähert. Er war ein guter Revolutionär, gab es aber leicht verschiedenen Stimmungen nach. In persönlicher Hinsicht war er ein Mensch ohne jeden Tadel, der aber überhaupt keinen programmatischen Rückhalt hatte, obwohl er sich immerhin so kritisch gegenüber der Demokratie verhielt, dass er, bei seinem ersten Auftritt im städtischen Rathaus, erklärte: Ich trete nicht im Namen des Volkes auf, denn zu diesem Volk gehören auch alle diese Amtspersonen – nein, ich wende mich an Euch nur im Namen der Arbeiterbevölkerung. Er trat für revolutionäre Maßnahmen ein, aber gleichzeitig bestand er, da er Republikaner war, für Deutschland auf einer Föderation der deutschen Republiken. Das war eine der wesentlichen Meinungsverschiedenheiten zwischen ihm und Marx, wie Ihr sehen werdet. Die Gesellschaft, die er in Köln gegründet hatte, der Kölner Arbeiterverein, erfasste sehr schnell fast alle proletarischen Elemente, alle Arbeiter der Stadt. Er zählte bis zu 7000 Mitglieder, und für eine Stadt mit einer Bevölkerung von 80.000 war das eine gewaltige Zahl.

Der Arbeiterverein, an dessen Spitze Gottschalk stand, geriet bald in Konflikt mit der Organisation, in der Marx und Engels Mitglieder geworden waren. Ich muss den Vorbehalt machen, dass es in dieser riesigen Arbeiterorganisation auch Elemente gab, die eine andere Position als Gottschalk vertraten. Ich erinnere Euch an den Namen Moll, denselben Moll, der vom Londoner kommunistischen Komitee zum Brüsseler Komitee zwecks Unterredung über die Organisation des Kongresses geschickt worden war. Moll, eines der wichtigsten Mitglieder des Arbeitervereins, war natürlich eng mit Marx und Engels verbunden. Eines der Mitglieder des Kölner Arbeitervereins war auch Schapper, an den Ihr Euch in Zusammenhang mit der

Geschichte der Arbeiterbewegung und kommunistischen Bewegung seit dem Jahr 1830 erinnert. Auf diese Weise organisierten sich im Kölner Arbeiterverein selbst bald zwei Fraktionen. Aber neben dem Kölner Arbeiterverein gab es eben noch eine demokratische Gesellschaft, in der Marx, Engels und andere Mitglieder waren.

Dies war das Resultat des Planes, von dem Engels viele Jahre später in seinem Artikel über die Neue Rheinische Zeitung erzählte. Er ging darauf zurück, dass Marx und Engels hofften, in diesem Zentralorgan, das am 1. Juni 1848 in Köln zu erscheinen begann, den Zentralpunkt zu schaffen, um den sich im Prozess des revolutionären Kampfes alle künftigen kommunistischen Organisationen versammeln würden. Man darf nicht glauben, dass Marx und Engels in diesem Organ der Demokratie als Demokraten auftraten. Nein, sie gingen als Kommunisten hinein, die sich zum äußersten Flügel der ganzen Demokratie zählten.[16]

Keine Minute lang hörten sie auf, in der schärfsten Weise nicht nur die Fehler der deutschen liberalen Partei zu kritisieren, sondern vor allem auch die Fehler der Demokratie. Sie taten das so gründlich, daß sie gleich in den ersten Monaten alle Aktionäre verloren. Die Neue Rheinische Zeitung unterzog schon im ersten Artikel von Marx die Demokratie einer unerbittlichen Kritik. Als die Kunde von der Juniniederlage des Pariser Proletariats kam, als Cavaignaca[17], mit der Unterstützung aller

---

16 Unter Demokratie ist hier und im Folgenden nicht die Staatsform der bürgerlichen Demokratie zu verstehen, sondern die Gesamtheit der antifeudalen bürgerlich-demokratischen politischen Bewegung.

17 Louis-Eugene Cavaignac, 1802-1875, französischer General und Politiker, ab Mai 1848 mit diktatorischen Vollmachten ausgestatteter Kriegsminister, warf den Juni-Aufstand des Pariser Proletariats blutig nieder.

bürgerlichen Parteien, über das Pariser Proletariat herfiel, ein Massaker provozierte, bei dem einige Tausend Pariser Proletarier umkamen, druckte die Neue Rheinische Zeitung – Organ der Demokratie – einen Artikel, der bis heute unübertroffen an Kraft und Leidenschaft ist und mit dem Marx die bürgerlichen Henker und ihre demokratischen Nachbeter geißelt.

Ich lese Euch einen kleinen Auszug aus diesem Artikel vor:

> „Die Pariser Arbeiter sind erdrückt worden von der Übermacht, sie sind ihr nicht erlegen. Sie sind geschlagen, aber ihre Gegner sind besiegt. Der augenblickliche Triumph der brutalen Gewalt ist erkauft mit der Vernichtung aller Täuschungen und Einbildungen der Februarrevolution, mit der Auflösung der ganzen alt-republikanischen Partei, mit der Zerklüftung der französischen Nation in zwei Nationen, die Nation der Besitzer und die Nation der Arbeiter. Die trikolore Republik trägt nur mehr eine Farbe, die Farbe der Geschlagenen, die Farbe des Bluts. Sie ist zur roten Republik geworden. (...) Die Februarrevolution war die schöne Revolution, die Revolution der allgemeinen Sympathie, weil die Gegensätze, die in ihr gegen das Königtum eklatierten, unentwickelt einträchtig nebeneinander schlummerten, weil der soziale Kampf, der ihren Hintergrund bildet, nur eine luftige Existenz gewonnen hatte, die Existenz der Phrase, des Worts. Die Junirevolution ist die hässliche Revolution, die abstoßende Revolution, weil an die Stelle der Phrase die Sache getreten ist, weil die Republik das Haupt des Ungeheuers selbst entblößte, indem sie ihm die schirmende und versteckende Krone abschlug.
>
> (...) Der tiefe Abgrund, der sich vor uns eröffnet hat, darf er die Demokraten irren, darf er uns wähnen lassen, die Kämpfe um die Staatsform seien inhaltslos, illusorisch, null? Nur schwache, feige Gemüter können die Frage aufwerfen. Die Kollisionen, welche aus

den Bedingungen der bürgerlichen Gesellschaft selbst hervorgehen, sie müssen durchkämpft, sie können nicht wegfantasiert werden. Die beste Staatsform ist die, worin die gesellschaftlichen Gegensätze nicht verwischt, nicht gewaltsam, also nur künstlich, also nur scheinbar gefesselt werden. Die beste Staatsform ist die, worin sie zum freien Kampf und damit zur Lösung kommen. Man wird uns fragen, ob wir keine Träne, keinen Seufzer, kein Wort für die Opfer haben, welche vor der Wut des Volkes fielen, für die Nationalgarde, die Mobilgarde, die republikanische Garde, die Linie? Der Staat wird ihre Witwen und Waisen pflegen. Dekrete werden sie verherrlichen, feierliche Leichenzüge werden ihre Reste zur Erde bestatten, die offizielle Presse wird sie unsterblich erklären, die europäische Reaktion wird ihnen huldigen vom Osten bis zum Westen.

Aber die Plebejer, vom Hunger zerrissen, von der Presse verschmäht, von den Ärzten verlassen, von den Honetten Diebe gescholten, Brandstifter, Galeerensklaven, ihre Weiber und Kinder in noch grenzenloseres Elend gestürzt, ihre besten Lebenden über die See deportiert – ihnen den Lorbeer um die drohend finstere Stirn zu binden, das ist das Vorrecht, das ist das Recht der demokratischen Presse."[18]

Dieser Artikel wurde am 28. Juni 1848 geschrieben. Einen solchen Artikel konnte kein Demokrat schreiben. Einen solchen Artikel vermochte nur ein Kommunist zu schreiben, und Marx und Engels konnten mit ihrer Taktik niemanden täuschen. Der Zeitung wurde jegliche finanzielle Unterstützung von der demokratischen Bourgeoisie entzogen. Sie wurde nun wirklich ein Organ der Kölner, der deutschen Arbeiter.

Zur gleichen Zeit setzten andere Mitglieder des Bundes der Kommunisten, die über ganz Deutschland verstreut waren,

---

18   MEW, Bd. 5, S. 133 ff.

ihre Arbeit fort. Einen von diesen Kommunisten muss man mit Namen nennen, – Stephan Born, von Beruf Setzer. Engels stellt ihm im Vorwort zu einer Broschüre von Marx ein ungünstiges Zeugnis aus. Stephan Born hatte eine andere Taktik gewählt. Er, den es von Anfang an nach Berlin verschlagen hatte, nach Preußen, in ein Arbeiterzentrum, setzte sich zur Aufgabe, eine große Arbeiterorganisation zu schaffen. Er gründete mit Hilfe einiger Genossen das kleine Organ Arbeiterverbrüderung und betrieb eine systematische Agitation unter den Arbeitern verschiedener Berufszweige. Er begnügte sich nicht, wie Gottschalk und Willich in Köln, mit einem rein politischen Arbeiterverein. Born machte sich an die Organisation von Gewerkschaften, an die Organisation verschiedener Vereinigungen, die die ökonomischen Interessen der Arbeiter verteidigen sollten. Er machte sich so energisch daran, dass er diese Organisation bald auf eine Reihe von benachbarten Städten ausdehnen und andere Teile Deutschlands in Angriff nehmen konnte. Aber die Organisation hatte einen Mangel: Sie war, um unseren Ausdruck zu gebrauchen, eine reine Arbeiterorganisation und befasste sich ausschließlich mit den rein ökonomischen Aufgaben der Arbeiterklasse. Zu dieser Zeit, zu der also einige Mitglieder des Bundes der Kommunisten wie Born – er war ein sehr begabter Mensch – jene reinen Arbeiterorganisationen schufen, beschäftigten sich im Süden Deutschlands andere, an ihrer Spitze Marx, damit, alle Kräfte auf die Umbildung der demokratischen Partei zu richten, darauf, aus der Arbeiterklasse den Grundkern einer radikaldemokratischen Partei zu machen. In diesem Geiste betrieb Marx auch die weitere Arbeit. Die Neue Rheinische Zeitung bezog zu allen Grundfragen Stellung. Man muss sagen, dass diese Zeitung bis heute ein unerreichtes Vorbild revolutionärer Publizistik ist. Keine einzige europäische Zeitung, keine einzige russische, erreichte dasselbe hohe Niveau wie die Neue Rheinische Zeitung. Die

Artikel haben nichts von ihrer Frische, ihrer revolutionären Leidenschaft verloren, sie haben nichts von der Schärfe der Analyse aller aktuellen Erscheinungen eingebüßt, obwohl uns jetzt fast 80 Jahre von ihnen trennen. Ihr könnt heute noch die Artikel dieser Zeitung lesen und habt damit eine Geschichte der deutschen Revolution, eine Geschichte der französischen Revolution vor Euch, als schriebe diese deutsche Revolution, diese französische Revolution ihre eigene Geschichte, als erzählte sie über sich selbst – so lebendig und tief verarbeitet die Zeitung, besonders in den Artikeln von Marx, alle aktuellen Ereignisse.

Die Neue Rheinische Zeitung schlug damals folgende Taktik ein, wobei sie sich wiederum auf die Erfahrung der französischen Revolution stützte: Krieg mit Russland ist die einzige Rettung für die westeuropäische Revolution, der durch die Niederlage des Pariser Proletariats der erste schwere Schlag versetzt worden war. Die Geschichte der französischen Revolution zeigt uns, dass gerade der Einfall der Koalition in Frankreich den Anstoß zu einer neuen Erstarkung der revolutionären Bewegung gab. Von den gemäßigten Parteien hatte man keine Notiz mehr genommen. An der Spitze der Bewegung standen die Parteien, die am energischsten diesen Überfall von außen zurückschlagen konnten. Das Ergebnis des Einfalls der Koalition in Frankreich war die Proklamation der Republik am 10. August 1792. Marx und Engels erwarteten, dass der Krieg der Reaktion gegen die neue Revolution die gleichen Folgen haben würde. Deshalb wurde Russland von Seiten der Neuen Rheinischen Zeitung einer unerbittlichen Kritik unterzogen. Immer wieder wies man auf Russland als auf die Macht hin, die hinter der österreichischen und deutschen Reaktion stand. In jedem Artikel wird nachgewiesen, dass der Krieg gegen Russland das einzige Mittel ist, die Revolution zu retten. Man bemüht sich, die Demokratie auf diesen Krieg als den einzigen Ausweg vorzubereiten. Ich wiederhole, dass Marx und Engels darauf beharrten, dass der Krieg mit Russland den letzten Anstoß geben würde, alle revolutionären Leidenschaften im deutschen Volk zu wecken. Unter diesem Gesichtspunkt treten Marx und Engels in der Neuen Rheinischen Zeitung zur Verteidigung jeder revolutionären Bewegung auf, die damals gegen die herrschende Ordnung entstand. Sie sind die leidenschaftlichsten Verteidiger der ungarischen Revolution, die leidenschaftlichsten Verteidiger der Polen, die kurz zuvor einen neuen Aufstandsversuch unternommen hatten. Sie fordern die Errichtung eines unabhängigen Polen, sie fordern, dass Deutschland und Österreich alle ihre polnischen Provinzen an Polen zurückgeben und dass auch das, was Russland an sich gerissen hat, zurückgegeben wird. Sie fordern im selben Geist auch die Vereinigung Deutschlands zu einer einheitlichen Republik, fordern die Rückgabe einiger deutscher Gebiete Dänemarks an Deutschland, – obwohl sie einen Teil von ihnen, nämlich soweit diese von Dänen bewohnt sind, Dänemark lassen wollen. Mit einem Wort, sie sind überall dem Grundsatz des Manifestes der Kommunistischen Partei treu und unterstützen jede revolutionäre Bewegung, die gegen die existierende Ordnung gerichtet ist.

Man kann jedoch nicht verheimlichen, dass in diesen glänzenden Artikeln die politische Seite vorherrscht. Es handelt sich immer um eine Kritik der politischen Akte der Bourgeoisie, der politischen Akte der Bürokratie. Wenn Ihr die Neue Rheinische Zeitung näher anseht, werdet Ihr feststellen, dass sie vergleichsweise wenig Platz, besonders im Jahr 1848, der Arbeiterfrage einräumt. In dieser Hinsicht ist es interessant, das Organ von Marx mit dem Organ von Stephan Born zu vergleichen. Wenn Ihr die Zeitung Borns nehmt, glaubt Ihr, eine gewerkschaftlich-genossenschaftliche Zeitung in der Hand zu haben. Dort wird der Arbeiterfrage die größte Aufmerksamkeit geschenkt. In der Neuen Rheinischen Zeitung ist das anders. Sie berührt solche Fragen fast gar nicht. Sie unterwirft die Erklärung der Grundrechte des deutschen Volkes einer heftigen Kritik. Sie unterzieht die ganze Gesetzgebung, die damals im Geiste der deutschen Nationalliberalen geschaffen wird, einer harten Kritik. Sie tritt entschieden zur Verteidigung der Bauern auf. Sie weist der Bourgeoisie nach, dass sie die Befreiung der Bauern erreichen muss. Aber den Forderungen der Arbeiterklasse gewidmete Artikel sind sehr selten. Ihr werdet solche Forderungen, die Begründung dieser Forderungen in der Neuen Rheinischen Zeitung bis ungefähr Ende 1848 vergeblich suchen, so sehr widmete sich diese Zeitung – fast ausschließlich – der politischen Hauptaufgabe, das heißt der Entfesselung der politischen Leidenschaften, der Agitation mit dem Ziel der Schaffung von demokratischen revolutionären Kräften, die mit einem Schlag Deutschland von allen Resten der alten Feudalordnung befreien würden.

Aber schon gegen Ende des Jahres 1848 hatte sich die Lage geändert. Die Reaktion, die schon nach der Juniniederlage des französischen Proletariats auftauchte, erhob ihr Haupt im Oktober 1848. Das Signal war die Niederlage des Wiener Proletariats. Das zaristische Russland war dabei in jeder erdenklichen Weise behilflich. Die Niederlage in Wien gab den Anstoß für die Niederlage in Berlin. Die preußische Regierung fasste wieder Mut: im Dezember 1848 jagt sie die preußische Nationalversammlung auseinander und zwingt ihr eine von ihr selbst ausgearbeitete Verfassung auf. Und genau in dem Augenblick bemüht sich die preußische Bourgeoisie darum, einen Kompromiss zwischen dem Volk und der königlichen Regierung herzustellen, anstatt erbittert Widerstand zu leisten.

Marx hatte nachgewiesen, dass, nachdem das preußische Königtum im März 1848 eine Niederlage erlitten hatte, keine Rede mehr von einem wie auch immer gearteten Kompromiss mit dieser Krone sein durfte. Das Volk selbst musste sich eine Konstitution geben und keine Rücksicht auf das Königtum nehmen, es musste Deutschland zur einheitlichen, unteilbaren deutschen Republik erklären. Aber die Nationalversammlung, in der ja vor allem die liberale und demokratische Bourgeoisie saß, fürchtete den endgültigen Bruch mit der Monarchie und bezog eine versöhnlerische Position, bis sie auseinandergejagt wurde.

Damit wurde Marx klar, dass man nicht die geringsten Hoffnungen auf den radikalen Teil der deutschen Bourgeoisie setzen konnte; sogar der demokratische Flügel der Bourgeoisie, von dem man hätte erwarten sollen, dass er freie politische Bedingungen für die Entwicklung der Arbeiterklasse schaffen würde, zeigte sich unfähig, diese Aufgabe zu erfüllen. Ich bringe Euch jetzt die Charakteristik dieser Bourgeoisie, die Marx im Dezember 1848 auf der Basis der traurigen Erfahrung der beiden Nationalversammlungen – der ersten in Berlin, der zweiten in Frankfurt – gibt:

> „Während 1648 und 1789 die Bürger das unendliche Selbstgefühl hatten, an der Spitze der Bewegung zu stehen, bestand der Ehrgeiz der Berliner 1848 darin, einen Anachronismus zu bilden. Ihr Licht glich dem Licht der Sterne, das uns Erdenbewohnern erst zukömmt, nachdem die Körper, die es ausstrahlt, schon 100000 von Jahren erloschen sind. Die preußische Märzrevolution war im kleinen, wie sie alles im kleinen war, ein solcher Stern für Europa. Ihr Licht war das Licht eines längst verwesten Gesellschaftsleichnams.
>
> Die deutsche Bourgeoisie hatte sich so träg, feig und langsam entwickelt, daß sie im Augenblicke, wo sie Gefahr drohend dem Feu-

dalismus und Absolutismus gegenüberstand, sich selbst Gefahr drohend gegenüber das Proletariat erblickte und alle Fraktionen des Bürgertums, deren Interessen und Ideen dem Proletariat verwandt sind. Und nicht nur eine Klasse hinter sich, ganz Europa sah sie feindlich vor sich. Die preußische Bourgeoisie war nicht, wie die französische von 1789, die Klasse, welche die ganze moderne Gesellschaft den Repräsentanten der alten Gesellschaft, dem Königtum und dem Adel, gegenüber vertrat. Sie war zu einer Art von Stand herabgesunken, ebenso ausgeprägt gegen die Krone als gegen das Volk, oppositionslustig gegen beide, unentschlossen gegen jeden ihrer Gegner einzeln genommen, weil sie immer beide vor oder hinter sich sah. Von vornherein zum Verrat gegen das Volk und zum Kompromiss mit dem gekrönten Vertreter der alten Gesellschaft geneigt, weil sie selbst schon zur alten Gesellschaft gehörte; nicht die Interessen einer neuen Gesellschaft gegen eine alte, sondern erneute Interessen innerhalb einer veralteten Gesellschaft vertretend; nicht an dem Steuerruder der Revolution, weil das Volk hinter ihr stand, sondern weil das Volk sie vor sich herdrängte; nicht an der Spitze, weil sie die Initiative einer neuen, sondern nur weil sie die Ranküne einer alten Gesellschaftsepoche vertrat; eine nicht zum Durchbruch gekommene Schicht des alten Staats, durch ein Erdbeben auf die Oberfläche des neuen Staats geworfen; ohne Glauben an sich selbst, ohne Glauben an das Volk, knurrend gegen oben, zitternd gegen unten, egoistisch nach beiden Seiten, und sich ihres Egoismus bewußt, revolutionär gegen die Konservativen, konservativ gegen die Revolutionäre, ihren eigenen Stichworten misstrauend, Phrasen statt Ideen, eingeschüchtert vom Weltsturm, den Weltsturm exploitierend – Energie nach keiner Richtung, Plagiat nach allen Richtungen, gemein, weil sie nicht originell war, originell in der Gemeinheit – schachernd in ihren eigenen Wünschen, ohne Initiative, ohne Glauben an sich selbst, ohne Glauben an das Volk, ohne weltgeschichtlichen Beruf – ein vermaledeiter Greis, der sich dazu verdammt sah, die ersten Jugendströmungen eines robusten Volks in seinem eigenen altersschwachen Interesse zu leiten und abzuleiten, - ohn' Aug! ohn' Ohr! ohn' Zahn, ohn' alles - so fand sich die preußische Bourgeoisie nach der Märzrevolution am Ruder des preußischen Staates."[19]

Marx musste das aus eigener Erfahrung lernen. Die Hoffnungen, die er auf eine progressive Bourgeoisie noch im Manifest gesetzt hatte, – obwohl er auch dort schon eine ganze Reihe von Vorbedingungen für eine Zusammenarbeit mit ihr aufgestellt hatte, – erfüllten sich nicht. Und so ändert Marx – und mit ihm Engels – schon seit dem Herbst 1848 seine Taktik. Im selben Köln und in den Spalten derselben Neuen Rheinischen Zeitung verlagert Marx, ohne sich von der Unterstützung der bürgerlichen Demokratie loszusagen und ohne organisatorisch mit der demokratischen Partei zu brechen, das Schwergewicht seiner Arbeit in das proletarische Milieu. Gemeinsam mit Moll und Schapper verstärkten sie ihre Arbeit im Kölner Arbeiterverein, der ebenfalls seinen Vertreter im Bezirkskomitee der demokratischen Vereine hatte. Nach der Verhaftung von Gottschalk wurde Moll zum Vertreter des Arbeitervereins gewählt, was auf das Erstarken der Kommunisten hindeutet. Die föderalistische Tendenz, die von Gottschalk gefördert wurde, geriet allmählich in die Minderheit. Als Moll zeitweilig aus Köln verschwinden musste, wurde an seiner Stelle Marx gewählt, obwohl dieser die Wahl mehrfach abgelehnt hatte. Im Februar, als die Wahlen zum neuen Parlament stattfanden, kam es zu Auseinandersetzungen. Marx und seine Gruppe bestanden darauf, dass die Arbeiter da, wo sie nicht ihre eigenen Kandidaten durchbringen konnten, Demokraten wählen sollten. Die Minderheit protestierte dagegen.

---

19   MEW, Bd. 6, S. 107 ff.

Schon im März und April verschärften sich Meinungsverschiedenheiten zwischen den Arbeitern und den Demokraten, die im Bezirkskomitee der demokratischen Vereine verbunden waren, so stark, dass die Spaltung unvermeidlich wurde. Marx und seine Genossen traten aus dem Komitee aus. Der Arbeiter-Verein rief seinen Vertreter ab und bemühte sich, mit denjenigen Arbeitervereinigungen Verbindung aufzunehmen, die in Ostdeutschland von Stephan Born organisiert wurden. Der Arbeiterverein selbst wurde reorganisiert und verwandelt sich in einen Zentralclub, der neue Bezirksabteilungen, Arbeiterclubs, hatte: Ende April veröffentlichen Marx und Schapper einen Aufruf, in dem sie alle Arbeitervereine der Rheinprovinz und Westfalens zu einem Provinzialkongress einluden und sie aufforderten, sich zu organisieren und Abgeordnete für einen allgemeinen Arbeiterkongress zu wählen, der im Juni in Leipzig stattfinden sollte.

Aber gerade zu diesem Zeitpunkt, als Marx und seine Genossen die unmittelbare Organisation der Partei der Arbeiterklasse in Angriff nehmen wollten, wurde der Revolution ein neuer Schlag versetzt. Die preußische Regierung, die eben erst der preußischen Nationalversammlung ein Ende gesetzt hatte, beschließt jetzt, auch mit der Alldeutschen Nationalversammlung Schluss zu machen. In Süddeutschland beginnt die sogenannte Reichsverfassungskampagne.

Ich muss noch auf eine kleine Besonderheit hinweisen, die die Biographen von Marx gewöhnlich vergessen. Die Lage von Marx in Köln war so, dass er sich äußerst vorsichtig verhalten musste. Er befand sich in der Lage eines Menschen, den man mittels eines einfachen Erlasses der Regierung aus Köln ausweisen konnte. Ständigen Verfolgungen der preußischen Regierung ausgesetzt, auf Drängen derselben aus Paris ausgewiesen und dann die Ausweisung aus Belgien befürchtend, hatte er sich zu jener Zeit entschlossen, die preußische Staatsangehörigkeit aufzugeben. Marx nahm keine andere Staatsangehörigkeit an. Als er nach Köln zurückkehrte, anerkannte die örtliche Behörde ihn als Bürger der Rheinprovinz, brauchte aber die Bestätigung der preußischen Staatsmacht in Berlin. Letztere entschied, dass Marx das Bürgerrecht verloren hatte. Deshalb war Marx, der sich zu der Zeit sehr um die Wiederherstellung seiner Rechte als preußischer Staatsbürger bemühte, gezwungen, in der zweiten Hälfte des Jahres 1848 auf öffentliche Auftritte zu verzichten. Wenn die Revolution erstarkte, wenn sich die Bedingungen verbesserten, trat er auch öffentlich auf, doch sobald die Reaktion zunahm und die Verfolgungen in Köln selbst sich verstärkten, verschwand Marx und begnügte sich mit seiner literarischen Tätigkeit, dass heißt er leitete die Neue Rheinische Zeitung. Das war auch der Grund dafür, dass er so ungern eingewilligt hatte, Vorsitzender des Kölner Arbeitervereins zu werden.

In Übereinstimmung mit der Wende in Fragen der Taktik vollzieht sich auch eine Änderung in der Neuen Rheinischen Zeitung. Die ersten Artikel über Lohnarbeit und Kapital erscheinen erst nach dieser Wende. Seinen Artikeln schickt Marx eine lange Einführung voraus, in der er erklärt, warum die Neue Rheinische Zeitung bis dahin die Frage des Antagonismus von Lohnarbeit und Kapital noch nicht berührt hat. Diese Einführung ist von großem Interesse, weil sie auf den Umschwung in der Taktik hinweist.

Im Mai erlitt die deutsche Revolution ihre endgültige Niederlage. Die preußische Regierung wurde jetzt vollkommen zur Bestie und schickte ihre Truppen in den Südwesten. Das erste Opfer wurde die Neue Rheinische Zeitung. Die Redaktion wurde am 19. Mai 1849 geschlossen. Ich habe hier in der Hand die letzte Nummer der Neuen Rheinischen Zeitung, 301, diese berühmte rote Nummer, die mit einem großartigen Gedicht von Freiligrath beginnt. Darauf folgt ein neuer Aufruf von Marx an die Arbeiter, in dem er sie warnt, sich nicht provozieren zu lassen. Danach verlässt Marx die Rheinprovinz. Er muss, als Ausländer, Deutschland verlassen; die übrigen Mitglieder der Redaktion trennen sich ebenfalls und begeben sich an verschiedene Orte. Engels, Moll und Willich brechen zu den süddeutschen Aufständischen auf.

Nach einigen Wochen eines heroischen, aber schlecht organisierten Widerstandes gegen die preußischen Heere waren die Aufständischen gezwungen, in die Schweiz überzuwechseln. Die ehemaligen Mitglieder der Neuen Rheinischen Zeitung und des Kölner Arbeitervereins siedelten nach Paris über, waren aber im Juni 1849, nach der misslungenen Demonstration des 13. Juni, ebenfalls der Verfolgung ausgesetzt und damit gezwungen, Frankreich zu verlassen. Gegen Anfang des Jahres, 1850 versammelte sich in Köln wieder fast die gesamte alte Garde des Bundes der Kommunisten. Moll war während des süddeutschen Aufstandes umgekommen. Marx, Engels, Schapper, Willich und Wolff gingen nach London.

Marx und Engels verlieren – wie aus ihren damaligen Artikeln ersichtlich ist – anfangs noch nicht die Hoffnung, dass sie es nur mit einer zeitweiligen Stockung der revolutionären Bewegung zu tun haben, dass ihr eine neue Welle des Aufschwungs folgen wird. Um davon nicht überrascht zu werden, wollen sie die Organisation stärken und sie besser mit Deutschland verbinden. Der alte Bund der Kommunisten wird reorganisiert – es treten die alten Mitglieder ein, aber auch neue, die in Schlesien, in Breslau und auch in der Rheinprovinz gewonnen worden sind.

Sehr bald, schon nach wenigen Monaten, entstehen Meinungs-verschiedenheiten im Bund. Marx und Engels gingen noch An-fang 1850 davon aus, dass ein neuer Aufschwung der Revoluti-on nicht lange auf sich warten lassen würde. Gerade in diese Zeit fallen zwei interessante Rundbriefe des Bundes der Kom-munisten. Sie sind hauptsächlich von Marx verfasst. Besonders gerne zitierte Iljitsch [Lenin] sie, der sie ganz genau kannte.

In diesen Rundbriefen – sie sind nur dann zu verstehen, wenn Ihr Euch an die Fehler erinnert, die Marx und Engels während der Revolution von 1848 machten – kann man nachlesen, dass es notwendig ist, nicht nur den bürgerlichen Liberalismus, son-dern auch die Demokratie erbarmungslos zu kritisieren. Man muss alle Kräfte darauf richten, der demokratischen Organisa-tion die Arbeiterorganisation entgegenzusetzen. Es ist in erster Linie notwendig, eine Arbeiterpartei zu schaffen. Man muss die Demokraten mit allen Mitteln vorantreiben, jede ihrer For-derungen mit einer anderen, radikaleren beantworten. Die De-mokraten fordern den 10-Stunden-Tag, wir fordern den 8-Stunden-Tag. Sie fordern die Enteignung des Großgrundbe-sitzes mit gerechten Entschädigungen, wir fordern die entscha-digungslose Enteignung. Man muss die Revolution mit allen Mitteln vorantreiben, man muss sie permanent machen, sie keine Minute von der Tagesordnung absetzen: Man darf sich nicht auf den sogenannten Errungenschaften der Revolution ausruhen. Im Gegenteil, jede Errungenschaft darf nur der neue Ausgangspunkt für die nächste Errungenschaft sein. Je-der Versuch, die Revolution für beendet zu erklären, ist ein Verrat an der Sache der Revolution. Man muss die ganze Kraft darauf richten, die Gesellschaftsordnung, die politische Ord-nung, in der wir leben, von allen Seiten zu untergraben, zu zer-stören, bis wir sie von allen Resten des alten Klassenantagonis-mus befreit haben.

Die Meinungsverschiedenheiten begannen bei der Einschätzung der augenblicklichen Lage. Im Unterschied zu seinen Opponenten, die von Schapper und Willich angeführt wurden, ging Marx, getreu seiner Methode, davon aus, dass jede politische Revolution die Folge bestimmter ökonomischer Bedingungen ist, einer bestimmten ökonomischen Revolution. Der Revolution des Jahres 1848 war die Krise von 1847 vorausgegangen, die fast ganz Europa, mit Ausnahme seines östlichsten Teils, erfasst hatte. Und da kommt Marx, der jetzt in London die augenblickliche Situation studiert, der die neue ökonomische Konjunktur, die Situation des Weltmarktes analysiert, zu der Überzeugung, dass die jetzige Lage einen revolutionären Ausbruch nicht begünstigt, dass das Ausbleiben eines erneuten revolutionären Aufschwungs – den er ja gemeinsam mit anderen erwartet hatte – nicht nur mit dem Mangel an revolutionärer Initiative, an revolutionärer Energie auf Seiten der Revolutionäre erklärt werden kann. Ende 1850 kommt er, auf der Grundlage einer genauen Analyse der gegenwärtigen Lage, zu dem Schluss, dass bei dieser ökonomischen Prosperität jeder Versuch, die Revolution zu erzwingen, einen revolutionären Aufstand zu organisieren, mit einer unausweichlichen und nutzlosen Niederlage enden wird. Die ökonomischen Entwicklungsbedingungen des europäischen Kontinents waren gerade zu dieser Zeit sehr günstig. In Amerika, in Kalifornien, in Australien waren sehr reichhaltige Goldvorkommen gefunden worden: riesige Arbeitermassen wanderten in diese Länder aus. Die Welle der Emigration aus Europa begann schon in der zweiten Hälfte des Jahres 1848 und wuchs besonders gegen 1850 stark an. Die Analyse der ökonomischen Bedingungen führte Marx also zu dem Schluss, dass die revolutionäre Bewegung abgeklungen war, dass man das Auftreten einer neuen ökonomischen Krise abwarten müsse, die erneut günstige Bedingungen für einen Aufschwung der revolutionären Bewegung schaffen würde. Aber mit dieser Ansicht waren einige Mitglieder des Bundes der Kommunisten nicht einverstanden. Dagegen polemisierten vor allem diejenigen, die nicht über die ökonomische Ausbildung von Marx verfügten und die der revolutionären Initiative einiger Leute eine übergroße Bedeutung beimaßen.

Willich, derselbe, der mit Gottschalk noch am 3. März die Revolution in Köln ausgelöst und während des süddeutschen Aufstandes eine große Rolle gespielt hatte, Schapper, Mitglieder des Kölner Arbeitervereins und die alten Weitlingianer vereinigen sich. Sie beharren auf der Notwendigkeit, einen Aufstand zu organisieren: Wenn es gelänge, die nötige Menge Geld zu bekommen und einige entscheidende Leute zu sammeln, würde es möglich sein, den Aufstand in Gang zu setzen. Und so beginnt die Jagd nach Geld. Es wird der Versuch gemacht, ein Darlehen in Amerika aufzutreiben – ein Darlehen, das die Entfesselung der Revolution in Deutschland finanzieren soll.

Marx und Engels und einige der ihnen Nahestehenden weigern sich, an dieser ganzen Kampagne teilzunehmen. Schließlich kommt es zur Spaltung. Der Bund der Kommunisten zerfällt in die Fraktion von Marx und Engels und in die von Willich und Schapper.

Zu dieser Zeit verliert der Bund einige seiner Mitglieder, die noch in Deutschland geblieben sind. Schon seit dem Jahr 1850 machen Marx und Engels, zusammen mit der Organisation des Bundes der Kommunisten in London, den Versuch, den Bund in Deutschland zu reorganisieren, zu festigen. Einige Emissäre, Agenten werden nach Deutschland geschickt, die eine Verbindung mit den deutschen Kommunisten herstellen. Einer von

ihnen wird verhaftet; man findet bei ihm Papiere, die der preußischen Geheimpolizei, an deren Spitze der berüchtigte Stieber
stand, die Möglichkeit gibt, seine Genossen zu verfolgen. Eine
Reihe von Kommunisten wird ins Gefängnis geworfen. Die
preußische Regierung beschließt, einen großen Kommunisten-
prozess in Köln zu organisieren, um der preußischen Bourgeoisie zu zeigen, dass sie es nicht bereuen muss, dass man ihr
im Jahr 1850 einige Freiheiten entzogen hat. Als Ergebnis werden einige Kommunisten – darunter Lessner, Becker und andere – zu langjährigen Gefängnisstrafen verurteilt.

Während der Prozesse wurde offenbar, dass Provokateure ihre
Hand im Spiel gehabt hatten, dass Stieber durch seine Agenten
zur Fälschung von Protokollen, zu allen möglichen falschen
Aussagen Zuflucht genommen hatte. Auf Beschluss des Teiles
der Kommunisten, der mit ihm zusammen geblieben war, verfasste Marx eine Broschüre aus Anlass des Prozesses gegen
den Bund der Kommunisten, in der er alle Machenschaften der
preußischen Polizei aufdeckte. Nach dem Ende des Prozesses
kamen Marx, Engels und ihre Genossen zu dem Schluss, dass
der Bund der Kommunisten jetzt, angesichts der Situation, die
sich entwickelt hatte, angesichts der Unterbrechung jeder Verbindung mit Deutschland selbst, nichts unternehmen konnte,
dass man einen günstigeren Moment abwarten müsste. Ende
1852 lösten sie den Bund der Kommunisten offiziell auf. Der
andere Teil des Bundes, die sogenannte Fraktion
Willich/Schapper, fristete noch ungefähr ein Jahr eine küm-
merliche Existenz. Einige der Mitglieder wanderten nach Amerika aus. Schapper blieb in London. Einige Jahre später erkannte er, dass er einen Fehler gemacht hatte und versöhnte sich
wieder mit Marx und Engels.

6. VORTRAG

Die Reaktion der 50er Jahre – Die New York Tribune – Der Krimkrieg – Die Ansichten von Marx und Engels dazu – Die italienische Frage – Die Auseinandersetzung von Marx und Engels mit Lassalle – Die Haltung von Marx zu Lassalle

Die Reaktion, die schon 1849 eingesetzt hatte, erstarkte im Verlauf des ersten Drittels der 50er Jahre immer mehr. Sie erreichte ihren Höhepunkt gegen 1854. Alle Spuren von wie auch immer gearteten Errungenschaften auf dem Gebiet freier politischer Betätigung wurden endgültig beseitigt, alle Arbeitervereine verboten. Die freie Presse ging schon in der zweiten Hälfte des Jahres 1849 unter. Übrig blieb eine – schrecklich reaktionäre – Abgeordnetenkammer in Preußen.

Man kann sich kaum vorstellen, wie schwierig die materielle Lage von Marx und Engels zu dieser Zeit war. Beide bemühten sich, irgendeine literarische Arbeit zu finden, doch Deutschland war ihnen - wie wir wissen - verschlossen. In Amerika hatten sie nur die Möglichkeit, an Arbeiterorganen mitzuarbeiten, das aber hieß, unentgeltlich zu arbeiten.

Da entschließt sich Engels schweren Herzens, wieder mit dem hündischen Kommerz, wie er den Handel nannte, anzufangen, und als Kontorist in den Dienst der englischen Abteilung der Fabrik seines Vaters zu treten. Er siedelt nach Manchester über. In der ersten Zeit ist er nur ein einfacher Angestellter. Er muss sich das Vertrauen des Vaters, das Vertrauen der englischen Abteilung der Firma erwerben, er muss beweisen, dass er das Handelsgeschäft versteht.

Marx bleibt in London. Der Bund der Kommunisten hat aufgehört zu existieren. Nur eine kleine Anzahl von Arbeitern ist übrig geblieben, die sich um den kommunistischen Bildungsverein gruppieren und sich irgendwie, als Schneider oder Setzer, organisiert haben. Für Marx eröffnet sich erst Ende 1851 plötzlich die Möglichkeit, an einer amerikanischen Zeitung, der New York Tribune, mitzuarbeiten, damals eine der einflussreichsten Zeitungen. Einer der Redakteure dieser Zeitung wandte sich an Marx mit dem Vorschlag, eine Reihe von Artikeln über Deutschland zu schreiben. Dieser Redakteur – sein Name ist Charles Dana – hatte während der Revolution des Jahres 1848 in Deutschland gelebt und Marx kennengelernt. Er war in Köln gewesen und wusste, welche hervorragende Position Marx unter den deutschen Journalisten einnahm. Mit Rücksicht auf die Interessen der deutschen Leser in Amerika – die Emigration der Deutschen nach Amerika hatte sich während der Revolution sehr verstärkt – hielt er es für notwendig, für diesen Teil des Publikums seine westeuropäische Abteilung zu erweitern. Die Aufforderung zur Mitarbeit kam für Marx völlig unerwartet und brachte ihn in eine schwierige Lage, denn er schrieb damals noch nicht englisch. Er wandte sich mit der Bitte um Hilfe an Engels, und es bildete sich eine interessante Zusammenarbeit heraus. Auf diese Weise erhält Marx seit dem Jahr 1853 eine Tribüne, von der aus er seine Ansichten verkünden kann. Leider befand sich diese Tribüne nicht in Europa, sondern in Amerika.

Seit dem Frühjahr 1853 kommt es in Europa zu einigen bemerkenswerten Ereignissen. Die wichtigsten Staaten wie Russland, Frankreich, England, die gleichermaßen an der Erhaltung der herrschenden Ordnung interessiert waren, beginnen, sich zu verfeinden. Es ist charakteristisch für die herrschenden Klassen, die herrschenden Nationen, dass, sobald sie sich von der Angst vor der revolutionären Bewegung befreit haben, eine Reihe von Meinungsverschiedenheiten, die schon vorher zwischen den Staaten – in diesem Falle Frankreich, England, Russland, Österreich, Preußen, – existiert hatten, wieder hervortreten. Die alte Rivalität bricht wieder aus, die zwischen diesen Staaten bis zur Revolution von 1848 existierte und die nur zeitweilig, als es im Interesse der Selbsterhaltung unumgänglich war, sich gemeinsam zum Kampf gegen die Revolution zu verbünden, in den Hintergrund trat. Russland, das so erfolgreich geholfen hat, die Ordnung in Westeuropa wieder herzustellen, verlangt jetzt sozusagen, für diese Dienste belohnt zu werden. Es hält nun den Moment für gekommen, seine Klauen nach der Balkanhalbinsel auszustrecken, es erneuert sein altes Bestreben, der Türkei Stück für Stück einige ihrer Gebiete abzujagen. Die Partei am Hofe von Nikolaus, die diesen Moment für den geeignetsten hält, erstarkt. Sie hofft, dass Frankreich nicht in der Lage sein wird, irgendeinen Widerstand zu leisten, und dass England, dessen Regierung von der Partei der Tories geführt wurde, angesichts des innigen Einverständnisses, das zwischen England und Russland herrschte, sich nicht einmischt. So beginnt der Streit um die Dardanellen.

Innerhalb einiger Monate verschärfte sich die Situation so, dass England und Frankreich, die beide keinen Krieg wollten, die spürten, dass dieser Krieg zu nichts Gutem führen konnte, sich schließlich gezwungen sahen, Russland den Krieg zu erklären. Es begann der berühmte Krimkrieg, der die östliche Frage in ihrer ganzen Bedeutung aufwarf. Jetzt ergibt sich für Marx und Engels wieder die Möglichkeit – wenn auch nicht von Europa aus, sondern im fernen Amerika –, auf diese aktuellen Ereignisse zu reagieren. Man muss sagen, dass Marx und Engels den Krieg begrüßten. Schließlich bedeutete es, dass die drei Hauptmächte die das Bollwerk der Konterrevolution waren, sich gegenseitig verprügelten. Und wenn Diebe sich streiten, können ehrliche Leute nur dabei gewinnen. Unter diesem Gesichtspunkt betrachteten Marx und Engels den Krimkrieg. Man musste nur klären, welche Haltung in Bezug auf jedes einzelne Land einzunehmen war.

Genossen, ich halte es für notwendig darauf einzugehen, weil wir in den Fragen der Taktik, die eine so gewaltige Rolle während unserer beiden Revolutionen spielten, besonders während der letzten – der Taktik in Bezug auf die beiden kriegführenden Seiten – uns immer an der von Marx und Engels in den 50er Jahren entwickelten Taktik orientierten und immer versuchten, uns auf sie zu stützen. Gewöhnlich wird es so dargestellt, dass Marx und Engels sich während des Krimkrieges sogleich auf die Seite der Türkei gegen Russland gestellt hätten. Ihr wisst, welche ungeheure Bedeutung Marx und Engels dem russischen Zarismus als dem Bollwerk der europäischen Reaktion beimaßen, welche große Bedeutung sie dem Krieg gegen Russland gaben als einem Faktor, der die revolutionäre Energie in Deutschland selbst entwickeln konnte. In den Artikeln, die Marx und Engels schrieben – zwischen ihnen hatte sich übrigens eine bestimmte Arbeitsteilung herausgebildet: Engels schrieb die speziell militärischen Artikel, Marx die diplomatischen und ökonomischen – wurde Russland der unerbittlichsten Kritik unterzogen.

Folgt daraus nun, dass Marx und Engels, indem sie gegen Russland auftraten, sich auf die Seite der aufgeklärten und kultivierten Engländer und Franzosen stellten? Wer diesen Schluss ziehen wollte, wäre sehr im Irrtum. England und Frankreich wurden in den Artikeln der beiden Freunde nicht weniger hart kritisiert als Russland. Alle Versuche Napoleons und alle Versuche Palmerstons, diesen Krieg als einen Krieg der Zivilisation und des Fortschritts gegen die asiatische Barbarei auszugeben, werden auf das erbarmungsloseste entlarvt. Was die Türkei angeht, die ja der Anlass zu diesem Krieg war, so ist die gewöhnlich verbreitete Vorstellung, dass Marx Türkophile, in die Türkei verliebt war, falsch. Weder Marx noch Engels verschlossen auch nur eine Minute lang die Augen vor der Tatsache, dass die Türkei ein noch asiatischeres, barbarischeres Land als Russland darstellte. Sie kritisierten alle diese Länder in gleicher

Weise. Für sie gibt es nur ein Kriterium. Immer wieder prüfen sie die Frage, inwieweit ein bestimmtes Ereignis den Ausbruch der Revolution beschleunigen kann, inwieweit es jenen Grundfaktor verstärken kann, der für sie der wichtigste war. Unter diesem Gesichtspunkt kritisieren sie auch das Verhalten von England und Frankreich, die, wie ich Euch von Anfang an gesagt habe, sich im Grunde ungern in diesen Krieg hineinziehen ließen und die äußerst unzufrieden mit dem sturen Nikolaus I. waren, der um keinen Preis auf die Kompromisse eingehen wollte, die sie ihm vorschlugen. Die Befürchtungen der herrschenden Klassen erwiesen sich als berechtigt; es zeigte sich, dass der Krieg länger andauerte. Er begann 1853 und endete erst im Jahr 1856 mit dem Pariser Frieden. In England und Frankreich rief er eine große Erregung unter den Massen der Arbeiter und Bauern hervor. Er zwang sowohl Napoleon als auch die englischen herrschenden Klassen, viele Versprechungen und Zugeständnisse zu machen. Der Krieg endete mit dem Sieg von Frankreich, England und der Türkei. Für Russland diente der Krimkrieg als Anstoß zu den sogenannten großen Reformen. Er lieferte damit den Beweis, wie wenig die Gesellschaftsordnung der Leibeigenschaft in der Lage war, es mit kapitalistischen Ländern aufzunehmen. Man musste die Bauernbefreiung auf die Tagesordnung setzen.

Um Europa, das nach dem revolutionären Ausbruch der Jahre 1848/49, eingeschlummert war, endgültig aufzustören, war jedoch mehr notwendig als dieser Anstoß. Die Prosperität, die schon im Jahr 1849 begann, entwickelte sich in der ersten Hälfte der 50er Jahre so stark, dass sogar der Krimkrieg nicht in der Lage war, ihr einen kräftigen Schlag zu versetzen.

Es schien sogar so, als ob dieser Boom endlos dauern würde. Marx und Engels waren noch 1851 überzeugt, dass die nächste

Krise nicht später als 1853 auftreten würde. Sie vertraten nämlich auf der Basis ihrer alten Untersuchungen – hauptsächlich derer von Engels – die Ansicht, dass die Krisen, diese periodischen Stockungen im Bereich der kapitalistischen Produktionsweise, sich alle fünf bis sieben Jahre wiederholen. Nach dieser Rechnung musste die nächste Krise nach der von 1847 im Jahre 1853 folgen. Doch Marx und Engels irrten. Die Periode, in deren Verlauf die kapitalistische Produktion verschiedene Phasen des Auf- und Niedergangs erlebt, erwies sich als dauerhafter. Die Krise brach erst 1857 aus. Nun allerdings nahm sie bis dahin nicht dagewesene Ausmaße an, sowohl in Bezug auf ihre Heftigkeit als auch in Bezug auf ihre Verbreitung.

Marx begrüßte die Krise begeistert, obwohl sich mit ihr seine Situation sofort wieder verschlechterte. Die Vereinigten Staaten litten unter der Krise in erster Linie. Die New York Tribune war gezwungen, ihre Ausgaben zu kürzen, was auch auf Kosten der ausländischen Korrespondenten geschah. Marx musste sich wieder bis über die Ohren in Schulden stürzen und jeden möglichen Gelegenheitsverdienst suchen. Diese neue Krise dauerte bis 1859. Dann erhielt Marx wieder eine Atempause bis 1862, als endgültig seine Arbeit für die New York Tribune aufhörte.

Wenn es Marx auch persönlich sehr schlecht ging – in dieser Zeit befiel ihn noch weiteres Unglück – so hatte er sich doch als Revolutionär lange nicht so lebensfroh gefühlt wie nach 1857. Wie er vorausgesehen hatte, war die neue Krise der Hauptanstoß für revolutionäre Bewegungen, die fast in der ganzen Welt begannen. In Amerika wurde die Abschaffung der Sklaverei die entscheidende Frage, bei uns in Russland die Aufhebung der Leibeigenschaft. Das bürgerliche England musste all seine Kräfte anspannen im Kampf mit einem gewaltigen Aufstand in Ostindien. Auch Westeuropa kam in Bewegung.

Ihr erinnert Euch, dass die Revolution des Jahres 1848 eine ganze Reihe von Fragen ungelöst gelassen hatte. Italien war zerrissen geblieben. Ein bedeutender Teil seines Nordens blieb unter österreichischer Herrschaft. Ungarn war mit Hilfe der russischen Truppen besiegt und wieder an Österreich angegliedert worden. Deutschland stellte weiter eine Menge von Herzogtümern und Staaten verschiedener Größenordnungen dar, unter denen Preußen und Österreich sich hervortaten, indem sie sich um die sogenannte Hegemonie, die Vormacht im allgemeinen Bund der deutschen Staaten, rauften.

Schon im Jahr 1858 beginnt in allen westeuropäischen Ländern ein Aufschwung der oppositionellen und revolutionären Bewegung, der die alten ungelösten Fragen auf die Tagesordnung setzt. In Deutschland verstärken sich die Vereinigungsbestrebungen. Wiederum entbrennt der Kampf zwischen der großdeutschen Partei, die die Vereinigung ganz Deutschlands unter Einschluss von Österreich will, und der kleindeutschen, die Preußen zur Führungsmacht küren will, um die sich alle deutschen Staaten mit Ausnahme von Österreich vereinigen sollen.

In Italien sehen wir das gleiche Erwachen der nationalen Bestrebungen. In Frankreich, wo die Krise von 1857 den Bankrott einer Vielzahl von aufgeblähten Unternehmen nach sich gezogen und sich besonders heftig auf die Textilindustrie ausgewirkt hatte, entwickelt sich nicht nur eine kleinbürgerliche Opposition, sondern beginnt auch eine neue Belebung in den revolutionären Untergrundorganisationen. Die Hauptrolle spielen dabei die blanquistischen Gruppen. Die Arbeiterbewegung, die nach der Juniniederlage völlig ins Stocken gekommen war, belebt sich wieder, besonders in der Bau- und Möbelindustrie. Russland, das ebenfalls gerade erst mit einigen Moskauer Bankrotten seine kapitalistische Taufe empfangen hat, schleppt sich auf dem Weg der liberalen Reformen weiter.

Um den inneren Schwierigkeiten zu entrinnen, bemühen sich die Regierungen, in erster Linie Napoleon, die Aufmerksamkeit des Volkes durch irgendeine außenpolitische Sensation abzulenken. Napoleon, den das Attentat auf Orsini, den italienischen Revolutionär, schon im Januar 1858 daran erinnert hat, dass die Polizei nicht immer allmächtig ist, muss mit wachsendem Widerstand rechnen. Um die Unzufriedenheit der Arbeitermassen abzulenken, stellt er die progressive Losung der Befreiung Italiens vom österreichischen Joch auf. Im selben Jahr, 1858, schließt er ein Geheimabkommen mit Cavour ab, dem Minister des sardinischen Königs. Genauso, Genossen, wie in dem in viele Kleinstaaten zerrissenen Deutschland Preußen der stärkste Staat war, hatte sich in Italien das Königreich Sardinien abgesondert, das auf der Apeninnenhalbinsel die Rolle Preußens spielte.

Während die offiziöse Presse davon schwatzte, dass es um die Vereinigung ganz Italiens gehe, hatte das Abkommen, aufgrund dessen Napoleon Sardinien seine Hilfe versprach, in Wirklichkeit einen vollkommen anderen Inhalt. Es ging nicht um die Vereinigung Italiens, sondern um die Vergrößerung Sardiniens, dem die Lombardei und Venedig versprochen wurden. Zur Belohnung dafür erhielt Napoleon, außer dem Versprechen, den päpstlichen Besitz nicht anzutasten, Savoyen und Nizza. Napoleon, der sich zwischen der Opposition von links und der klerikalen Partei durchwinden musste, wollte nicht mit dem Papst in Streit geraten und war deshalb gegen die wirkliche Vereinigung Italiens; auf der anderen Seite glaubte er, mit Hilfe der Eroberung zweier neuer Territorien die französischen Patrioten zufriedenstellen zu können.

Auf diese Weise erhob sich eine neue, höchst wichtige politische Frage, die ganz Europa und mehr noch die Revolutionäre der verschiedenen Länder erregte: welche Position sollen die Revolutionäre und Sozialisten beziehen, auf welche Seite sollen sie sich stellen: auf die Seite Napoleons, der fast wie ein Revolutionär auftrat, der eine so sympathische Losung aufgestellt hatte wie Italiens Recht auf Selbstbestimmung, oder auf die Seite Österreichs, des Vertreters des Despotismus, des Unterdrückers Italiens und Ungarns? Ihr seht, Genossen, daß das eine sehr wichtige Entscheidung war, von der die einzuschlagende Taktik abhing, und die uns wiederum an die Lage erinnert, die sich im Jahr 1914 ergab. Ich werde deshalb versuchen, Euch die Taktik zu erklären, die Marx und Engels einerseits und Lassalle andererseits verteidigten, die Positionen, die sie einnahmen.

Ich bin bis jetzt noch nicht dazu gekommen, Lassalle zu erwähnen, obwohl er einer der ersten Schüler von Marx ist und schon an den Ereignissen des Jahres 1848 teilgenommen hatte. Ich werde auch jetzt nicht auf seine Biographie eingehen, weil uns das von unserem Hauptthema abbringen würde. Während der 50er Jahre bleibt er, nach der Verbüßung einer kurzen Gefängnisstrafe, in Deutschland und beschäftigt sich mit wissenschaftlicher Arbeit, wobei er die Verbindungen mit Marx und Engels aufrecht erhält. Im Zusammenhang mit der italienischen Frage beginnt zwischen ihnen 1859 eine Auseinandersetzung, die deshalb sehr interessant ist, weil wir hier sozusagen einen Streit zwischen zwei Fraktionen einer Partei vor uns haben.

Napoleon III. und seine Gesinnungsgenossen verstanden es hervorragend, die sogenannte öffentliche Meinung zu beeinflussen. Wie zur Zeit des Krimkrieges wird auch in den Jahren

1858 und 1859 eine riesige Masse von Broschüren und Pamphleten auf den Markt geworfen, in denen auf jede erdenkliche Art der Liberalismus Napoleons und die Gerechtigkeit der italienischen Sache bewiesen werden. An diesem literarischen Aufmarsch beteiligten sich einige freiwillige, doch mehr noch gekaufte Publizisten. Die Freiwilligen fanden sich hauptsächlich unter den ungarischen und polnischen Emigranten. Genauso, wie sie einige Jahre zuvor den Krimkrieg als Krieg des Fortschritts und der Zivilisation gegen den asiatischen Despotismus betrachtet und zur Unterstützung von Napoleon und Palmerston Legionen von Freiwilligen ausgerüstet hatten, bemühten sich auch jetzt die ungarischen und polnischen Emigranten, von sehr wenigen Ausnahmen abgesehen, nachzuweisen, dass Napoleon für den Fortschritt und das Recht der Völker auf Selbstbestimmung kämpfte und daß man ihm unbedingt zu Hilfe kommen müsse.

Aber auch Österreich war wachsam. Es finanzierte die Publizisten, die zu beweisen versuchten, dass es in diesem Krieg die Interessen ganz Deutschlands verteidige, dass Napoleon, falls er Österreich besiege, den Rhein erobern würde, dass es sich also nicht um Italien, sondern um Deutschland handele, dass folglich Österreich, indem es Norditalien unter seiner Herrschaft hielt, Deutschland verteidige. In militärischer Sprache hieß das: wer den Rhein verteidigen will, darf eine Position wie den Po, in dessen Flusstal die Lombardei liegt, nicht aufgeben.

Genau darauf ließen sich die beiden Hauptströmungen zurückführen, die man in der damaligen europäischen Publizistik unterscheiden konnte. In Deutschland selbst wurde die Frage noch kompliziert durch den Streit zwischen der großdeutschen und der kleindeutschen Partei. Es ist selbstverständlich, dass die Großdeutschen, die die Vereinigung ganz Deutschlands einschließlich Österreichs wollten, der Seite Österreichs zuneigten, und dass umgekehrt die Kleindeutschen, die sich zu Preußen hingezogen fühlten, zu beweisen versuchten, dass man Österreich seinem Schicksal überlassen müsse. Es gab dabei natürlich verschiedene Schattierungen, aber sie änderten das allgemeine Bild nicht wesentlich.

Welche Position nahmen Marx und Engels einerseits, Lassalle andererseits in dieser Frage ein? Alle drei standen auf dem Boden des Kommunistischen Manifests. Sie alle waren während der Revolution für eine einheitliche deutsche Republik einschließlich der deutschen Gebiete Österreichs eingetreten. Es scheint also, dass für irgendwelche Meinungsverschiedenheiten kein Platz war. In Wirklichkeit jedoch waren diese nicht weniger groß als die Meinungsverschiedenheiten unter den Sozialdemokraten, die auf ein- und derselben marxistischen Plattform standen, zu Beginn des imperialistischen Weltkrieges.

Marx und Engels bemühten sich in ihren Artikeln und Broschüren nachzuweisen, daß Deutschland nicht nur nicht auf Norditalien angewiesen ist, um den Rhein zu verteidigen, sondern auch in aller Ruhe, zustimmen kann, wenn Österreich alle seine italienischen Gebiete einem geeinten Italien zurückgibt, dass jeder Versuch – unter dem Vorwand, es geschähe im Interesse eines vereinigten Deutschlands –, sich auf die Seite Österreichs zu schlagen, bedeutet, ein Geschäft mit dem österreichischen Despotismus zu machen.

Auf der anderen Seite – und das ist charakteristisch für die Position von Marx und Engels – geißeln sie genauso unerbitterlich, wie sie die preußische und österreichische Reaktion kritisieren, auch Napoléon. Die Gefahr, die im Falle eines vollen Siegs von Napoléon droht, scheint ihnen nicht geringer als die Gefahr, die im Fall eines Sieges von Österreich droht. Engels wies nach, dass Napoléon nach einem Sieg über Österreich über Deutschland herfallen würde. Er stellte deshalb folgende These auf: die Vereinigung Italiens, wie auch die Vereinigung Deutschlands, muß sich aus eigenen Kräften vollziehen. Darum dürfen sich in der italienischen Frage die Revolutionäre weder auf die Seite Napoleons noch auf die Seite Österreichs schlagen. Das Einzige, was sie im Auge haben müssen, sind die Interessen der proletarischen Revolution. Man darf dabei einen Faktor nicht vergessen, der sozusagen hinter den Kulissen blieb. Engels wies – vollkommen zu Recht – darauf hin, dass Napoleon nicht wagen würde, Österreich den Krieg zu erklären, wenn er sich nicht des schweigenden Einverständnisses von Russland versichert hätte, wenn er nicht sicher wüsste, dass Russland Österreich nicht zu Hilfe eilen würde. Er hielt es für sehr wahrscheinlich, dass zwischen Frankreich und Russland über diesen Punkt ein Abkommen existierte. Österreich hatte während des Krimkrieges, wie unsere Patrioten zeterten, mit schnödem Undank demselben Russland gedankt, das ihm so aufopferungsvoll und selbstlos geholfen hatte, das revolutionäre Ungarn niederzuwerfen. Und selbstverständlich hatte Russland nichts dagegen, Österreich von Napoleon bestrafen zu lassen. Wenn ein solches Bündnis zwischen Frankreich und Russland wirklich existierte, wenn Russland Frankreich zu Hilfe eilen würde, dann müsste ganz Deutschland Österreich zu Hilfe eilen, aber das würde dann schon das revolutionäre Deutschland sein. Dann ergäbe sich genau die Situation, mit der Marx und Engels in der Epoche der Revolution von 1848 gerechnet hatten: ein Krieg der Revolution gegen die Reaktion, ein Krieg, in dem alle bürgerlichen Parteien, die die unteren Klassen nicht an sich binden können, der Reihe nach immer radikaleren Parteien Platz machen müssen und so den Boden für den Sieg der radikalsten, der revolutionärsten Partei bereiten würden, das heißt der Partei des Proletariats.

Das war der Standpunkt von Marx und Engels. Lassalle betrachtete diese Frage anders. Bis zu einem gewissen Grad erklärte sich dieser Unterschied durch die verschiedenen objektiven Bedingungen, die sie vorfanden. Lassalle lebte in Preußen und war außerordentlich eng mit den preußischen Bedingungen verbunden. Marx und Engels lebten in England, dem damals fortgeschrittensten Land der Welt, und beobachteten die europäischen Ereignisse vom Standpunkt der Interessen der internationalen Revolution, und nicht nur der deutschen, nicht nur der preußischen.

Lassalle kalkulierte so: der gefährlichste Gegner Deutschlands ist der innere Feind Österreich. Das ist ein gefährlicherer Feind als das liberale Frankreich oder Russland, das den Weg der liberalen Reformen betreten hat. Gerade Österreich ist die Hauptursache der Reaktion, deren unerträgliches Joch auf Deutschland lastet. Napoleon ist, obwohl Usurpator, Urheber eines Staatsstreiches, ein Vertreter des Liberalismus, des Fortschritts, der Zivilisation. Deshalb besteht in dem jetzigen Krieg unsere Aufgabe, die Aufgabe der preußischen Demokratie, darin, Österreich seinem Schicksal zu überlassen, wobei der wünschenswerteste Ausgang eine Niederlage Österreichs ist.

Wenn Ihr die entsprechenden Broschüren Lassalles lest, diese Komplimente an die Adresse Napoleons und Russlands, wenn Ihr bemerkt, wie vorsichtig er über das offizielle Preußen spricht, werdet Ihr Mühe haben, nicht in Verwirrung zu geraten. Man muss die ganze Zeit daran denken, daß Lassalle sich bemüht, als preußischer Demokrat zu reden, der den herrschenden Klassen Preußens, dass heißt dem Junkertum beweisen will, daß es nicht nötig ist, Österreich zu helfen. Obwohl er sich mit Mühe die Uniform des preußischen Demokraten übergestreift hatte, äußerte Lassalle eigene Gedanken, die sich stark von den Ideen Marx' und Engels' unterschieden. Schon damals machte sich eine Meinungsverschiedenheit zwischen ihnen bemerkbar, die später eine ausgeprägtere Form annehmen sollte. Schon damals lässt er sich – von dem Bedürfnis getragen, sofort einen spürbaren, unmittelbaren Erfolg zu erreichen, vom Wunsch getrieben, Realpolitiker zu sein und kein Doktrinär – zu Argumenten, Beweisen hinreißen, die ihm in Bezug auf die herrschende Partei die Hände binden, die ihn zwingen, die Fratze derer zu beschönigen, die er überreden will, Österreich nicht zu Hilfe zu kommen. Das Geschimpfe auf Österreich, die weiche Haltung gegenüber Preußen und Russland, das Kokettieren mit dem offiziellen Preußen - all das blieb vorläufig die Leidenschaft eines Publizisten, der nicht im Namen einer Partei schrieb. Aber dieselbe Taktik barg, wenn sie im unmittelbaren praktischen Kampf, als Parteidirektive, eingeschlagen wurde, große Gefahren in sich, wie später die Tätigkeit Lassalle's zeigen sollte.

Der Krieg zwischen Frankreich und Österreich endete anders, als die beiden Seiten vermutet hatten. Österreich brachte zu Anfang des Krieges, solange ihm nur die Italiener gegenüber standen, diesen eine schwere Niederlage bei, wie es ja die Italiener immer besiegt hatte; aber dann wurde es von den vereinigten Heeren der Italiener und Franzosen geschlagen. Sobald der Krieg ein Volkskrieg zu werden begann und die wirkliche revolutionäre Vereinigung ganz Italiens herbeizuführen drohte, folglich auch die Abschaffung des päpstlichen Gebiets, besann sich Napoleon eines anderen und beeilte sich, durch die Vermittlung Russlands, den Krieg zu beenden. Sardinien musste sich mit der Lombardei zufriedengeben, Venedig blieb in den

Händen Österreichs. Für sich selbst, als Entschädigung für das vergossene Blut der Franzosen und die finanziellen Ausgaben, nahm Napoleon die ganze Provinz Savoyen in Besitz, die Heimat der sardinischen Könige, und gliederte – wahrscheinlich, um dem berühmten italienischen Revolutionär, dem Kämpfer für die Einigung Italiens zu zeigen, dass man sich nicht von den Versprechungen jedes gekrönten Lumpen ködern lassen darf – Frankreich noch die Heimatstadt Garibaldis, Nizza, an, einschließlich dem angrenzenden Gebiet. So verteidigte der liberale Napoleon, unter dem Beifallssturm der liberalen Tölpel und der übertölpelten Revolutionäre, das Recht auf Selbstbestimmung Italiens und anderer unterdrückter Nationalitäten. Auch Lassalle musste zugeben, dass Napoleon, weit entfernt davon, besser als die Österreicher zu sein, diese noch bei weitem übertraf. Italien blieb genauso ungeeinigt, wie es gewesen war. Nur Sardinien hatte sich weiter vergrößert. Aber es trat eine unerwartete Folge ein, unbegreiflich nur für den, der glaubt, dass das Schicksal eines Volkes am grünen Tisch entschieden wird. In Italien entstand, auf dem Boden der Enttäuschung und Unzufriedenheit, die von der Politik Napoleons hervorgerufen worden waren, eine starke revolutionäre Bewegung. An ihrer Spitze stand der untadelige Revolutionär, aber überaus schlechte Politiker Garibaldi. Und schon im Jahr 1861 verwandelte sich Italien in ein Vereinigtes Königreich, nur ohne Venedig. Die weitere Einigung Italiens ging seit dieser Zeit in die Hände bürgerlicher Schacherer, abtrünniger Garibaldisten und Abenteurer, über.

Ich gehe jetzt zur Untersuchung einer interessanten Frage über, die Ihr Euch wahrscheinlich auch schon gestellt habt. Welche Position nahmen Marx und Engels in Bezug auf die Agitation Lassalles ein? Euch ist bekannt, dass Lassalle seine Agitation im Jahr 1862 begann, als innerhalb der preußischen bürgerlichen Demokraten der Kampf um die Frage entbrannte, welche Taktik im Kampf mit der Regierung einzuschlagen sei. Schon im Jahr 1858 war der alte preußische König, der sich zur Zeit der Revolution von 1848 so hervorgetan hatte, endgültig verrückt geworden. Anfangs wurde Wilhelm, der berüchtigte Kartätschenprinz, zum Regenten ernannt, und später wurde er, der durch die Erschießung von Demokraten in den Jahren 1849 und 1850 berühmt geworden war, auch König. In der ersten Zeit war er gezwungen gewesen, das liberale Lied anzustimmen, aber schon sehr bald entstand zwischen ihm und der Abgeordnetenkammer ein Konflikt über die Organisation der Armee. Die Regierung wollte die Armee vergrößern und forderte die Erhebung neuer Steuern, die liberale Bourgeoisie forderte bestimmte Garantien und ein Kontrollrecht. Anläßlich dieses Konfliktes um den Haushalt entstanden Auseinandersetzungen über die Taktik; Lassalle, der persönlich immer noch eng mit den demokratischen und fortschrittlichen Kreisen der Bourgeoisie verbunden war, bestand auf einer entschiedenen Taktik. Da jede Verfassung nur der Ausdruck des tatsächlichen Kräfteverhältnisses in der jeweiligen Gesellschaft ist, war es unabdingbar, gegen die Regierung, an deren Spitze damals mit Bismarck ein entschlossener und kluger Reaktionär stand, eine neue gesellschaftliche Kraft zu mobilisieren.

Was das für eine neue gesellschaftliche Kraft war, zeigte Lassalle in einem speziellen Vortrag, den er vor Arbeitern hielt. Die Rede Über den besonderen Zusammenhang der gegenwärtigen Geschichtsperiode mit der Idee des Arbeiterstandes ist bekannter unter dem Namen Arbeiterprogramm. Es war im wesentlichen die Darlegung der Grundideen des Kommunistischen Manifests, die in bedeutendem Maß abgeschwächt und den Bedingungen der damaligen legalen Wirklichkeit angepasst waren. Doch gleichzeitig war diese Rede seit der Niederlage der Revolution von 1848 die erste offene Verkündung der Notwendigkeit, die Arbeiterklasse in einer selbständigen, politischen Organisation zu organisieren, die sich scharf von allen, auch den demokratischsten, bürgerlichen Parteien abgrenzte.

Das Auftreten Lassalles traf sich mit der selbständigen Bewegung unter den Arbeitern, die sich besonders intensiv in Sachsen entwickelt hatte, wo in der Arbeiterschaft schon ein Kampf zwischen Demokraten und den wenigen Vertretern der alten Garde der Arbeiterbewegung des Jahres 1848 im Gang war. Unter diesen Arbeitern wurde schon die Einberufung eines alldeutschen Arbeiterkongresses diskutiert. Dafür wurde in Leipzig ein spezielles Komitee organisiert, das Lassalle aufforderte, zu den Zielen und Aufgaben der Arbeiterbewegung Stellung zu nehmen. Lassalle entwickelte sein Programm in einem Offenen Brief, der an das Leipziger Komitee adressiert war.

Lassalle kritisiert das Programm der bürgerlichen Partei der Fortschrittler und die Mittel, die sie zur Milderung des Elends der Arbeiter vorschlägt, scharf, und behauptet die Notwendigkeit der Organisation einer selbständigen Partei der Arbeiterklasse. Die zentrale politische Forderung, auf deren Verwirklichung man alle Kräfte konzentrieren muss, ist die Eroberung des allgemeinen Wahlrechts. Was das ökonomische Programm angeht, so behauptete Lassalle, indem er sich auf das von ihm so genannte eherne Lohngesetz stützte, dass man mit keinem Mittel den Arbeitslohn über ein bestimmtes Minimum hinaus erhöhen könne. Er empfahl deshalb, mit Hilfe von staatlichem Kredit Produktivgenossenschaften zu gründen.

Euch ist wahrscheinlich schon selbst klar, dass Marx einem solchen Plan nicht zustimmen konnte. Der Versuch Lassalles,

Marx auf seine Seite zu ziehen, endete mit einem Misserfolg. Es gab auch noch andere Ursachen, die sich erst einige Monate später klar bestimmen ließen, als Lassalle, der sofort einen gewaltigen praktischen Erfolg erringen wollte, sich von der Realpolitik mitreißen ließ, in seinem Kampf mit der Fortschrittspartei den Bogen überspannte und sich dazu verstieg, mit der Regierung anzubändeln.

Auf jeden Fall unterliegt es keinem Zweifel – und das anerkannte auch Marx selbst –, dass nach der langen Periode der Reaktion von 1849-1862 gerade Lassalle auf deutschem Boden wieder die Arbeiterfahne aufgepflanzt hatte, dass gerade er der erste Organisator einer deutschen Arbeiterpartei war. Das ist das unbestrittene Verdienst von Lassalle.

Die sehr intensive, wenn auch kurze (sie dauerte weniger als zwei Jahre) organisatorische und politische Arbeit Lassalles enthielt aber grundsätzliche Mängel, die Marx und Engels noch mehr abstoßen mussten als sein unzulängliches Programm.

Vor allem stach in die Augen, dass Lassalle nicht nur die Verbindung des von ihm gegründeten Allgemeinen Deutschen Arbeitervereins mit der alten kommunistischen Bewegung nicht hervorhob, sondern sie, im Gegenteil, sehr energisch bestritt. Obwohl er alle Grundideen aus dem Kommunistischen Manifest und anderen Arbeiten von Marx entlehnt hatte, vermied er hartnäckig jeden Hinweis darauf. Und erst in einem seiner letzten Werke zitiert er Marx, aber nicht den Kommunisten, nicht den Revolutionär, sondern den Ökonomen.

Lassalle erklärte das mit taktischen Erwägungen. Er wollte nicht die noch ungenügend bewussten Massen abstoßen, die man von der geistigen Bevormundung durch die Fortschrittler befreien musste, die fast immer das Märchen vom schrecklichen Gespenst des Kommunismus in Umlauf gesetzt hatten.

Lassalle war ein sehr eitler Mensch und liebte jedes Aufsehen, alle möglichen Reklametricks, die auf unentwickelte Massen so stark wirken wie sie die bewussten Arbeiter abstoßen. Er liebte es, wenn man ihn als Schöpfer der deutschen Arbeiterbewegung darstellte. Aber gerade das stieß nicht nur Marx und Engels von ihm ab, sondern auch alle Veteranen der alten revolutionären Bewegung. Es ist charakteristisch, dass von den Alten nur die ehemaligen Weitlingianer und Fraktionsgegner von Marx sich anschlossen. Es verging kein Jahr, bis die deutschen Arbeiter erkannten, dass ihre Bewegung nicht erst mit Lassalle angefangen hatte.

Nehmen wir den zweiten Punkt der Meinungsverschiedenheit – die Frage des allgemeinen Wahlrechts. Diese Forderung war schon von den Chartisten aufgestellt worden. Marx und Engels erhoben sie ebenfalls, aber sie konnten sich nicht mit der übertriebenen Bedeutung einverstanden erklären, die ihr Lassalle beimaß, mit den Argumenten, die er heranzog. Bei ihm verwandelte sich das allgemeine Wahlrecht in ein wunderwirkendes Mittel, das für sich allein genügte, unabhängig von anderen Veränderungen im staatlichen und wirtschaftlichen Leben, sofort die Macht für die Arbeiterklasse zu erlangen. Wer von Euch die Broschüren Lassalles lesen wird, der wird in ihnen die naive Versicherung finden, dass sofort nach der Erkämpfung des allgemeinen Wahlrechts die Arbeiter im Parlament beinahe 90 Prozent aller Sitze bekommen werden. Lassalle verstand nicht, dass noch einige sehr wichtige Bedingungen erfüllt sein müssen, bevor das allgemeine Wahlrecht von einer Waffe des Betrugs der Volksmassen in eine Waffe ihrer Klassenerziehung verwandelt werden kann.

Nicht weniger tief war die Meinungsverschiedenheit in der Frage der Produktivgenossenschaften. Für Marx und Engels waren sie schon damals nur ein untergeordnetes Mittel, das eine sehr begrenzte Bedeutung hatte, und auch diese mehr demonstrativ: als Beispiel dafür, dass der Unternehmer oder Kapitalist kein unbedingt notwendiger Faktor bei der Produktion ist. Aber in den Produktivgenossenschaften ein Mittel zu sehen, sich allmählich der gesellschaftlichen Produktionsmittel zu bemächtigen – das bedeutet zu vergessen, dass es notwendig ist, zuerst die politische Macht zu erobern, um, wie es im Manifest heißt, sofort danach eine Reihe von entsprechenden Maßnahmen durchzuführen.

Genauso tief waren die Meinungsverschiedenheiten von Marx und Engels mit Lassalle auch in der Gewerkschaftsfrage. Lassalle, der die Bedeutung der Produktivgenossenschaften extrem überschätzte, hielt die Organisation von Gewerkschaften für völlig überflüssig und kehrte in dieser Beziehung zu den Ansichten der alten Utopisten zurück, die schon in Marxens Elend der Philosophie einer sehr gründlichen Kritik unterzogen worden waren.

Nicht weniger tief und praktisch noch wichtiger war die Meinungsverschiedenheit über die einzuschlagende Taktik bezüglich der Bourgeoisie. Genauso wie es während des Krieges zwischen den kapitalistischen Mächten notwendig gewesen war, im Kampf mit der progressiven Bourgeoisie und Bismarck eine Taktik zu finden und auszuarbeiten, die die Sozialisten nicht zu Anhängseln einer der kriegsführenden Kräfte machte, waren hier eine besondere Selbstbeherrschung und eine außerordentliche Vorsicht vonnöten. Gerade Lassalle vergaß aber in seinem Kampf mit den preußischen Fortschrittlern, dass es noch den preußischen Feudalismus gab, das preußische Junkertum, das den Arbeitern nicht weniger feindselig gegenüber stand als die Bourgeoisie. Er bekämpfte und geißelte mit voller Berechtigung die Fortschrittler, konnte aber nicht die notwendigen Grenzen einhalten und kompromittierte seine Sache nur, indem er sich mit Komplimenten an die Adresse der Machthaber wandte. Lassalle genierte sich sogar nicht, vollkommen unzulässige Kompromisse zu schließen. Als man in einer Stadt Arbeiter einsperrte, empfahl er ihnen, sich mit einem Gnadengesuch an Bismarck zu wenden, der sie doch sicher frei lassen würde, um die Liberalen zu ärgern. Die Arbeiter weigerten sich, den Rat Lassalles zu befolgen. Wenn wir seine Reden untersuchen, besonders die aus der ersten Hälfte des Jahres 1864, werden wir nicht wenige solcher Fehlgriffe finden, ganz zu schweigen von den Unterredungen mit Bismarck, die Lassalle ohne Wissen der Arbeiterorganisation führte, wobei er riskierte, nicht nur seinem politischen Ansehen, sondern auch der Sache, der er diente, einen nicht wieder gut zu machenden Schaden zuzufügen.

So sahen die Meinungsverschiedenheiten aus, die Marx und Engels hinderten, mit der Autorität ihrer Namen die Agitation Lassalles zu unterstützen. Aber gleichzeitig muss man hervorheben, dass sie, obwohl sie Lassalle ihre Unterstützung versagten, doch nicht öffentlich gegen ihn auftraten und in der gleichen Richtung auf ihre Genossen einwirkten, die in Deutschland arbeiteten, wie zum Beispiel auf Liebknecht. Dabei geriet Lassalle, der ihre Neutralität sehr schätzte, mit jedem Tag mehr auf die schiefe Bahn. Liebknecht und andere Genossen, sowohl aus Berlin wie auch aus der Rheinprovinz, versuchten Marx zu überreden, gegen die falsche Taktik Lassalles aufzutreten. Es ist sehr wahrscheinlich, dass es zum offenen Bruch gekommen wäre, wenn Lassalle nicht am 30. August 1864 in einem Duell getötet worden wäre. Vier Wochen nach seinem

Tod, am 28. September 1864, wurde die I. Internationale gegründet, die Marx die Möglichkeit gab, zur unmittelbaren revolutionären Arbeit zurückzukehren, dieses Mal auf internationaler Ebene.

7. VORTRAG

Die Krise der Jahre 1857/58 – Das Wachstum der Arbeiterbewegung in England, Frankreich und Deutschland – Die Londoner internationale Ausstellung im Jahr 1862 – Der Bürgerkrieg in Amerika – Der Baumwollhunger – Der polnische Aufstand – Die Gründung der I. Internationale – Die Rolle von Marx – Die Inauguraladresse

Gegen Ende der 50er Jahre geraten Russland und die Vereinigten Staaten in Aufruhr. In Russland wird die Aufhebung der Leibeigenschaft aktuell, es ist die sogenannte Epoche der großen Reformen – die Epoche, in der bei uns die revolutionäre Bewegung beginnt, die gegen Anfang der 60er Jahre die Form revolutionärer Untergrundgesellschaften annimmt, von denen die hervorragendste die sogenannte Gruppe Land und Freiheit war. Auf der anderen Seite des Atlantischen Ozeans, in den Vereinigten Staaten, stand die Abschaffung der Sklaverei auf der Tagesordnung. Die daraus sich ergebende Entwicklung bewies noch nachdrücklicher als die russische, wie sehr die Welt, die sich einst auf einen Teil Europas beschränkt hatte, wirklich international geworden war.

Eine vollkommen entlegene Sache, etwas, das nur die Vereinigten Staaten berührte, die Abschaffung der Sklaverei, erwies sich als äußerst wichtig und wesentlich für Europa selbst. Sie war so wichtig, dass Marx im Vorwort zum ersten Band des Kapital sagt, dass der Krieg um die Aufhebung der Sklaverei in Amerika die Sturmglocke für die neue Arbeiterbewegung in Westeuropa läutete. Auf die allgemeinen politischen Ereignisse, die das Resultat dieser schweren ökonomischen Erschütterungen waren, habe ich schon beim letzten Mal hingewiesen. Heute möchte ich etwas näher auf die Arbeiterbewegung selbst eingehen.

Ich beginne mit dem Hauptland der Arbeiterbewegung – mit England. In England war im Jahr 1863 von der alten revolutionären chartistischen Bewegung nichts übriggeblieben. Der Chartismus war tot. Einige Historiker behaupten, er sei schon im Jahr 1848 nach der berühmten Demonstration gestorben, die mit einem Misserfolg geendet hatte. Aber in Wirklichkeit erlebte er noch einmal eine Blüteperiode in den 50er Jahren, zur Zeit des Krimkrieges. Geführt von Ernest Jones, einem hervorragenden Redner und glänzenden Publizisten, der mit Hilfe von Marx und dessen Freunden das beste sozialistische Organ dieser Zeit auf die Beine gestellt hatte, gelang es dem Chartismus, die Unzufriedenheit der Arbeitermassen während des Krimkrieges auszunutzen, die sich besonders verstärkte, als sich der Krieg ganz unerwartet in die Länge zog. Es gab Monate, in denen die Volkszeitung (People's Paper) eine der einflussreichsten Zeitungen war. Besonderes Aufsehen erregten die hervorragenden Artikel von Marx, die gegen Gladstone und mehr noch gegen Palmerston gerichtet waren. Aber das war nur ein zeitweiliger Aufschwung, schon sehr bald nach dem Ende des Krieges stellten die Chartisten die Herausgabe ihrer Zeitung ein. Die Ursache war nicht nur der von neuem entbrannte Fraktionskampf zwischen Jones und seinen Gegnern. Es gab noch schwerwiegendere Gründe.

So zum Beispiel die kolossale Prosperität der englischen Industrie, die schon Ende 1849 eingesetzt hatte. Kleine Rückschläge, die es in dieser Zeit gab, Rückschläge in einzelnen Industriezweigen, konnten der allgemeinen Prosperität der Industrie im ganzen nichts anhaben. Die riesige Masse von Arbeitslosen, die sich gegen Ende der 40er Jahre angesammelt hatte, wurde von dieser allgemeinen industriellen Hochflut völlig verschluckt. Man kann sagen, dass die englische Industrie während vieler Jahrzehnte, fast während eines ganzen Jahrhunderts, keinen so starken Arbeitskräftemangel gehabt hatte. Zweitens setzte, beginnend mit dem Jahr 1850, aber besonders von 1851 bis 1855, eine gewaltige Emigrationswelle aus England in die Vereinigten Staaten und ins ferne Australien ein; dort waren reiche Goldvorkommen entdeckt worden. Im Verlauf weniger Jahre wurden so der englischen Industrie ungefähr zwei Millionen Arbeiter entzogen, die England für immer verließen. Wie immer in solchen Fällen, gingen nicht die Kinder, nicht die Alten, sondern die gesündesten, energischsten und stärksten Leute. So verlor die Arbeiterbewegung, und damit auch die chartistische Bewegung, die Reserven, aus denen sie ihre Kräfte geschöpft hatte. Das sind die beiden Hauptgründe. Einige andere, sekundäre Faktoren kommen hinzu.

In dem Maß, wie die chartistische Organisation geschwächt wurde, wurde auch das Band geschwächt, das zwischen den verschiedenen Formen der Bewegung existierte. Schon in den 40er Jahren hatte es einen Kampf zwischen der Gewerkschafts- und der chartistischen Bewegung gegeben. Aber auch andere Formen der Arbeiterbewegung begannen sich zu verselbständigen. Noch in den 50er Jahren tritt diese Besonderheit der englischen Arbeiterbewegung in Erscheinung. Man begegnet in ihrer Geschichte häufig verschiedenen Spezialorganisationen, die sich plötzlich sehr schnell entwickeln und manchmal sogar zu einer Organisation mit vielen 100.000 Mitgliedern werden. Eine setzte sich zum Beispiel den Kampf gegen den Alkoholismus zum Ziel.

Die chartistische Organisation ging den Weg des geringsten Widerstandes. Zunächst hatte sie versucht, den Kampf gegen den Alkohol im Rahmen der Parteiorganisationen zu führen. Jetzt erklärte sie ihn zu einem besonderen Ziel, gründete spezielle Gesellschaften in ganz England und entzog auf diese Weise der allgemeinen Arbeiterbewegung einige Bataillone. Diese Bewegung nannte sich in England die Tee-totaler-Bewegung; ein Tee-totaler ist einer, der nur Tee trinkt. Dann gab es noch eine andere Bewegung, die Genossenschaftsbewegung, die von den sogenannten christlichen Sozialisten angeführt wurde. Wir sind schon in der chartistischen Bewegung Pfarrern begegnet. In einer Diskussion mit einigen von Euch habe ich auf einen bekannten Revolutionär hingewiesen, den Pfarrer Stevens. Das war einer der populärsten Redner der 40er Jahre. Er ist später stark nach rechts gerückt. Zu ihm stießen noch einige andere von diesen Elementen aus dem Umkreis von Philanthropen und Wohltätern, die zu den Arbeitern gingen, um praktisches Christentum zu predigen. Sie behaupteten, die chartistische Bewegung sei als politische Bewegung gescheitert und erklärten die Organisation von Genossenschaften für das wichtigste. Da diese Bewegung für die herrschenden Klassen nicht gefährlich war, wurde sie sogar von Mitgliedern der regierenden Partei unterstützt. Auch einige Vertreter der Intelligenz, die Mitleid für die leidende Arbeiterklasse empfanden, schlossen sich ihr an. Auf diese Weise sonderte sich jetzt auch dieser neue Zweig der Arbeiterbewegung ab, der sein besonderes Ziel verfolgte.

Ich werde nicht alle einzelnen Formen aufzählen und gehe nur auf die Gewerkschaftsbewegung ein. Diese Bewegung findet zwar bis zum Anfang der 50er Jahre nicht so günstige Entwicklungsbedingungen vor wie die Genossenschaftsbewegung oder die Bewegung des Kampfes gegen den Alkoholismus. Aber sie stößt trotzdem auf weniger Widerstand als die alte chartistische Bewegung. 1851 wird die erste dauerhafte allenglische Gewerkschaft der Maschinenbau-Arbeiter gegründet. Diese Gewerkschaft wird von zwei energischen Arbeitern geführt, denen es gelingt, den reinen Zunftgeist zu überwinden, der die englische Gewerkschaftsbewegung charakterisierte: die Gewohnheit, sich bei der Organisation von Gewerkschaften auf das Gebiet von ein oder zwei Grafschaften zu beschränken. Man darf natürlich nicht die Besonderheit der englischen Industrie vergessen. Ihr könnt aus einer Textilgewerkschaft keine allenglische Gewerkschaft in unserem Sinn des Wortes machen, aus dem einfachen Grund, weil die Masse der Textilindustrie sich in England in ungleich höherem Maß als bei uns auf einem kleinen Fleckchen Erde konzentriert. Fast die ganze Masse der englischen Textilarbeiter ist in zwei Grafschaften zusammengedrängt. Und es ist verständlich, dass eine Grafschaftsgewerkschaft dort fast das gleiche ist wie unser Allrussischer Gewerkschaftsbund. Und doch ist auch bei uns die Textilindustrie hauptsächlich im Gebiet von Moskau und Ivanovo-Voznesensk konzentriert. Das Hauptübel der englischen Gewerkschaften bestand nicht in ihrer örtlichen, sondern in ihrer zünftlerischen Beschränktheit. Jeder einzelne Beruf im Bereich einer Industrie, wie zum Beispiel der Textilindustrie, wollte sich unbedingt in einer besonderen Gewerkschaft organisieren. Deshalb war die Gewerkschaftsbewegung, obwohl sie in den 50er Jahren sich stark zu entwickeln begann, nicht in der Lage, organisierte Formen zu schaffen, die auf den Kampf mit den Unternehmern in großem Maßstab ausgerichtet waren. Solange die Textilindustrie eine Zeit der Hochkonjunktur erlebte, erreichte die große Masse der Arbeiter leicht Lohnerhöhungen. Mehr noch, die Unternehmer kamen ihnen entgegen, wobei ihre Konkurrenz untereinander dazu führte, dass sie sich gegenseitig die Arbeiter abjagten, von denen es viel zu wenig gab für die Erfordernisse der verschiedenen neuen Industriezweige. Gerade in diesen Jahren bemühen sich die Kapitalisten, Arbeiter vom Kontinent nach England zu locken – Deutsche, Franzosen, Belgier.

Unter diesen Bedingungen blieb die Gewerkschaftsbewegung, obwohl sie wuchs, auf einem niedrigen Entwicklungsniveau. Die einzelnen Gewerkschaften, die in den verschiedenen Unterabteilungen ein und desselben Industriezweiges entstanden waren, blieben nicht nur innerhalb eines Landes, sondern sogar innerhalb einer Stadt getrennt. Es existierten noch nicht einmal gemeinsame örtliche Räte.

Die Krise von 1857/1858 brachte hier große Veränderungen. Ich habe schon erwähnt, dass die organisierteste Gewerkschaft die der Maschinenbau-Arbeiter, der qualifiziertesten Arbeiter, war. Zusammen mit der Textil- gehörte die Maschinenbauindustrie zu den Industrien, die nicht nur für den inneren Markt produzieren. Seit den 50er Jahren werden die beiden privilegierte Industriezweige, die ein Monopol auf dem Weltmarkt haben: die qualifizierten Arbeiter, die in ihnen beschäftigt sind, erreichen leicht Zugeständnisse der Unternehmer, die einen riesigen Mehrwert einstreichen. So begannen sich schon damals in diesen beiden Industriezweigen die Bedingungen des Burgfriedens zwischen Unternehmern und Arbeitern herzustellen. Der Einfluss der Krise geht, trotz ihrer Heftigkeit, schnell vorüber.

Der Abstand zwischen den qualifizierten und unqualifizierten Arbeitern vergrößert sich und schwächt seinerseits die Streikbewegung in diesen Industriezweigen. Aber nicht alle Arbeiter waren so zufrieden. Die Krise wirkte sich besonders hart auf die Bauindustrie und die Bauarbeiter aus, die seit dieser Zeit in vorderster Front standen im Kampf der englischen Arbeiterklasse, wie in den 30er und 40er Jahren – in der Epoche des Chartismus – die Textilarbeiter, in den 50er Jahren die Maschinenbau-Arbeiter.

Die Entwicklung des Kapitalismus zog ein ungewöhnliches Wachstum der Stadtbevölkerung nach sich und folglich auch des Bedarfs an Wohnungen. Von daher erklärt sich das außergewöhnliche Aufblühen der Bauindustrie. Wenn England Anfang der 40er Jahre vom Eisenbahnfieber ergriffen worden war, wurde dieses Anfang der 50er Jahre vom Baufieber abgelöst. Häuser wurden zu Tausenden gebaut. Sie wurden im wahrsten Sinn des Wortes auf den Markt geworfen wie jede andere Ware. Das Baugewerbe stand seiner technischen Organisation nach noch auf der Stufe der Manufaktur, aber es war schon in die Hände der großen Kapitalisten gefallen. Der englische Bauunternehmer pachtete ein großes Stück Land und bebaute es mit Hunderten von Häusern, die er dann verpachtete oder verkaufte.

Die Entwicklung der Bauindustrie zog eine riesige Masse Arbeiter aus den Dörfern an. Ihr wisst, dass das eine ziemlich komplizierte Industrie ist, für die die verschiedensten Arbeiter erforderlich sind. Da gibt es Schreiner, Zimmerleute, Maler, Maurer, Tapezierer, mit einem Wort, alle die Arbeiter, die nicht nur beim Bau der Häuser beteiligt sind, sondern auch bei ihrer Ausstattung und Einrichtung.

Und so wirkte sich die Krise 1857/1858 besonders stark auf diese Zweige der kapitalistischen Produktion aus. Sie machte riesige Massen von Arbeitern arbeitslos, schuf eine Reservearmee von Arbeitslosen, die auf den beschäftigten Arbeitern lastete. Die Unternehmer beschlossen das auszunutzen und ihrerseits Druck auf die Arbeiter auszuüben, den Arbeitslohn herabzudrücken und die Arbeitszeit zu verlängern.

Zu ihrem großen Erstaunen antworteten die Arbeiter darauf im Jahr 1859 mit einem Massenstreik. Es war einer der größten Streiks in London. Zum noch größeren Erstaunen der Unternehmer traf der Streik der Bauarbeiter auf Unterstützung von Seiten anderer Gruppen von Arbeitern aus allen neu entstandenen Industriezweigen. Dieser Streik der Bauarbeiter im Jahre 1859 zog in Europa keine geringere Aufmerksamkeit auf sich als die großen politischen Ereignisse, die sich damals abspielten. Sogar in den Moskauer Zeitungen und Zeitschriften fand ich Korrespondentenberichte über diesen Streik, die genauer waren als die, die ich manchmal in sowjetischen Zeitungen über einige Streiks finde, die in Westeuropa vor sich gehen. Im Zusammenhang mit diesem Streik gab es eine Reihe von Veranstaltungen und Massenversammlungen. Unter den Rednern begegnen wir häufig dem Arbeiter Cremer. Auf einer Massenversammlung im Hyde-Park erklärte er, dass der Streik der Bauarbeiter der erste Zusammenstoß zwischen der Ökonomie der Arbeit und der Ökonomie des Kapitals sei. Außer ihm entwickeln auch andere Arbeiter, wie Odger, eine große Agitationstätigkeit. Ich muss sagen, dass die berühmte Unterhaltung zwischen dem Arbeiter und dem Kapitalisten im ersten Band des Kapitals – eine der glänzendsten Seiten im Kapital – streckenweise eine fast wörtliche Wiederholung der Proklamationen ist, die von den Arbeitern während des Streiks von 1859/1860 herausgegeben wurden.

Als Resultat dieses Streiks, der nach einiger Zeit mit einem Kompromiss endete, organisierte sich in London zum ersten Mal ein Gewerkschaftsrat. An der Spitze dieses Rates standen drei Hauptpersonen: Odger, Cremer und Howell. Das sind alles Arbeiter, denen Ihr im ersten Generalrat der I. Internationale begegnen werdet. Schon 1861 ist der Londoner Gewerkschaftsrat eine der einflussreichsten Organisationen. Er verwandelt sich gleichzeitig, so wie unsere ersten Räte, auch in eine politische Organisation. Er bemüht sich, auf alle die Ereignisse zu reagieren, die die Arbeiter beschäftigen. Nach seinem Vorbild bilden sich in einigen Orten Englands und Schottlands entsprechende Gewerkschaftsräte, so dass es 1862 in England schon wieder Arbeiter-Klassenorganisationen gibt. In vorderster Reihe stehen, als politische und ökonomische Zentren, die Gewerkschaftsräte.

Betrachten wir jetzt Frankreich, wo die Krise nicht weniger wild wütet. Sie hat sich nicht nur auf die Textilindustrie ausgewirkt, sondern auch alle die Produktionszweige in Mitleidenschaft gezogen, derer sich die Pariser Industrie rühmt. Ich habe Euch schon gesagt, dass der Krieg, den Napoléon 1859 anzettelte, eines der Mittel war, die Unzufriedenheit der Arbeiter abzulenken. Gegen Anfang der 60er Jahre wirkte sich diese Krise besonders auf die Pariser Industrie aus, die einen ganz besonderen Charakter hat: es ist eine Industrie des sogenannten Kunsthandwerks.

Aber Paris war ebenfalls ein gewaltiges städtisches Zentrum, das sich in den 50er Jahren stark entwickelt hatte, schnell umgestaltet worden war. Eine der großen Reformen, die Napoléon durchführte, war der Umbau einer ganzen Reihe von Pariser Vierteln, die Zerstörung der alten engen Gassen und ihre Verwandlung in breite Straßen, in denen der Bau von Barrikaden unmöglich war. Das ist die sogenannte Hausmannisierung von Paris, denn der Umbau wurde vom Stadtpräfekten Hausmann geleitet. Die Konsequenz war die gleiche wie in London: Die Zusammenballung einer riesigen Masse von Bauarbeitern. Gerade sie mit all ihren verschiedenen Unterabteilungen, von den ungelernten Arbeitern bis zu den hochqualifizierten auf der einen, und den Arbeitern, die mit der Produktion von Luxusgegenständen beschäftigt waren – den Vertretern des Kunsthandwerks – auf der anderen Seite, stellten die Hauptkader für die neue, massenhafte Arbeiterbewegung, die sich seit Anfang der 60er Jahre entwickelte. Wenn Ihr Euch näher mit der Geschichte der I. Internationale in Frankreich bekannt macht, werdet Ihr sofort bemerken, dass die Mehrheit ihrer Mitglieder, unter ihnen die hervorragendsten, aus der Mitte der qualifizierten Arbeiter der Bauindustrie und des Kunsthandwerks kamen.

Mit der Belebung der Arbeiterbewegung zu Beginn der 60er Jahre erwachen die alten sozialistischen Gruppen wieder zum

Leben. In erster Linie muss man den Proudhonismus erwähnen. Proudhon selbst war zu dieser Zeit noch am Leben. Einst hatte er im Gefängnis gesessen, war nach Belgien ausgewandert und hatte einen bestimmten Einfluss auf die Arbeiterbewegung gehabt, sowohl unmittelbar wie durch seine Anhänger. Aber der Proudhonismus, den er jetzt, am Anfang der 60er Jahre verkündete, war schon von etwas anderer Art als der, den er entwickelt hatte, als Marx mit ihm polemisierte.

Jetzt war das eine vollkommen friedliche Theorie geworden, die auf die legale Arbeiterbewegung zugeschnitten war. Die Proudhonisten setzten sich zum Ziel, die Lage der Arbeiter zu verbessern, dabei waren die Mittel, die sie vorschlugen, hauptsächlich der Situation der Handwerker angepasst. Das wichtigste war eine Kreditverbilligung oder sogar zinsloser Kredit. Dafür wurden Kreditgenossenschaften empfohlen, deren Mitglieder einander gegenseitig helfen und Dienstleistungen austauschen sollten. Von daher kommt die Bezeichnung, die Ihr sicher schon in russischen Büchern gelesen habt: Mutualisten, Leute, die sich gegenseitig helfen. Eine Gesellschaft der gegenseitigen Hilfe, ohne irgendwelche Streiks, Legalisierung der Arbeitervereine, zinsloser Kredit, Absage an den unmittelbaren politischen Kampf, Verbesserung der Lage einzig durch den ökonomischen Kampf – wobei dieser Kampf niemals als ein Kampf gedacht ist, der sich gegen die Grundlagen der kapitalistischen Ordnung richtet, so kann man das Programm der damaligen Mutualisten zusammenfassen, die gemäßigter als ihr Lehrer waren.

Neben dieser Gruppe finden wir eine noch rechtere, die angeführt wurde von den damaligen Subatow-Leuten, um einen Ausdruck zu gebrauchen, der den Moskauern gut bekannt ist.[20]

---

20 Sergej Subatow, der Chef der Moskauer Geheimpolizei, hatte 1902

Sie bemühten sich, Arbeiter mithilfe materieller Geschenke zu kaufen. Der Anführer war ein Journalist, Armand Levi, der einst eng mit der polnischen Emigration verbunden gewesen war, der Erzieher der Kinder des polnischen Dichters Mickiewicz. Er unterhielt enge Beziehungen zu Plon-Plon, wie der Spitzname des Bruders von Napoleon lautete.

Die dritte Gruppe, die zahlenmäßig die kleinste war, dafür aber aus Revolutionären bestand, war die Gruppe der Blanquisten, die damals ihre Arbeit unter den Arbeitern wie auch unter der Intelligenz, der Studentenschaft und unter den Literaten wieder aufnahm. Hier treffen wir auch Paul Lafargue und Charles Longuet. Beide wurden später Schwiegersöhne von Marx. Alle diese jungen Leute und Arbeiter standen unter dem starken Einfluss von Blanqui, der zwar selbst damals im Gefängnis saß, aber lebhafte Beziehungen mit seinen in Freiheit lebenden Genossen unterhielt und Zusammenkünfte mit den Vertretern dieser Jugend hatte. Die Blanquisten waren die unversöhnlichsten Feinde der Napoleonischen Herrschaft und leidenschaftliche Untergrundkämpfer.

So sah die Lage der Arbeiterbewegung in England und Frankreich um das Jahr 1862 aus, als einige Ereignisse sich abspielten, die eine engere Annäherung zwischen den französischen und englischen Arbeitern herbeiführten. Der äußere Anlass war die Organisation der Weltausstellung in London. Dieser internationale Bazar war das Produkt des neuen Stadiums der

---

eine »Gesellschaft gegenseitiger Hilfe für Industriearbeiter« geschaffen, eine Gewerkschaft sozusagen, der nur Proletarier, als Ehrenmitglieder aber auch Fabrikinspektoren, Polizeibeamte und Geistliche angehören durften. Sie versicherten, dass die Regierung des Zaren für die Arbeiter alles tun werde, wenn diese nur aufhören wollten, sich von den »Intellektuellen aufwiegeln zu lassen«. (Vgl. V. Gitermann, Geschichte Russlands in 3 Bänden, Bd. 3, Frankfurt/M 1965, S. 382 f.)

kapitalistischen Produktion, der großen Industrie, die die einzelnen Länder in Teile des Weltmarkts verwandelt hatte. Die erste Ausstellung war nach der Februarrevolution im Jahr 1851 in London organisiert worden, die zweite in Paris 1855, die dritte wieder in London.

In Verbindung mit dieser Ausstellung begann in Paris die Agitation unter den Arbeitern. Die Gruppe der französischen Subatow-Leute wandte sich, indem sie die Verbindungen von Armand Levi ausnutzte, an den Vorsitzenden der Kommission, die die französische Abteilung auf der Londoner Ausstellung organisieren musste. Dieser Vorsitzende war eben der uns bekannte Plon-Plon. Er organisierte eine Unterstützung für die Abreise einer Arbeiterdelegation zur Londoner Ausstellung.

Daraufhin entbrannten Auseinandersetzungen in allen Pariser Werkstätten. Die Blanquisten sprachen sich natürlich aufs schärfste gegen ein solches Almosen der Regierung aus. Eine Gruppe, in der die Mutualisten vorherrschten, vertrat eine andere Ansicht. Sie schlug eine menschewistische Taktik ein und sagte: Man muss die legale Möglichkeit ausnützen. Das Geld wird allgemein für die Abreise von Arbeitern zur Verfügung gestellt. Versuchen wir also zu erreichen, dass die Delegation nicht von oben ernannt, sondern in den Werkstätten gewählt wird. Wir werden diese Wahlen zur Agitation benutzen und uns bemühen, unsere Kandidaten durchzubringen.

Der Standpunkt dieser Gruppe, die von den beiden Arbeitern Tolain und Perrachon geführt wurde, setzte sich durch. Es wurden Wahlen in den Werkstätten beschlossen und fast alle Mitglieder der Gruppe kamen durch. Die Blanquisten boykottierten die Wahl und die Subatow-Leute fielen ausnahmslos durch. So wurde die Arbeiterdelegation aus Paris organisiert.

Es ist charakteristisch, dass auch aus Deutschland damals eine Delegation nach London geschickt wurde, die mit derjenigen Gruppe von Arbeitern verbunden war, die die Organisation des Arbeiterkongresses übernommen und sich an Lassalle gewandt hatte.

Auf diese Weise schuf die Weltausstellung in London die Möglichkeit einer Begegnung der französischen, englischen und deutschen Arbeiter. Und sie begegneten sich tatsächlich. Einige Historiker der Internationale führen deren Anfänge auf diese Versammlung zurück. Ich habe Euch schon das Buch des Genossen Steklow über die Geschichte der Internationale empfohlen. Sehen wir, was er über dieses Treffen schreibt:

> „Als Anlass sowohl zur Annäherung wie zur Vereinbarung zwischen den englischen und den kontinentalen Arbeitern diente die Weltausstellung im Jahr 1862 in London ... Am 5. August 1862 fand ein feierlicher Empfang der siebzig Delegierten der französischen Arbeiter durch ihre englischen Genossen statt; dabei wurde von der Notwendigkeit gesprochen, eine internationale Verbindung zwischen den Arbeitern herzustellen, die als Menschen, Bürger und Werktätige dieselben Interessen und Bestrebungen hatten."

Leider ist das nur eine Legende. Tatsächlich hatte diese Versammlung, wie ich schon vor langem dargetan habe, einen vollkommen anderen Charakter. Sie ging unter Beteiligung und Ermunterung von Vertretern der Bourgeoisie und der herrschenden Klassen vor sich. Und die Reden, die auf ihr gehalten wurden, krümmten keinem Unternehmer ein Haar und beunruhigten keinen einzigen Polizisten, da von Seiten der englischen Kapitalisten gerade die teilnahmen, die während des Streiks der Bauarbeiter die Scharfmacher gewesen waren. Es genügt, wenn man sagt, dass die englischen Gewerkschaftler

demonstrativ überhaupt nicht an dieser Versammlung teilnahmen. Man kann sie deshalb in gar keiner Weise als Ausgangspunkt der Internationale betrachten.

Nur eines ist richtig: wenn schon die Arbeiter aus Frankreich
und Deutschland gekommen waren, mussten sie sich mit fran-
zösischen und deutschen Arbeitern treffen, die nach 1848 emi-
griert waren. Und der Ort, wo sich die Arbeiter verschiedener
Nationalitäten in den 50er und 60er Jahren trafen, war der
Euch schon bekannte Arbeiterbildungsverein, der 1840 von
Schapper und seinen Genossen gegründet worden war. Die
Kantine und die Teestube dieses Vereins lagen gerade in dem
Viertel, wo damals und später die Ausländer sich niederließen.
Er war ein Zentrum auch noch in späteren Jahren, bis zum imperialistischen Krieg [1. Weltkrieg]. Ich habe mich persönlich
davon überzeugt, als ich nach London fuhr, um in den Jahren
1909 und 1910 im britischen Museum zu arbeiten. Es gab kei-
nen anderen Ort, wo man so viele andere ausländische Arbeiter treffen konnte. Die englische Regierung beeilte sich diesen
Klub unmittelbar nach der Kriegserklärung zu schließen.

So trafen sich zweifellos einige Mitglieder der französischen
Delegation mit alten französischen Emigranten, wie auch die
deutschen Arbeiter aus Leipzig und Berlin ihre alten Genossen
wiedertrafen. Aber das waren selbstverständlich nur zufällige
Verbindungen, die allein von sich aus genauso wenig zur Bil-
dung der Internationale führen konnten wie die Versammlung
vom 5. August, der der Genosse Steklow, im Gefolge anderer
Historiker, eine so große Bedeutung zumisst.

Zwei sehr wichtige Ereignisse kamen zu Hilfe. Das erste war
der Bürgerkrieg in den Vereinigten Staaten. Ich habe Euch
schon erzählt, dass die Abschaffung der Sklaverei auf der Ta-

gesordnung stand. Die Auseinandersetzung darüber spitzte sich sehr zu und führte zu einem so starken Konflikt zwischen den Süd- und den Nordstaaten, dass die ersteren beschlossen, sich loszutrennen und eine selbständige Republik zu bilden, um die Sklaverei aufrecht zu erhalten. Das Ergebnis war ein Krieg, der unerwartete und unangenehme Folgen für die ganze kapitalistische Welt nach sich zog. Die Südstaaten waren damals fast der Monopolproduzent von Baumwolle für die ganze Welt. Die ägyptische Baumwolle spielte damals noch keine Rolle, und ostindische und turkestanische Baumwolle gab es überhaupt noch nicht. Auf diese Weise war Europa plötzlich ohne Baumwolle. Gerade zu dem Zeitpunkt, wo die ganze Industrie sich nach der Krise von 1857/1858 allgemein vollkommen erholt hatte, brach in einem so wichtigen Zweig der Textilindustrie wie der Baumwollindustrie eine furchtbare Krise aus, unter der nicht nur die englische, sondern auch die französische, die deutsche und sogar unsere junge Baumwollindustrie litt. Der Baumwollmangel oder Baumwollhunger, wie man ihn gewöhnlich nennt, führte zu einer starken Verteuerung auch aller anderen Sorten von Rohstoffen in der Textilindustrie. Die großen Kapitalisten litten natürlich am wenigsten von allen, aber die kleinen und mittleren Kapitalisten beeilten sich, ihre Fabriken zu schließen. Zehntausende, ja Hunderttausende von Arbeitern in Europa waren vom Hungertod bedroht.

Die Regierung begnügte sich mit armseligen Almosen. Die englischen Arbeiter, die erst kürzlich beim Streik der Bauarbeiter ein Beispiel der Solidarität gegeben hatten, machten sich auch jetzt an die Organisation von Hilfe. Die Initiative ging vom Londoner Gewerkschaftsrat aus. Ein spezielles Komitee wurde organisiert, unter dessen Mitgliedern wir uns schon bekannte Namen treffen. Auch in Frankreich wurde ein spezielles Komitee mit dem gleichen Ziel organisiert. An seiner Spitze standen Vertreter der Gruppe, die die Wahlen der Arbeiter-delegation für die Londoner Ausstellung durchgeführt hatte.

Zwischen beiden Komitees wurden Beziehungen angeknüpft. So erhielten die englischen und französischen Arbeiter einen neuen Beweis dafür, ein wie enges Band zwischen den Interessen der Arbeiter verschiedener Länder besteht. Auf diese Weise war also der Bürgerkrieg in den Vereinigten Staaten die Ursache einer äußerst heftigen Erschütterung des ganzen ökonomischen Lebens Europas und traf mit der gleichen Wucht die englischen, französischen, deutschen und sogar die russischen Arbeiter in den Gouvernements von Moskau und Wladimir. Deshalb schreibt Marx im Vorwort zum ersten Band des Kapitals, dass der amerikanische Bürgerkrieg im neunzehnten Jahrhundert in Bezug auf die Arbeiterklasse die gleiche Rolle der Sturmglocke spielte wie im achtzehnten Jahrhundert der amerikanische Unabhängigkeitskrieg gegen England in Bezug auf die französische Bourgeoisie und die große Französische Revolution.

Ein zweites Ereignis interessierte in gleicher Weise die Arbeiter verschiedener Länder. In Russland war gerade erst die Leibeigenschaft abgeschafft. Man musste auch in anderen Zweigen des staatlichen und wirtschaftlichen Lebens einige Reformen durchführen. Gleichzeitig verstärkte sich die revolutionäre Bewegung, die radikalere Forderungen aufgestellt hatte. Auch die angrenzenden Gebiete kamen in Bewegung, darunter Polen. Die zaristische Regierung ergriff die Gelegenheit, um mit einem Schlag nicht nur mit der äußeren, sondern auch mit der inneren Rebellion fertig zu werden. Sie provozierte einen Aufstand in Polen und entfachte gleichzeitig, mithilfe von Katkow und anderen käuflichen Schreiberlingen, einen großrussischen Hurrapatriotismus. Zur Unterdrückung des polnischen Aufstands wurden der berüchtigte Henker Murawjow und ähnliche Bestien abkommandiert.

In Westeuropa, wo der russische Zarismus allgemein verhasst ist, erwecken die aufständischen Polen, wie im Jahr 1831, die lebhafteste Solidarität. Die Regierungen garantieren denen, die sich für die polnischen Aufständischen einsetzen, volle Handlungsfreiheit, um ein gewisses Ventil für die angestaute Unzufriedenheit der Arbeiter zu schaffen. Es werden einige Veranstaltungen organisiert und in Frankreich bildet sich ein Komitee, an dessen Spitze wir die uns schon bekannten Tolain und Perrachon treffen. In England führen Cremer und Odger die Bewegung der Solidarität mit Polen von seiten der Arbeiter an, und von seiten der radikalen Intelligenz Professor Beesley.

Schon im April 1863 berufen sie eine riesige Massenversammlung in London ein, wo Cremer sich in einer Rede voll hinter die Polen stellt. Den Vorsitz führt Professor Beesley. Die Versammlung nimmt eine Resolution an, in der beschlossen wird, gemeinsam mit den französischen Arbeitern Druck auf die jeweiligen Regierungen auszuüben, mit dem Ziel, eine Intervention zugunsten der Polen herbeizuführen. Es wird beschlossen, eine internationale Versammlung zu organisieren. Sie findet am 22. Juli 1863 in London statt. Wieder führt Beesley den Vorsitz.

Im Namen der englischen Arbeiter sprachen Odger und Cremer, im Namen der französischen Tolain. Sie alle bewiesen die Notwendigkeit der Errichtung eines unabhängigen Polen. Über irgendwelche anderen Dinge fiel kein Wort. Aber am nächsten Tag fand eine neue Versammlung statt, über die die Historiker der Internationale gewöhnlich nichts sagen. Sie wurde auf Initiative des Londoner Gewerkschaftsrates organisiert, dieses Mal ohne Teilnahme von bürgerlichen Elementen. Odger wies die Notwendigkeit einer engeren Verbindung zwischen englischen und den kontinentalen Arbeitern nach. Die Frage wurde praktisch gestellt. Ich habe Euch schon gesagt, dass die englischen Arbeiter mit einer großen Konkurrenz sowohl der französischen und belgischen als auch insbesondere der deutschen Arbeiter rechnen mussten. Zu Anfang der 60er Jahre wurde das Bäckergewerbe, in dem schließlich die großen Unternehmen die Oberhand gewannen, in bedeutendem Maße von deutschen Arbeitern beliefert. In der Bau-, Möbel- und Kunstindustrie arbeitete eine Vielzahl von Franzosen. Deshalb schätzten die englischen Gewerkschafter besonders jede Gelegenheit, auf die nach England zugereisten Arbeiter Einfluss zu nehmen, und das war leichter zu erreichen mithilfe einer Organisation, die die Arbeiter verschiedener Nationalitäten vereinigte.

Es wurde beschlossen, dass die englischen Arbeiter den französischen Arbeitern eine entsprechende Grußbotschaft schicken sollten. Es vergingen fast drei Monate, bevor der Entwurf dieser Botschaft den Londoner Gewerkschaftern zur Zustimmung vorgelegt wurde. Er war hauptsächlich von Odger verfasst, der dabei sicher seines Handwerkskollegen Thomas Hardy gedachte, der Ende des 18. Jahrhunderts den französischen Revolutionären eine ebensolche Solidaritätsadresse geschickt hatte.

Zu dieser Zeit war der polnische Aufstand schon mit unerhörter Grausamkeit von den zaristischen Henkern niedergeworfen worden. Die Grußbotschaft erinnert fast nicht mehr an ihn. Um Euch eine Vorstellung von ihrem Charakter zu vermitteln, lese ich Euch einen kleinen Auszug vor.

> „Die Brüderlichkeit der Völker ist im Interesse der Arbeiter dringend notwendig. Denn jedes Mal, wenn wir versuchen, unsere Lage

durch die Verkürzung des Arbeitstages oder die Erhöhung des Arbeitslohnes zu verbessern, drohen die Kapitalisten uns mit Heranschaffung von französischen, belgischen, deutschen Arbeitern, die unsere Arbeit für geringeren Lohn verrichten können. Leider wird diese Drohung oft wahrgemacht. Daran ist natürlich nicht der böse Wille unserer kontinentalen Kollegen schuld, sondern ausschließlich das Fehlen richtiger Verbindungen zwischen den Lohnarbeitern verschiedener Länder. Man muss jedoch hoffen, dass dieser Zustand bald beendet wird, da unsere Bestrebung, die niedrig bezahlten Arbeiter mit den höher bezahlten gleich zu stellen, die Unternehmer hindern wird, ihrem Krämergeist entsprechend die einen von uns gegen die anderen auszuspielen, um unseren Lebensstandard so stark wie möglich herabzusetzen."

Die Grußbotschaft wurde von Professor Beesley ins Französische übersetzt und erst im November 1863 nach Paris geschickt. In Paris diente sie als Agitationsmaterial in den Werkstätten. Aber die Antwort der französischen Arbeiter verzögerte sich stark. In Paris bereitete man sich nämlich auf die im März 1864 bevorstehenden Nachwahlen zur verfassungsgebenden Versammlung (wie man damals das Parlament nannte) vor. Eine Gruppe von Arbeitern, an deren Spitze wir wiederum Tolain und Perrachon finden, warf dabei die äußerst wichtige Frage auf: Sollen die Arbeiter ihren eigenen Kandidaten aufstellen oder sich mit der Unterstützung der radikalen Kandidaten begnügen? Mit anderen Worten: Muss man sich von der bürgerlichen Opposition abgrenzen und mit einer besonderen Plattform auftreten oder den bürgerlichen Parteien nachtraben? Diese Frage wurde Ende 1863 und Anfang 1864 heftig diskutiert. Es wurde beschlossen, selbständig aufzutreten und Tolain als Kandidaten aufzustellen. Im Zusammenhang damit wurde auch der Beschluss angenommen, diesen Bruch mit der bürgerlichen Demokratie in einer besonderen

Plattform zu begründen, die nach der Zahl der Unterschriften den Namen „Manifest der Sechzig" erhielt.

In seinem theoretischen Teil, der Kritik, der es die bürgerliche Ordnung unterzieht, steht dieses Manifest vollständig auf dem Standpunkt Proudhons. Aber gleichzeitig geht es jäh vom politischen Programm des Lehrers ab, behauptet die Notwendigkeit einer besonderen politischen Organisation für die Arbeiter und fordert die Aufstellung von Kandidaten der Arbeiterklasse, um im Parlament die Interessen der Arbeiter zu behaupten.

Proudhon begrüßte das „Manifest der Sechzig" leidenschaftlich und schrieb aus diesem Anlass ein Buch, das eine seiner besten Arbeiten darstellt. Er arbeitete an ihm während der letzten Monate seines Lebens und erlebte sein Erscheinen nicht mehr; Dieses Büchlein trägt den Titel: „Über die politische Fähigkeit der Arbeiterklasse". Proudhon anerkennt zum ersten Mal das Recht auf eine eigenständige Klassenorganisation für die Arbeiterklasse. Obwohl er sowohl in der Frage des Streiks als auch in der Frage der Assoziationen für gegenseitige Hilfe auf seinem alten Standpunkt beharrt, erinnert dieses Buch am meisten von allen an sein erstes Werk, Über das Eigentum, sowohl in Bezug auf den Geist des Protestes gegen die bürgerliche Gesellschaft als auch in Bezug auf seinen proletarischen Einschlag. Diese Verteidigung der Arbeiterklasse wurde eines der beliebtesten Bücher der französischen Arbeiter. Wenn man vom Einfluss des Proudhonismus in der Epoche der I. Internationale spricht, so darf man nicht vergessen, dass es der Einfluss der Form des Proudhonismus war, die sich nach der Veröffentlichung des Manifest der Sechzig herausgebildet hatte. In eben dieser Form übte der Proudhonismus einen großen Einfluss auch auf die Ansichten der revolutionären Intelligenz in Russland aus.

Es verging fast ein Jahr, bis die Pariser Arbeiter das Antwortschreiben verfassten. Es wurde eine spezielle Delegation gewählt, um es nach London zu überbringen. Zum Empfang dieser Delegation wurde am 28. September 1864 eine Versammlung im Saal des Heiligen Martin organisiert, einem damals sehr bekannten Gebäude im Zentrum der Stadt. Den Vorsitz führte Beesley. Der Saal war überfüllt. Eingangs trug Odger eine Grußbotschaft der englischen Arbeiter vor. Die Antwortbotschaft wurde von Tolain verlesen. Hier ist ein kleiner Auszug:

> „Der industrielle Fortschritt, die Teilung der Arbeit, der Freihandel – das sind die drei Faktoren, die unsere Aufmerksamkeit fesseln müssen, denn sie versprechen eine grundlegende Veränderung der Gesellschaft. Die Kapitalisten haben sich unter dem Druck der Umstände, den Erfordernissen der Zeit folgend, zu mächtigen Finanz- und Industrieverbänden zusammengeschlossen. Wenn wir keine Verteidigungsmaßnahmen ergreifen, werden wir erbarmungslos unterworfen werden. Wir, die Arbeiter aller Länder, müssen uns vereinigen und einer Ordnung ein unwiderrufliches Ende setzen, die droht, die Menschheit in eine Masse von hungernden, auf tierische Existenz heruntergebrachten Menschen auf der einen und eine Clique von Geldsäcken und überfressenen Stumpflingen auf der anderen zu spalten. Wir werden einander solidarisch bei der Erreichung unseres Zieles unterstützen."

Die französischen Arbeiter hatten sogar den Entwurf einer solchen Organisation mitgebracht: In London wird eine zentrale Kommission aus Vertretern aller Länder eingerichtet und in allen Hauptstädten Europas werden Unterkommissionen geschaffen, die in Verbindung mit dieser zentralen Kommission stehen, die ihnen diese oder jene Fragen zu erörtern gibt. Das Zentrum sammelt die Resultate dieser Diskussion. Zur endgültigen Festlegung der Organisationsform muss ein internationaler Kongress in Belgien einberufen werden.

Ihr werdet mich fragen, Genossen: Und wo ist Marx, welchen Anteil hatte er an all dem? Überhaupt keinen. Ich habe Euch absichtlich so genau erzählt, wie der 28. September 1864 vorbereitet wurde, der Tag, von dem an wir die Geschichte der I. Internationale datieren, damit Ihr wisst, dass es vom ersten Schritt bis zum letzten, der auf dieser Versammlung getan wurde, das Werk der Arbeiter selbst war. Ich konnte bis jetzt kein einziges Mal den Namen Marx erwähnen. Und dennoch saß er an diesem denkwürdigen Tag, als geladener Gast, auf der Tribüne. Wie kam er aber in diese Versammlung? Die Antwort darauf gibt uns eine kleine schriftliche Mitteilung, die ich zufällig unter verschiedenen Papieren von Marx fand.

> „An Herrn Marx. Geehrter Herr! Das Komitee zur Organisation der Versammlung bittet Sie ehrerbietig, uns Ihre Anwesenheit nicht zu versagen. Das Vorzeigen dieses Schreibens verschafft Ihnen Zutritt zu dem Raum, wo sich um 19 Uhr 30 das Komitee versammeln wird. Ihr ergebener Cremer."

Als ich diesen Brief fand, stellte ich mir die Frage: Was bewegte Cremer, gerade Marx einzuladen? Warum erhielten diese Einladung nicht viele andere Emigranten, die damals London füllten, und die den Franzosen oder Engländern näher standen? Warum wurde er in das Komitee der künftigen Internationalen Gesellschaft gewählt?

Diesbezüglich kann man nur Vermutungen anstellen. Am wahrscheinlichsten ist folgendes. Ich habe Euch schon auf die Rolle hingewiesen, die der deutsche Arbeiterverein spielte als zentraler Ort, wo sich in London die Arbeiter der verschiedenen Nationalitäten trafen. Er wurde noch mehr zu einem solchen Zentrum, als die Engländer selbst zur Einsicht kamen, dass man sich unbedingt mit den deutschen Arbeitern zusammenschließen müsse, um die schädlichen Folgen abzumildern, die durch die Konkurrenz der Arbeiter untereinander entstanden, die die Unternehmer durch verschiedene Agenten nach London lockten. Von daher ergaben sich enge persönliche Beziehungen mit den Mitgliedern des ehemaligen Bundes der Kommunisten, Eccarius, Lessner und Pfänder. Die beiden ersteren waren im Schneidergewerbe beschäftigt, der dritte arbeitete als Anstreicher und Maler in der Bauindustrie. Sie nahmen alle aktiv an der Londoner Gewerkschaftsbewegung teil und waren gut mit den Organisatoren und Führern des Londoner Gewerkschaftsrates bekannt. Ihr werdet schon unschwer erraten können, dass auf diesem Weg Odger und Cremer auch den Doktor Marx kennenlernten, der gerade zu dieser Zeit seine Beziehungen zu dem deutschen Arbeiterverein erneuert hatte.

Die wirkliche Rolle von Marx, der, wie Ihr seht, nicht der Gründer der I. Internationale war, aber sehr bald ihr geistiges Haupt wurde, beginnt erst nach ihrer Gründung. Ihr habt gesehen, dass das auf der Versammlung vom 28. September gewählte Komitee im Grunde überhaupt keine Weisungen erhielt. Es gab weder ein Programm noch eine Satzung, nicht einmal einen Namen. In London existierte damals schon eine internationale Gesellschaft, die Allgemeine Liga, die dem Komitee ihre Gastfreundschaft anbot. Und wenn Ihr das Protokoll seiner ersten Versammlung lest, werdet Ihr dort auch die Vertreter dieser Liga finden, sehr wohlmeinende Bourgeois. Die Vertreter der Liga schlugen dem neuen Komitee vor, überhaupt keine neue Gesellschaft zu gründen, andere sprachen von der Organisation einer neuen internationalen Gesellschaft, der nicht nur Arbeiter beitreten können sollten, sondern alle, denen eine internationale Vereinigung wichtig war, denen die Verbesserung der ökonomischen und politischen Lage der arbeitenden Massen am Herzen lag. Und nur dank dem Drängen zweier Arbeiter, Eccarius und Whitlock, einem ehemaligen Chartisten, wurde beschlossen, der neuen Gesellschaft den Namen Internationale Arbeiter-Assoziation zu geben. Dieser Antrag wurde von den Engländern unterstützt, unter denen einige Chartisten waren – Mitglieder der alten Arbeitergesellschaft, der Wiege der chartistischen Partei.

Der neue Name bezeichnete von vornherein den bestimmten Charakter der neuen internationalen Assoziation. Er stieß sofort diejenigen braven Bourgeois ab, die in der Allgemeinen Liga saßen. Das Komitee wurde aufgefordert, sich eine andere Unterkunft zu suchen. Zum Glück gelang es Mitgliedern des Komitees, ein kleines Zimmer in der Nähe des deutschen Arbeitervereins in dem Viertel zu finden, wo die Emigranten und ausländischen Arbeiter lebten.

Sobald man die Gesellschaft getauft hatte, begab man sich an die Erstellung des Programms und der Statuten. Um eine Resolution durchzusetzen, muss man sich eine Mehrheit sichern. Das weiß jedes Mitglied eines beliebigen Bezirkskomitees sehr gut. Die Mitglieder des Komitees der Internationale wussten es nicht weniger gut. Und natürlich vergaßen sie schon auf dem Weg zur Versammlung nicht, sich Freunde zu gewinnen. Das Übel bestand nur darin, dass das Komitee aus den verschiedensten Elementen bestand. Da waren in erster Linie die Engländer, die selbst in verschiedene Gruppen zerfielen. Unter ihnen gab es Gewerkschafter, alte Chartisten, es gab sogar alte Owenisten, Anhänger des großen Utopisten Owen. Da waren die Franzosen, die sich sehr schlecht in ökonomischen Fragen auskannten, aber als Revolutionsspezialisten galten. Es gab die

Italiener, die damals sehr einflussreich waren, weil sie von dem bei den Engländern sehr populären alten Revolutionär Mazzini geführt wurden, der ein glühender Republikaner und zugleich ein religiöser Mensch war. Es gab auch polnische Emigranten, denen die polnische Frage am wichtigsten war.

Zuguterletzt waren da auch einige Deutsche, die aber alle ehemalige Mitglieder des Bundes der Kommunisten waren – Eccarius, Lessner, Lochner, Pfänder und schließlich Marx.

Es wurden verschiedene Entwürfe vorgelegt. Außer dem uns schon bekannten französischen noch ein italienischer, der nach dem gleichen Muster aufgebaut war. In der Unterkommission, der Marx angehörte, vertrat dieser seine Thesen, und schließlich wurde ihm vorgeschlagen, seinen Entwurf dem Plenum des Komitees vorzulegen. Auf der vierten Sitzung – denkt daran, dass sich das am 1. November 1864 abspielte – wurde der Entwurf von Marx, mit unbedeutenden redaktionellen Änderungen, von der überwältigenden Mehrheit angenommen.

Wie kam das zustande? Ich muss Euch von vornherein sagen, auch wenn ich riskiere, Marx in Euren Augen zu kompromittieren, dass die Sache nicht ohne Kompromisse zustande kam. Der Kompromiss bestand darin, wie Marx selbst in seinem Brief an Engels schrieb, dass er

> „verpflichtet wurde, in Statut und Programm einige solche Wörtchen wie Wahrheit, Sittlichkeit, und Gerechtigkeit aufzunehmen, aber er brachte sie so unter, dass sie einen Schaden nicht tun können."[21]

---

21 MEW, Bd. 31, S. 15. In diesem Zusammenhang ist fast der ganze Brief an Engels vom 4. November 1864 sehr interessant. Vgl. MEW, Bd. 31, S. 10 ff.

Aber nicht darin liegt das Geheimnis des Erfolgs von Marx, das Geheimnis, wie es ihm gelang, in einer so verschiedenartig zusammengesetzten Versammlung die fast einstimmige Annahme seiner Thesen zu erreichen.

Das Geheimnis ist in der ungewöhnlichen Meisterschaft zu suchen – und das hat sogar ein solcher Gegner von Marx wie Bakunin anerkannt –, mit der das Gründungsmanifest der Internationale verfasst ist. Wie Marx in demselben Brief an Engels eingesteht, war es höchst schwierig, das Wesen der Sache so darzulegen, dass unsere, dass heißt die kommunistische, Ansicht in einer Form erschien, die sie für die damalige Entwicklungsstufe der Arbeiterbewegung akzeptabel machte. Es war möglich, die kühne und revolutionäre Sprache des Kommunistischen Manifests zu sprechen. Man musste sich bemühen, in der Sache hart, doch in der Form gemäßigt zu sein. Und tatsächlich wurde Marx aufs glänzendste mit dieser Aufgabe fertig.

Die Inauguraladresse, das Gründungsmanifest, wurde 17 Jahre nach dem Kommunistischen Manifest geschrieben. Der Autor der beiden Dokumente war ein und derselbe, aber stark unterschieden sich nicht nur die Epochen, in denen sie geschrieben wurden, sondern auch die Organisationen, für die und in deren Namen sie geschrieben wurden. Das Kommunistische Manifest wurde verfasst im Auftrag einer kleinen Gruppe von Revolutionären und Kommunisten für eine sehr junge Arbeiterbewegung. Auch damals schon hatten die Kommunisten hervorgehoben, dass sie überhaupt keine besonderen Prinzipien aufstellen, die sie der Arbeiterbewegung aufzwingen wollen, dass sie sich nur bemühen, in dieser Bewegung die gemeinsamen Interessen des Proletariats aller Länder zu betonen, unabhängig von der Nationalität.

Im Jahr 1864 war die Arbeiterbewegung stark angewachsen, massenhafter geworden, blieb aber in Bezug auf die Entwicklungsstufe des Klassenbewusstseins stark hinter der kleinen revolutionären Avantgarde von 1848 zurück. Auch der neue Generalstab, in dessen Namen Marx jetzt schrieb, war ziemlich zurückgeblieben. Es war notwendig, ein neues Manifest zu verfassen, das dem damaligen Entwicklungsniveau der Arbeiterbewegung und ihrer Führer Rechnung trug, aber gleichzeitig auf keine einzige der prinzipiellen Thesen verzichtete, die im Kommunistischen Manifest aufgestellt worden waren.

Marx hat in seinem neuen Manifest ein klassisches Vorbild der Anwendung der Taktik der Einheitsfront gegeben. Er formulierte in ihm die Forderungen und hob alle die Punkte hervor, in denen sich die Arbeitermassen vereinigen mussten, auf deren Grundlage sich die Klassenbewegung der Arbeiter weiter entwickeln konnte. Aus den von Marx formulierten unmittelbaren Klassenforderungen des Proletariats ergaben sich logisch auch die weiteren Forderungen des Kommunistischen Manifests.

In all diesen Beziehungen hatte Marx natürlich einen kolossalen Vorteil sowohl Mazzini wie den französischen Revolutionären wie den englischen Sozialisten gegenüber, die im Komitee der Internationale saßen. Er hatte, ohne seine Grundprinzipien zu ändern, während der vergangenen siebzehn Jahre eine ungeheure Arbeit geleistet. Er hatte zu dieser Zeit schon die erste Skizze seiner gigantischen Arbeit beendet und war mit der endgültigen Bearbeitung des ersten Bandes des Kapitals beschäftigt. Marx war damals der einzige Mensch auf der Welt, der die Lage der Arbeiterklasse so gründlich studiert hatte, der den ganzen Mechanismus der kapitalistischen Gesellschaft so tief erfasst hatte. In ganz England gab es keinen einzigen Menschen, der sich die Mühe gegeben hätte, so genau alle Berichte der englischen Fabrikinspektoren und die Arbeiten der Parlamentskommissionen, die die Situation der verschiedenen Industriezweige und der verschiedenen Gruppen des städtischen und ländlichen Proletariats untersucht hatten, zu studieren. Marx kannte diese Dinge ungleich besser als die Arbeitermitglieder des Komitees. Wenn dort Bäcker saßen, die sehr gut den Stand der Dinge in ihrem Handwerk kannten, wenn dort Schuster saßen, die am besten wussten, wo sie der Schuh drückte, wenn dort Zimmerleute und Maler saßen, die die Lage der Bauarbeiter hervorragend kannten, so war es einzig Marx, der die Lage der verschiedensten Gruppen der Arbeiterklasse haargenau kannte und sie in Verbindung mit den allgemeinen Gesetzen der kapitalistischen Produktion bringen konnte.

Die große Kunst des Agitators zeigt sich schon allein im Aufbau des Manifests. Wie Marx im Kommunistischen Manifest von dem Grundfaktor aller historischen Entwicklung, aller politischen Bewegung ausgeht - vom Klassenkampf - so beginnt er im neuen Manifest auch nicht mit allgemeinen Phrasen, nicht mit erhabenen Gegenständen, sondern mit Tatsachen, die die Lage der Arbeiterklasse charakterisieren.

> „Es ist Tatsache, dass das Elend der arbeitenden Massen nicht abgenommen hat während der Periode 1848-1864, und dennoch steht diese Periode mit ihrem Fortschritt von Industrie und Handel beispiellos da in der Geschichte."[22]

Marx zeigt dann, indem er auf die Rede von Gladstone im Unterhaus hinweist, dass trotz der Verdreifachung des Handels von Großbritannien seit 1843 das menschliche Leben in neun

---

22 MEW, Bd. 16, S. 5.

von zehn Fällen nur ein ständiger Kampf ums Überleben ist. Sogar Verbrecher und Verbannte sind besser genährt als viele Gruppen von Arbeitern.

Indem er sich dabei immer auf die Untersuchungen der Parlamentskommissionen stützt, zeichnet Marx ein Bild von Unterernährung, Verfall, Kränklichkeit riesiger Massen der Arbeiterklasse. Und gleichzeitig, so zeigt er, wächst damit der Reichtum der besitzenden Klassen unglaublich an.

Marx zieht den Schluss, dass, entgegen den Versicherungen der bürgerlichen Ökonomen, weder die Vervollkommnung der Maschinen, noch die Anwendung der Wissenschaft auf die Industrie, noch die Entwicklung neuer Kommunikationswege, noch die Entdeckung der Kolonien, noch die Emigration, noch die Schaffung neuer Märkte, noch der Freihandel fähig sind, das Elend der Arbeiterklasse abzuschaffen. Von daher folgt der Schluss, wie auch im Kommunistischen Manifest, dass, solange die gesellschaftliche Ordnung auf den alten Grundlagen ruht, jede neue Entwicklung der Produktivkraft der Arbeit nur den Abgrund verbreitern und vertiefen wird, der jetzt die verschiedenen Klassen trennt, und noch deutlicher den zwischen ihnen existierenden Antagonismus zum Vorschein bringen wird.

Indem er auf die Ursachen hinweist, die zur Niederlage der Arbeiterklasse im Jahr 1848 beitrugen und die bei ihr die Apathie hervorriefen, die das Jahrzehnt von 1849 bis 1859 charakterisiert, unterstreicht Marx auch einige Errungenschaften, die die Arbeiter während dieser Periode gemacht haben. Erstens: Das Gesetz über den Zehnstundentag. Es bewies, entgegen allen Versicherungen der Speichellecker des Kapitals, dass die Verkürzung des Arbeitstages, weit entfernt, die Produktivkraft der Arbeit zu beeinträchtigen, sie vielmehr erhöhte. Außerdem bedeutete es einen Sieg des Prinzips der Einmischung des Staates in die ökonomischen Beziehungen über das alte Prinzip der freien Konkurrenz. Marx zieht, wie im Kommunistischen Manifest, den Schluss, dass die Arbeiterklasse die Produktion der Kontrolle und Leitung der ganzen Gesellschaft unterwerfen muss. Und eine solche gesellschaftliche Produktion ist das Grundprinzip der politischen Ökonomie der Arbeiterklasse. So war das Gesetz über den zehnstündigen Arbeitstag nicht nur ein praktischer Erfolg. Es bedeutete auch einen Sieg der politischen Ökonomie der Arbeiterklasse über die politische Ökonomie der Bourgeoisie.

Die andere Errungenschaft sind die Kooperativfabriken, die auf die Initiative der Arbeiter hin gegründet wurden. Im Unterschied zu Lassalle, für den die Produktivgenossenschaften der Ausgangspunkt für die Umgestaltung der ganzen Gesellschaft waren, übertreibt Marx ihre praktische Bedeutung nicht. Im Gegenteil, er zieht sie wiederum nur heran, um den breiten Massen der Arbeiter zu zeigen, dass die Produktion in großem Maßstab und in voller Übereinstimmung mit den Forderungen der Wissenschaft vor sich gehen und sich entwickeln kann auch ohne die Klasse der Kapitalisten, die die „Arbeiterhände"[23] ausbeuten; dass die Produktionsmittel durchaus nicht irgendein Monopol darstellen und sich in eine Waffe der Unterdrückung und Versklavung verwandeln müssen; dass die Lohnarbeit, wie die feudale Arbeit, nichts Ewiges, sondern umgekehrt eine vorübergehende und niedere Form der Produktion ist, die der gesellschaftlichen Produktion Platz machen muss. Nachdem Marx alle diese kommunistischen Schlüsse gezogen hat, weist er dar-

---

23 Die englische Bourgeoisie und ihre Ökonomen nannten die Arbeiter gewöhnlich kurz »hands«, Hände, da vor allem die Mehrwert produzierenden Hände der Arbeiter für ihre Ausbeuter wichtig sind.

auf hin, dass diese Produktionsgenossenschaften, solange sie sich auf einen kleinen Kreis von Arbeitern beschränken, nicht in der Lage sind, in irgendeiner Weise entscheidend die Lage der Arbeiterklasse zu erleichtern.

Die genossenschaftliche Produktion muss im ganzen Land ausgebreitet sein. Nachdem Marx so die Verwandlung der kapitalistischen Produktion in eine sozialistische gefordert hat, bemerkt er sofort, daß die herrschenden Klassen sich mit allen Kräften einer solchen Veränderung entgegenstemmen werden. Die Grundbesitzer und Kapitalisten werden ihre politische Macht benutzen, um ihre ökonomischen Privilegien zu erhalten. Deshalb besteht die erste Pflicht der Arbeiterklasse in der Eroberung der politischen Macht, und dazu ist es notwendig, überall Arbeiterparteien zu organisieren. Die Arbeiter verfügen über eine Waffe – das ist ihre Masse, ihre Zahl. Aber diese Masse ist nur dann stark, wenn sie geeint, vereinigt ist, wenn sie vom Wissen, von der Wissenschaft sich leiten lässt. Ohne Einigkeit, ohne Solidarität, ohne gegenseitige Unterstützung im Befreiungskampf, ohne nationale und internationale Organisation sind die Arbeiter zur Niederlage verurteilt. Von diesen Überlegungen geleitet, fügt Marx hinzu, haben die Arbeiter verschiedener Länder beschlossen, die Internationale Arbeiter-Assoziation zu gründen.

Ihr seht, mit welch verblüffender Kunst Marx – wie er selbst sagt: hart in der Sache, gemäßigt in der Form – aus der tatsächlichen Lage der Arbeiterklasse alle grundsätzlichen Schlussfolgerungen des Kommunistischen Manifest gezogen hat: Klassenorganisation des Proletariats, Sturz der Herrschaft der Bourgeoisie, Eroberung der politischen Macht durch das Proletariat, Abschaffung der Lohnarbeit, Übergang aller Produktionsmittel in das Eigentum der gesamten Gesellschaft.

Aber Marx – und damit beendet er die Inauguraladresse – stellt noch eine andere äußerst wichtige politische Aufgabe in den Vordergrund: Die Arbeiterklasse darf sich nicht in die enge Sphäre der nationalen Politik einschließen. Sie muss mit höchster Aufmerksamkeit alle außenpolitischen Ereignisse verfolgen. Wenn der Erfolg der ganzen Sache ihrer Befreiung von der brüderlichen Solidarität der Arbeiter aller Länder abhängt, dann kann sie ihre Bestimmung nicht erfüllen, wenn die herrschenden Klassen, die die Außenpolitik lenken, die Arbeiter eines Landes gegen die Arbeiter anderer Länder aufhetzen, indem sie nationale Vorurteile ausnutzen und in ihren räuberischen Kriegen des Volkes Blut und Gut vergeuden. Es ist deshalb an der Zeit für die Arbeiter, sich mit allen Geheimnissen der internationalen Politik vertraut zu machen. Sie müssen die diplomatischen Akte ihrer Regierungen überwachen, sich ihnen, wenn nötig, mit allen Mitteln entgegenstellen und sich in einem gemeinsamen Protest gegen die verbrecherischen Pläne der Regierungen vereinigen. Es ist an der Zeit, eine Situation zu beenden, in der in den Beziehungen zwischen den einzelnen Völkern Betrug, Plünderung, Diebstahl gestattet sind, dass heißt alle die Regeln außer Kraft gesetzt sind, die in den Beziehungen von Privatpersonen als verbindlich gelten.

8. VORTRAG

Das Statut der I. Internationale – Die
Londoner Konferenz – Der Genfer Kongress –
Die Instruktionen von Marx – Die
internationalen Kongresse in London und
Brüssel – Bakunin und Marx – Der Baseler
Kongress – Der französisch-preußische Krieg –
Die Kommune – Der Kampf zwischen Marx
und Bakunin – Der Haager Kongress

Das Gründungsmanifest verfolgte nur ein Ziel: Zu erklären, aus welchen Motiven die Arbeiter, die sich am 28. September 1864 versammelt hatten, die Internationale gründeten. Aber es war noch kein Programm, es war nur ein Schritt zu ihm hin, es war nur die feierliche Erklärung an die ganze Welt – und das wird besonders deutlich auch in ihrem Namen unterstrichen –, dass eine neue Internationale Assoziation gegründet worden ist, eine Arbeiterassoziation.

Mit nicht geringerer Meisterschaft löste Marx auch das zweite Vorhaben, die allgemeinen Aufgaben der Arbeiterklassen in den verschiedenen Ländern zu formulieren. Ich lese Euch jetzt den Text vor:

„In Erwägung,

dass die Emanzipation der Arbeiterklasse durch die Arbeiterklasse selbst erobert werden muss; dass der Kampf für die Emanzipation der Arbeiterklasse kein Kampf für Klassenvorrechte und Monopole ist, sondern für gleiche Rechte und Pflichten und für die Vernichtung aller Klassenherrschaft;

dass die ökonomische Unterwerfung des Arbeiters unter den Aneigner der Arbeitsmittel, das heißt der Lebensquellen, der Knechtschaft in allen ihren Formen zugrunde liegt - allem gesellschaftlichen Elend, aller geistigen Verkümmerung und politischen Abhängigkeit;

dass die ökonomische Emanzipation der Arbeiterklasse daher der große Endzweck ist, dem jede politische Bewegung, als Mittel, unterzuordnen ist;

dass alle auf dieses Ziel gerichteten Versuche bisher gescheitert sind aus Mangel an Einigung unter den mannigfachen Arbeitszweigen jedes Landes und an der Abwesenheit eines brüderlichen Bundes unter den Arbeiterklassen der verschiedenen Länder;

dass die Emanzipation der Arbeiterklasse weder eine lokale noch eine nationale, sondern eine soziale Aufgabe ist, welche alle Länder umfasst, in denen die moderne Gesellschaft besteht und deren Lösung vom praktischen und theoretischen Zusammenwirken der fortgeschrittensten Länder abhängt;

dass die gegenwärtig sich erneuernde Bewegung der Arbeiterklasse in den industriellsten Ländern Europas, während sie neue Hoffnungen wachruft, zugleich feierliche Warnung erteilt gegen einen Rückfall in die alten Irrtümer und zur sofortigen Zusammenfassung der noch zusammenhangslosen Bewegung drängt; ..."[24]

Wenn Ihr diese Punkte aufmerksam durchlest, werdet Ihr wahrscheinlich ein wenig an Thesen im Programm unserer Partei erinnert fühlen, die eine wörtliche Wiederholung der von Marx formulierten Thesen darstellen. Dasselbe werdet Ihr bemerken, wenn Ihr die alten Programme der englischen, französischen, deutschen Partei nehmt. Auch in ihnen sind einige Punkte, besonders im französischen und im Erfurter Programm, eine wörtliche Wiederholung der einleitenden Thesen des Statuts der I. Internationale. Natürlich legten nicht alle Mitglieder des provisorischen Komitees der I. Internationale einigen dieser Thesen denselben Sinn bei. Dass die Befreiung der Arbeiterklasse die Sache der Arbeiterklasse selbst sein muss – darin stimmten Engländer, Deutsche und Franzosen überein, doch jeder legte es auch auf seine Weise aus. Die englischen Gewerkschafter und ehemaligen Chartisten sahen in

---

24 MEW, Bd. 16, S. 14.

dieser These einen Protest gegen die ständige Bevormundung von Seiten der Mittelklassen, die Hervorhebung der Notwendigkeit einer selbständigen Arbeiterorganisation. Die Franzosen, die stark gegen die Intelligenz eingenommen waren, verstanden diese These in dem Sinn, dass sie der verräterischen Intelligenz damit droht, dass die Arbeiter ohne ihre Hilfe auskommen können.

Wahrscheinlich verstanden nur die Deutschen, die Mitglieder des alten Bundes der Kommunisten, welchen Nutzen dieser Satz brachte. Wenn die Arbeiterklasse sich nur selbst befreien kann, dann steht jede Koalition mit der Bourgeoisie, jedes Versöhnlertum mit der Klasse der Kapitalisten in scharfem Widerspruch zu diesem Prinzip. Und ebenso wurde hervorgehoben, dass es sich nicht um die Befreiung dieser oder jener Gruppe von Arbeitern, sondern um die der Arbeiterklasse handelt, dass die Befreiung nicht das Werk lediglich dieser oder jener Gruppe von Arbeitern sein kann, sondern der ganzen Arbeiterklasse, und folglich die Klassenorganisation des Proletariats voraussetzt.

Aus der These, dass die monopolistische Besitzergreifung der Produktionsmittel durch die Kapitalisten die Grundursache der ökonomischen Versklavung ist, ergab sich von selbst der Schluss, dass man dieses Monopol aufheben musste. Dieser Schluss wurde noch durch die Forderung der Abschaffung jeder Klassenherrschaft unterstrichen, die unmöglich ist ohne die Aufhebung der Spaltung der Gesellschaft in Klassen.

Im Statut wird der Grundsatz, der im Gründungsmanifest ausgesprochen wird, nicht wiederholt. Wir finden darin keinen direkten Hinweis darauf, dass das Proletariat zur Verwirklichung aller Aufgaben, die es sich gestellt hat, die politische Macht ergreifen muss. Statt dessen finden wir die Formulierung, dass die ökonomische Befreiung der Arbeiterklasse der große Endzweck ist, dem die politische Bewegung, als Mittel, unterzuordnen ist.

Da gerade diese These später der Ausgangspunkt der schärfsten Meinungsverschiedenheiten in der I. Internationale war, ist es notwendig, auf sie einzugehen.

Was bedeutete sie? Das große Ziel der Arbeiterbewegung ist die ökonomische Befreiung der Arbeiterklasse; es kann nur durch Enteignung der Monopolisten der Produktionsmittel, durch Aufhebung jeder Klassenherrschaft verwirklicht werden. Aber auf welchem Weg wird dieses Ziel verwirklicht werden? Muss man den politischen Kampf meiden, wie das die wahren Sozialisten und die Anarchisten propagierten?

Nein, antwortet die von Marx formulierte These. Der politische Kampf der Arbeiterklasse ist genauso notwendig wie ihr ökonomischer Kampf. Notwendig ist eine politische Organisation, die politische Bewegung der Arbeiterklasse muss sich unausweichlich entwickeln, aber diese genügt sich in keiner Weise selbst, wie bei den bürgerlichen Demokraten oder der radikalen Intelligenz, die die Veränderung der politischen Formen, die Eroberung der Republik, an die erste Stelle setzen, aber von der Hauptaufgabe nichts hören wollen. Deshalb hebt Marx hervor, dass die politische Bewegung für die Arbeiterklasse nur ein Mittel zur Erreichung ihres großen Zieles, dass sie eine untergeordnete Bewegung ist. Natürlich war diese Formulierung nicht so klar wie die Formulierung, die im Kommunistischen Manifest gegeben wird oder sogar in der Inauguraladresse, wo gesagt wird, dass die Eroberung der politischen Macht die große Pflicht der Arbeiterklasse geworden ist.

Nur für die englischen Mitglieder der Internationale war die Formulierung von Marx klar. Das Statut war in englischer, Sprache abgefasst, und Marx benutzte Ausdrücke, die den ehemaligen Chartisten und Owenisten, die im Komitee saßen, gut bekannt waren. Ihr erinnert Euch, dass die Chartisten sich gegen die Owenisten gewandt hatten, die nur den großen Endzweck anerkannten und vom politischen Kampf nichts hören wollten. Als die Chartisten ihre berühmten sechs Punkte aufgestellt hatten, hatten die Owenisten ihnen vorgeworfen, dass sie den Sozialismus völlig vergessen hätten. Damals hatten die Chartisten ihrerseits hervorgehoben, daß auch für sie der politische Kampf nicht das Hauptziel sei. Schon damals hatten sie wörtlich dieselbe Formulierung gebraucht, die Marx mehr als zwanzig Jahre später wiederholte. Für uns, antworteten die Chartisten den Owenisten, ist der politische Kampf nur ein Mittel und kein Selbstzweck. So wurde die Formulierung im Komitee selbst überhaupt nicht in Frage gestellt. Erst einige Jahre später, als ein heftiger Streit zwischen den Bakunisten und ihren Gegnern über die Frage des politischen Kampfes ausbrach, wurde dieser Punkt zum Zankapfel. Die Bakunisten versuchten nachzuweisen, dass ursprünglich die Worte als Mittel nicht im Statut gestanden hätten, dass Marx sie später absichtlich eingeführt habe, um auf diese Weise seine eigenen Ansichten in das Statut einzuschmuggeln. Tatsächlich erhält dieser Punkt eine andere Bedeutung, wenn man die Worte als Mittel herausnimmt. Und im Französischen waren eben diese Worte ausgelassen.

Es war ein Missverständnis, das man leicht hätte aufklären können, das aber in der Hitze des Fraktionskampfes dazu führte, dass man Marx wütend der Fälschung des Statuts der Internationale beschuldigte. Als das Statut zum Zweck seiner Verbreitung in Frankreich ins Französische übersetzt worden, war, waren in der legalen Ausgabe die Worte als Mittel weggelassen worden. Der französische Text lautet so: Die ökonomische Befreiung der Arbeiterklasse ist das große Ziel, dem die politische Bewegung untergeordnet werden muss. Das hielt man für notwendig, um nicht die Aufmerksamkeit der bonapartistischen Polizei zu wecken, die sehr misstrauisch jede politische Bewegung unter den Arbeitern beobachtete. Und sie hielt tatsächlich anfangs unsere französischen Internationalisten, um es mit unseren alten Ausdrücken zu sagen, nicht für Politiker, sondern für Ökonomisten. Ebenso verhielten sich zu ihnen die Blanquisten, die als Politiker die armen Internationalisten geradezu als Ökonomisten beschimpften.

Das Unheil wurde noch dadurch vergrößert, dass die französische Übersetzung des Statuts in dieser entstellten Form in der französischen Schweiz nachgedruckt und von da aus in all den Ländern verbreitet wurde, wo man mehr Französisch konnte, dass heißt in Italien, Spanien und Belgien. Ihr werdet später sehen, dass auf dem ersten internationalen Kongress, der das provisorische Statut der Internationale bestätigte, jede Nation es in der Textfassung annahm, die sie vor sich hatte.

Die I. Internationale war zu arm, um ihr Statut in drei Sprachen zu drucken. Sogar der englische Text wurde, obwohl er zusammen mit der Inauguraladresse weniger als zwanzig Seiten ausmacht, nur in tausend Exemplaren gedruckt, die genauso schnell vergriffen waren wie bei uns jetzt Ausgaben mit einer Auflage von zehntausend oder sogar 25.000 Exemplaren.

Aber es gibt im Statut noch einen Punkt, gegen den zwar die Anarchisten nicht protestierten, der aber vom Standpunkt des

Marxismus aus Zweifel hervorruft. Ich habe Euch schon beim letzten Mal gesagt, dass Marx, um Übereinstimmung zwischen den verschiedenartigen Elementen des Komitees zu erzielen, einige Zugeständnisse machen musste. Aber er machte sie nicht im Gründungsmanifest, sondern im Statut. Ihr werdet sogleich sehen, worin sie bestanden.

Nachdem Marx die Darlegung der Prinzipien beendet hat, auf deren Grundlage die Mitglieder des von der Versammlung des 28. September 1864 gewählten Komitees beschlossen haben, die internationale Arbeiterassoziation zu gründen, fährt er fort:

> „Sie erklären, dass diese internationale Assoziation und alle Gesellschaften und Individuen, die sich ihr anschließen, Wahrheit, Gerechtigkeit und Sittlichkeit anerkennen als die Regel ihres Verhaltens zueinander und zu allen Menschen, ohne Rücksicht auf Farbe, Glauben oder Nationalität.
>
> Sie erachten es als die Pflicht eines jeden Menschen, die Rechte eines Menschen und Bürgers nicht bloß für sich selbst, sondern für jedermann, der seine Pflicht tut, zu fordern. Keine Rechte ohne Pflichten, keine Pflichten ohne Rechte."[25]

Worin bestehen nun genau die Zugeständnisse, die Marx machte? Erinnert Euch, dass er selbst aus diesem Anlass an Engels schrieb:

> „Meine Vorschläge alle angenommen vom subcomité. Nur wurde ich verpflichtet, in das Preamble der Statuten zwei duty und right Phrasen, dito, truth, morality and justice aufzunehmen, was aber so placiert ist, das es einen Schaden nicht tun kann."[26]

---

25 Ebd., S. 15.
26 MEW, Bd. 31, S. 15.

Und tatsächlich ist all das nicht besonders schlimm. Nichts Schreckliches liegt weder im Wort Wahrheit noch im Wort Gerechtigkeit noch im Wort Sittlichkeit, wenn man sich nur daran erinnert, dass weder Wahrheit noch Gerechtigkeit noch Sittlichkeit irgend etwas Ewiges und Unveränderliches sind, irgend etwas vollkommen Selbständiges und von gesellschaftlichen Bedingungen Unabhängiges.

Der Marxismus verneint weder Wahrheit noch Gerechtigkeit noch Sittlichkeit, er beweist nur, dass die Entwicklung dieser Begriffe von der historischen Entwicklung abhängt, dass verschiedene Klassen ihnen einen verschiedenen Inhalt geben.

Schlimm wäre es in dem Fall gewesen, wenn Marx genötigt gewesen wäre, die Deklaration der französischen und englischen Sozialisten zu wiederholen, wenn man ihn gezwungen hätte zu behaupten, dass man den Sozialismus anstreben muss, weil das die Wahrheit, die Gerechtigkeit und die Sittlichkeit verlangen, und nicht deshalb, wie er im Gründungsmanifest so großartig darlegte, weil das unausweichlich und logisch aus den Bedingungen selbst hervorgeht, die der Kapitalismus geschaffen hat, aus der Lage, in der sich die Arbeiterklasse im Kapitalismus befindet. In der Form, in der diese Worte von Marx untergebracht wurden, stellten sie nur fest, dass die Mitglieder der internationalen Arbeiterassoziation sich verpflichten, sich in ihren gegenseitigen Beziehungen von Wahrheit, Gerechtigkeit und Sittlichkeit leiten zu lassen, dass heißt, einander nicht im Stich zu lassen, ihre Klasse nicht zu verraten, einander nicht zu betrügen, solidarisch zu handeln. Aus der prinzipiellen Begründung der Forderungen des Sozialismus, wozu die Utopisten diese Begriffe gebrauchten, verwandelten sie sich unter den Händen von Marx in grundlegende Verhaltensregeln für eine proletarische Organisation.

Aber in dem von uns analysierten Punkt wird gesagt, dass dieselben Prinzipien auch die Grundlage der Beziehungen der Mitglieder der Internationale zu allen Menschen sein müssen, unabhängig von Rasse, Religion und Nationalität. Und das war nicht weniger zielgerichtet. Man muss sich daran erinnern, dass zu dieser Zeit noch der Bürgerkrieg in den Vereinigten Staaten tobte, der sich nach 1863 in einen Krieg um die Aufhebung der Sklaverei verwandelt hatte, dass kurz zuvor der polnische Aufstand endgültig niedergeworfen worden war, dass die zaristischen Heere zu dieser Zeit gerade die Eroberung des Kaukasus abschlossen, dass in einer ganzen Reihe von Staaten die religiösen Verfolgungen noch nicht aufgehört hatten, sogar in England die Juden erst Ende der 50er Jahre die politischen Rechte erhalten hatten und dass sie in anderen europäischen Staaten, nicht nur in Russland, noch nicht einmal in vollem Umfang im Genuss der Bürgerrechte waren. Die Bourgeoisie konnte die ewigen Prinzipien der Sittlichkeit und Gerechtigkeit in Bezug auf Angehörige ihrer eigenen Klasse, im eigenen Land, noch nicht verwirklichen, sie verletzte sie, ohne mit der Wimper zu zucken, sobald es sich um irgendein anderes Land oder irgendeine andere Nationalität handelte.

Viel mehr Einwände ruft der zweite Punkt über Rechte und Pflichten hervor. Beide Punkte verpflichten jedes Mitglied der Assoziation, für die Menschen- und Bürgerrechte zu kämpfen. Natürlich nicht nur für sich, sondern auch für andere. Durch diesen Zusatz wird die Sache jedoch nicht klarer. Trotz der ganzen diplomatischen Kunst von Marx war er gerade hier genötigt, den Vertretern der französischen revolutionären Emigration, die in das Komitee eingetreten waren, ein großes Zugeständnis zu machen.

Erlaubt mir, Genossen, an einige Tatsachen aus der Geschichte der Großen Französischen Revolution zu erinnern. Einer ihrer ersten Akte war die Proklamation der Menschen- und Bürgerrechte. In ihrem Kampf gegen den Adel und den Absolutismus, die sich die Privilegien gesichert und den übrigen nur Pflichten auferlegt hatten, erhob die revolutionäre Bourgeoisie die Forderung nach Gleichheit, Brüderlichkeit und Freiheit, die Forderung, jedem Menschen und Bürger einige unveräußerliche Rechte zuzuerkennen. Unter ihnen findet Ihr auch das geheiligte, unantastbare Eigentumsrecht, das ebenfalls sehr ungeniert von der Aristokratie und dem Königtum verletzt wurde, soweit es sich um das Eigentum des dritten Standes handelte.

Die Jakobiner führten nur einige Ergänzungen in diese Deklaration der Menschen- und Bürgerrechte ein, die das Recht auf Eigentum unangetastet ließen, sie aber in politischer Hinsicht radikaler machten, indem sie das Widerstandsrecht des Volkes heiligten und die Brüderlichkeit aller Völker hervorhoben. In dieser Form ist die Deklaration bekannt unter dem Namen Erklärung der Menschenrechte aus dem Jahr 1793 oder unter dem Namen Robespierresche Menschenrechtserklärung und wurde seit Anfang 1830 zum Programm der französischen Revolutionäre.

Auf der anderen Seite bestanden die Anhänger Mazzinis, wie wir gesehen haben, auf der Annahme seines Programms. In seinem berühmten Buch Über die Pflichten des Menschen, das ins Englische übersetzt worden war und sich großer Popularität unter den englischen Arbeitern erfreute, erhob Mazzini, getreu seiner Losung Gott und das Volk im Gegensatz zu den französischen Materialisten mit ihrer auf die Forderungen des Verstandes und der Vernunft gegründeten Menschenrechtserklärung, zur Grundthese seiner idealistischen Ethik den Begriff der Pflicht, der Verpflichtungen des Menschen, die ihm Gott auferlegt habe.

Jetzt werdet Ihr verstehen, woher die Formel von Marx: Keine Rechte ohne Pflichten, keine Pflichten ohne Rechte, stammte. Genötigt, die Forderung der Menschenrechte einzuführen, nutzte er den Streit zwischen Franzosen und Italienern aus, um in seiner Formulierung den Unterschied dieser Forderung von der alten Forderung der Bourgeoisie deutlich zu machen. Auch das Proletariat fordert Rechte für sich, aber es erklärt von Anfang an, dass es keine Rechte für den einzelnen Menschen ohne Pflichten gegenüber der Gesellschaft anerkennt.

Als einige Jahre später das Statut nochmals diskutiert wurde, schlug Marx vor, nur die Worte auszulassen, in denen von der Menschenrechtserklärung die Rede ist. Was aber den Satz: Keine Rechte ohne Pflichten, keine Pflichten ohne Rechte angeht, so blieb er erhalten und ging später in der Form Gleiche Rechte und gleiche Pflichten ins Erfurter Programm ein.

Gehen wir jetzt zur Betrachtung des Statuts selber über. Ich lese Euch seine Hauptpunkte vor:

> „1. Die gegenwärtige Assoziation ist gegründet zur Herstellung eines Mittelpunktes der Verbindung und des Zusammenwirkens zwischen den in verschiedenen Ländern bestehenden Arbeitergesellschaften, welche dasselbe Ziel verfolgen, nämlich: den Schutz, den Fortschritt und die vollständige Emanzipation der Arbeiterklasse.

> 2. Der Name der Gesellschaft ist: Internationale Arbeiter-Assoziation.

3. Im Jahr 1865 wird ein allgemeiner Arbeiterkongress in Belgien stattfinden. Er wird bestehen aus den Repräsentanten aller Arbeitergesellschaften, die sich in der Zwischenzeit der Internationalen Assoziation angeschlossen haben. Der Kongress wird vor Europa die gemeinsamen Bestrebungen der Arbeiterklasse verkünden, die definitiven Statuten der Internationalen Assoziation festsetzen, die für ihr erfolgreiches Wirken notwendigen Mittel beraten und den Zentralrat der Assoziation ernennen. Der allgemeine Kongress soll sich jährlich einmal versammeln.

4. Der Zentralrat hat seinen Sitz in London und wird gebildet aus Arbeitern, angehörig den verschiedenen, in der Internationalen Assoziation repräsentierten Ländern. Er besetzt aus seiner Mitte die zur Geschäftsführung nötigen Stellen, wie die des Präsidenten, Schatzmeisters, Generalsekretärs, der korrespondierenden Sekretäre für die verschiedenen Länder usw.

5. Auf seinen jährlichen Zusammenkünften erhält der Kongress einen öffentlichen Bericht über die Jahresarbeit des Zentralrats. Der vom Kongress jährlich neu ernannte Zentralrat ist ermächtigt, sich neue Mitglieder beizufügen.

6. Der Zentralrat wirkt als internationale Agentur zwischen den verschiedenen zusammenwirkenden Gesellschaften, sodass die Arbeiter eines Landes fortwährend unterrichtet bleiben über die Bewegungen ihrer Klasse in allen anderen Ländern; dass eine Untersuchung über den sozialen Zustand der verschiedenen Länder Europas gleichzeitig und unter gemeinsamer Leitung stattfindet; dass Fragen von allgemeinem Interesse, angeregt von einer Gesellschaft, von allen anderen aufgenommen werden; und dass im Fall der Notwendigkeit sofortiger praktischer Schritte, wie zum Beispiel bei internationalen Zwisten, die verbündeten Gesellschaften sich gleichzeitig und gleichförmig betätigen können. Bei jeder passenden Ge-

legenheit ergreift der Zentralrat die Initiative der den verschiedenen nationalen oder lokalen Gesellschaften zu unterbreitenden Vorlagen.

7. Da einerseits der Erfolg der Arbeiterbewegung in jedem Lande nur gesichert werden kann durch die Macht der Einigung und Kombination, während andererseits die Wirksamkeit des internationalen Zentralrates wesentlich dadurch bedingt ist, dass er mit wenigen nationalen Zentren der Arbeitergesellschaft verhandelt, statt mit einer großen Anzahl kleiner und zusammenhangloser lokaler Gesellschaften, – so sollen die Mitglieder der Internationalen Assoziation all ihre Kräfte aufbieten zur Vereinigung der zerstreuten Arbeitergesellschaften ihrer Länder in nationale Körper, repräsentiert durch nationale Zentralorgane."[27]

Die Grundthesen dieses Statuts wurden später vom Kongress bestätigt. Eine der wesentlichen Änderungen, die eingeführt wurde, war – auf Initiative von Marx – die Abschaffung des Amtes des Zentral- oder, wie man ihn später nannte, des Generalpräsidenten. Die Erfahrung des Allgemeinen Deutschen Arbeitervereins, der von Lassalle gegründet worden war, hatte gezeigt, welche unerfreulichen Folgen diese vollkommen überflüssige Institution haben kann. Der Generalrat wählte einen Vorsitzenden zum Versammlungsleiter, und zur Führung der laufenden Geschäfte versammelten sich die Sekretäre der einzelnen Länder gemeinsam mit dem Generalsekretär. Das Statut der Internationale wurde in der Geschichte der internationalen Arbeiterbewegung mehr als einmal benutzt. Ich kann nicht genauer auf alle Veränderungen eingehen, die im Verlauf von acht Jahren an ihm vorgenommen wurden, aber in seinen Grundzügen blieb es unverändert. Gegen Ende der Internationale wurden nur die Vollmachten des Generalrats erweitert.

---

27   MEW, Bd. 16, S. 15 f.

Die ganz vordringliche Aufgabe des provisorischen Rates war die Einberufung eines internationalen Kongresses. Aus diesem Anlass entstanden hitzige Auseinandersetzungen und Diskussionen. Marx bestand darauf, zunächst alle Vorbereitungsarbeiten zu erledigen, den einzelnen Ländern Zeit zu geben, sich mit den Aufgaben der Internationale bekannt zu machen und sich wenigstens einigermaßen zu organisieren. Umgekehrt bestanden die Engländer, denen die Interessen ihrer Gewerkschaftsbewegung am wichtigsten waren, auf der schleunigsten Einberufung des Kongresses. Die französischen Emigranten im Zentralrat traten als ihre Verbündeten auf.

Die Sache endete mit einem Kompromiss. Im Jahr 1865 wurde kein Kongress, sondern eine Konferenz einberufen. Sie fand London statt und befasste sich hauptsächlich mit der Anhörung von Referaten und der Zusammenstellung der Tagesordnung für den künftigen Kongress. Vertreten waren die Schweiz, England, Belgien und Frankreich. Wesentliches ereignete sich nicht. Es wurde beschlossen, den Kongress im Mai 1866 einzuberufen.

Bei den Deutschen standen die Dinge schlecht, obwohl damals in Deutschland schon der Allgemeine Arbeiterverein existierte. Lassalle war am 30. August 1864 im Duell getötet worden. Entsprechend dem Statut des Vereins wurde an seiner Stelle Bernhard Becker Präsident, ein unfähiger, fast einflussloser Mann. Einen viel größeren Einfluss hatte Schweitzer, der Redakteur des Social-Demokrat, Zentralorgan des Vereins.

Aber schon sehr bald brachen tiefgreifende Meinungsverschiedenheiten über Fragen der Innenpolitik zwischen ihnen und Wilhelm Liebknecht auf, der in die Redaktion eingetreten war. Marx und Engels, die sich bereit erklärt hatten, an der Zeitung, mitzuarbeiten, waren bald genötigt, sich öffentlich von jeder Mitarbeit an ihr loszusagen. Der verstorbene Mehring hat versucht, Schweitzer zu verteidigen und zu beweisen, dass Marx und Engels in diesem Fall nicht ganz im Recht waren. Aber Mehring irrte sich sehr. Alle Fakten sprechen gegen ihn.

Ihr habt schon gesehen, dass die Taktik Lassalles schwerwiegende Fehler enthielt, dass er in den Beziehungen zu der herrschenden Clique zu unzulässigen Mitteln griff. Schweitzer ging noch weiter. Er brachte in der Zeitung einige Artikel, von denen sogar Mehring sagt, dass sie durch ihre Liebedienerei gegenüber Bismarck einen äußerst ungünstigen Eindruck machten, aber er versucht, ihn zu verteidigen, indem er behauptet, dass die Bedingungen des legalen Kampfes diese Taktik erforderten. Liebknecht aber konnte als alter Revolutionär nicht seinen Mantel nach dem Wind hängen und setzt seine Freunde und Lehrer auf Schweitzer an. So war Schweitzer genötigt, sich von Liebknecht zu trennen, auf dessen Seite jedoch nicht nur Marx und Engels standen, sondern auch alte Gegner von ihnen wie Hess, die sich ebenfalls nicht mit der Taktik von Schweitzer abfinden konnten.

Wie dem auch sei, jedenfalls standen die Freunde von Marx in Deutschland zu der Zeit, wo die Londoner Konferenz zusammentrat, ohne jedes Organ da und nahmen gerade erst die Gründung einer eigenen Organisation in Angriff. Die Lassalleaner aber wollten vorerst nichts von der Internationale wissen. Als Resultat dieser Spaltung waren die Deutschen in den ersten Jahren nur durch die alten Emigranten in England und der Schweiz in der Internationale vertreten.

Aus den Referaten auf der Londoner Konferenz wurde deutlich, dass die Finanzen der Internationale sich im jämmerlichsten Zustand befanden. Ihre Einnahmen reichten kaum zur Bezahlung der Miete für den Sitz des Generalrats und für die allernotwendigsten Ausgaben.

Bei den Auseinandersetzungen über die Tagesordnung taten sich wieder Meinungsverschiedenheiten auf, die schon früher zwischen den Franzosen, die in London lebten, und den Franzosen, die die Pariser Organisation vertraten, entstanden waren. Die letzteren waren jetzt dagegen, die Frage der Unabhängigkeit Polens aufzuwerfen, da das eine rein politische Frage sei. Umgekehrt bestanden die französischen Emigranten, unterstützt von einigen Engländern, auf einem Tagesordnungspunkt Religion, denn sie forderten einen unerbittlichen Kampf gegen den religiösen Aberglauben. Marx sprach sich dagegen aus. Er war, mit gutem Grund, der Ansicht, dass es nur zu unnötigen Reibereien führen würde, wenn man schon auf dem ersten Kongress dieses Problem aufwerfen würde, - angesichts des schwachen Bandes, das sich gerade erst zwischen den Arbeitern verschiedener Länder herzustellen begann und angesichts der Unentwickeltheit der Arbeiterbewegung. Er blieb jedoch in der Minderheit.

Es verging noch ein ganzes Jahr, bevor der erste Kongress einberufen wurde. Man musste ihn noch einmal auf September 1866 verschieben. Während dieser Zeit gab es eine Reihe von Ereignissen, über die man einige Worte sagen muss. Für England war dieses Jahr ein Jahr eines sehr intensiven politischen Kampfes. Die englischen Gewerkschaften, die von Arbeitern geführt wurden, die im Zentralrat saßen, führten einen beharrlichen Kampf für die Ausdehnung des Wahlrechtes. Ich wiederhole, dass dieser ganze Kampf unter der Führung der Internationale ablief. Marx machte alle Anstrengungen, um zu verhindern, dass die Engländer ihre alten Fehler wiederholten, und um zu erreichen, dass sie diesen Kampf selbständig führten, ohne eine Koalition mit den Radikalen einzugehen. Aber schon gegen Anfang 1866 wurde von neuem deutlich, was der englischen Arbeiterbewegung in der Epoche des Chartismus schon so häufig geschadet hatte und was ihr bis heute schadet. Da die Eroberung des allgemeinen Wahlrechts zum Ziel erklärt worden war, schlossen die Führer der Arbeiter, teilweise aus finanziellen Erwägungen, ein Abkommen mit dem radikalsten Teil der bürgerlichen Demokratie, der ebenfalls die Forderung nach dem allgemeinen Wahlrecht erhoben hatte. Ein gemeinsames Komitee wurde gebildet, das den Kampf führen sollte. Ihm gehörten auch so ehrenwerte Leute wie Professor Beesley an, aufrechte Demokraten, aber auch Vertreter der sogenannten freien Berufe, Advokaten und Richter, Vertreter der kleinen und mittleren und besonders der Handelsbourgeoisie, die von Anfang an einem Kompromiss zuneigten.Der Kampf wurde auf englische Art und Weise geführt. Massenversammlungen, Demonstrationen wurden organisiert. Im Juli 1866 wurde London Zeuge einer so gewaltigen Demonstration, wie es sie auch in der Epoche des Chartismus nicht erlebt hatte. Durch den Ansturm der Masse im Hydepark, wohin gewöhnlich eine Demonstration nach Beendigung einer Massenveranstaltung zieht, wurde die Umzäunung durchbrochen. Daraufhin kam die Regierung zu dem Schluss, dass es Zeit war, ein Zugeständnis zu machen.

Ihr erinnert Euch, dass es nach der Julirevolution in England ebenfalls eine starke Bewegung für eine Parlamentsreform gegeben hatte. Die Sache hatte mit einem Kompromiss geendet, die Arbeiter waren frech betrogen worden, das Wahlrecht erhielt nur die Industriebourgeoisie. Genauso schlug die Regierung jetzt, als sie sah, dass sie nachgeben musste, dass die Kampfbereitschaft der städtischen Arbeiter stark angewachsen war, einen Kompromiss vor – eine neue Ausdehnung des Wahlrechtes, das jetzt alle städtischen Arbeiter umfassen sollte.

Man muss sagen, dass das allgemeine Wahlrecht nur das Wahlrecht der Männer umfasste. Auf den Gedanken, das Wahlrecht auf die Frauen auszudehnen, kam damals niemand. Und nun legte man den Arbeitern einen Kompromiss vor, dem auch sofort alle bürgerlichen Mitglieder des Wahlreform-Komitees zustimmten. Er bestand darin, dass das Wahlrecht allen Arbeitern gewährt werden sollte, die eine Wohnung von wenigstens einem Zimmer hatten, für die sie nicht weniger als eine bestimmte Summe bezahlten. Auf diese Weise erhielten fast alle städtischen Arbeiter das Stimmrecht, mit Ausnahme derer, die einen Winkel bei anderen gemietet hatten - und solche gab es damals schon sehr viele –, dafür blieben alle Landarbeiter rechtlos wie zuvor. Diesen raffinierten Trick hatte sich der Führer der englischen Konservativen, Disraeli, ausgedacht, und ihm stimmten die bürgerlichen Reformisten zu, die auch die Arbeiter überredeten, dieses Zugeständnis in der Absicht zu akzeptieren, nach den Wahlen zum neuen Parlament eine neue Ausdehnung des Wahlrechts zu fordern. Aber die Landarbeiter mussten noch 20 Jahre warten, bis zum Jahr 1885, und erst unter dem Eindruck der russischen Revolution von 1905 erhielten schließlich auch die Arbeiter, die keine, eigene Wohnung hatten, das Stimmrecht.

In Deutschland gingen in den Jahren 1865/1866 nicht weniger wichtige Ereignisse vor sich. Dort entbrannte ein heftiger Kampf zwischen Preußen und Österreich. Die Streitfrage war, wem die Vorherrschaft in Deutschland gehören sollte. Bismarck hatte sich zum Ziel gesetzt, Österreich endgültig aus dem Deutschen Bund hinauszuwerfen, Preußen zum alleinigen Machtzentrum Deutschlands zu machen, wenngleich eines verkleinerten Deutschland, denn es verlor all die deutschen Provinzen, die an Österreich fielen. Ich habe diese Frage schon berührt, als ich von den Meinungsverschiedenheiten zwischen Marx und Engels einerseits, Lassalle andererseits, erzählt habe.

Der Streit zwischen Österreich und Preußen endete mit Krieg. Innerhalb von zwei, drei Wochen schlug Preußen, das sich nicht scheute, ein Bündnis mit Italien gegen einen anderen deutschen Staat einzugehen, Österreich vollständig und annektierte einige kleine deutsche Staaten, die Österreich geholfen hatten: das Königtum Hannover, die freie Reichsstadt Frankfurt, das Herzogtum Hessen und andere. Österreich wurde endgültig aus der Deutschen Einigung herausgeworfen. Ein norddeutscher Bund mit Preußen an der Spitze wurde organisiert. Um die Sympathien der Arbeiter und kleinen Leute zu gewinnen, führte Bismarck das allgemeine Wahlrecht ein.

In Frankreich war Napoléon genötigt, einige Zugeständnisse zu machen. Einige Paragraphen des Strafgesetzbuches, die gegen von Arbeitern organisierte Zusammenschlüsse gerichtet waren, wurden geändert. Die Verfolgungen ökonomischer Organisationen, besonders von Kooperationen und Gesellschaften für gegenseitige Hilfe, wurden schwächer. Unter den Arbeitern begann der gemäßigte Flügel zu erstarken, der sich angestrengt bemühte, die legalen Möglichkeiten auszunutzen. Auf der anderen Seite entwickelten sich blanquistische Organisationen, die eine erbitterte Polemik mit den Internationalisten entfachten, denen sie vorwarfen, auf jeden revolutionären Kampf zu verzichten und mit der bonapartistischen Regierung zu kokettieren.

In der Schweiz waren die Arbeiter überall – in der französischen, deutschen und italienischen Schweiz – mit ihren lokalen

Angelegenheiten beschäftigt, und nur die Emigranten und Zuwanderer aus anderen Ländern interessierten sich für die Internationale. Die deutsche Sektion, geführt von Becker, die die Zeitschrift Der Vorbote herausgab, spielte gleichzeitig auch die Rolle eines ausländischen Zentrums für den Teil der deutschen Arbeiter, der im Unterschied zu den Lassalleanern der Internationale zuneigte.

Der Kongress versammelte sich in Genf im September 1866, nachdem Preußen Österreich schon besiegt hatte und nachdem die englischen Arbeiter ihren vermeintlich großen Sieg über die Bourgeoisie davongetragen hatten. Der Kongress begann mit einem großen Skandal. Außer den Proudhonisten waren aus Frankreich die Blanquisten angekommen, die die Teilnahme an der Arbeit des Kongresses durchgesetzt hatten. Es waren fast ausschließlich sehr revolutionär gesinnte Studenten; unter ihnen war auch der künftige Justizkommissar der Pariser Kommune, Protot. Sie traten sehr nachdrücklich auf, obwohl sie überhaupt kein Mandat hatten. Schließlich warf man sie äußerst unsanft hinaus. Es wird erzählt, dass man sie sogar im Genfer See ertränken wollte, aber das gehört ins Reich der Fabel. Richtig ist, dass die Sache nicht ohne Faustschläge und Fußtritte abging, wie das bei den Franzosen zuweilen der Brauch ist, die sich im Fraktionskampf nicht immer mit Resolutionen über einen Ausschluss begnügen wie die sanfteren Slawen.

Als es schließlich gelang, sich den Arbeitern zuzuwenden, spielte sich der Hauptkampf zwischen den Proudhonisten und der Delegation des Zentralrates ab, die aus Eccarius und den englischen Arbeitern bestand. Marx selbst hatte nicht kommen können: er war damals mit der Endredaktion des ersten Bandes des Kapital beschäftigt, außerdem wäre die Fahrt für ihn, einen kranken Mann, der zudem noch unter der wachsamen Beobachtung von französischen und deutschen Spionen stand, sehr beschwerlich gewesen. Aber Marx hatte für die Delegation eine detaillierte schriftliche Stellungnahme zu allen Punkten der Tagesordnung verfasst, die „Instruktionen für die Delegierten des Generalrats."[28]

Die französischen Delegierten trugen ihr detailliertes Referat vor, das eine Ausbreitung der ökonomischen Idee Proudhons darstellte. Sie sprachen sich sehr scharf gegen die Frauenarbeit aus und behaupteten, der Frau sei von der Natur selbst ein Platz am häuslichen Herd zugewiesen, sie müsse sich um die Familie kümmern und nicht in die Fabrik gehen. Sie wandten sich auch besonders gegen Streiks und Gewerkschaften und verteidigten gleichzeitig die Genossenschaft und vor allem die Tauschbanken (Organisationen für gegenseitigen Austausch). Die erste Bedingung dafür seien Verträge, die die einzelnen Genossenschaften untereinander schließen müssten, und die Organisation eines Gratiskredits. Sie bestanden darauf, dass der Kongress sogar eine Internationale Kreditorganisation bestätigen solle, doch gelang es ihnen nur, eine Resolution zu erreichen, die allen Sektionen der Internationale empfahl, sich mit der Kreditfrage und der Frage der Vereinigung aller Arbeiter-Kreditgesellschaften zu beschäftigen. Sie wandten sich auch gegen die gesetzliche Beschränkung des Arbeitstages.

Gegen sie traten die Londoner zusammen mit den deutschen Delegierten auf. Bei jedem Tagesordnungspunkt brachten sie in Form einer Resolution den entsprechenden Teil der Marx'schen Instruktionen vor, die alle Aufgaben, die sich aus den Forderungen der Arbeiterklasse ergaben, in den Mittelpunkt stellten.

---

28   Siehe MEW, Bd. 16, S. 190 ff.

Die Stellungnahme legte Nachdruck darauf, dass die gesamte Tätigkeit der Internationale in der Vereinigung bestehen müsse, in der Verallgemeinerung der einzelnen Anstrengungen der für ihre Interessen kämpfenden Arbeiterklasse: es ist notwendig, eine Verbindung herzustellen, bei der die Arbeiter der einzelnen Länder sich nicht nur als Kampfgenossen fühlen, sondern auch als Mitglieder einer einzigen Befreiungsarmee handeln. Man muss eine internationale Streikhilfe organisieren, um zu verhindern, dass örtliche Arbeiter durch ausländische ersetzt werden, was die Unternehmer so gerne praktizieren.

Zu einer der wichtigsten Aufgaben erklärte Marx auch eine statistische Untersuchung der Lage der Arbeiterklasse aller Länder, die von den Arbeitern selbst in die Hand genommen werden sollte. Alles gesammelte Material sollte zur Bearbeitung an den Generalrat geschickt werden. Marx wies auch in kurzen Zügen auf die Hauptfragen eines solchen Arbeiterfragebogens hin.

Hitzige Diskussionen rief die Gewerkschaftsfrage hervor. Die Franzosen sprachen sich sowohl gegen Streiks wie auch gegen jede Organisation von Widerstand gegen die Unternehmer aus. Die Arbeiter sollten ihr Heil nur in den Genossenschaften suchen. Die Londoner Delegierten stellten ihnen in Form einer Resolution den ganzen Abschnitt über die Gewerkschaften aus den Instruktionen von Marx entgegen. Sie wurde vom Kongress angenommen.

Alles, was von Marx im Elend der Philosophie und im Kommunistischen Manifest über die Gewerkschaften als den Grundkern der Klassenorganisation des Proletariats gesagt worden war, wurde in der Resolution in einer noch bestimmteren Form wiederholt. Außerdem wies sie auf die aktuellen Aufgaben der Gewerkschaften hin und auf den Mangel, der ihnen anhaftet, sobald sie sich in eng zünftlerische Organisationen verwandeln. Es lohnt, sich etwas näher mit diesem Abschnitt zu beschäftigen.

Wie sind die Gewerkschaften entstanden? Wie haben sie sich entwickelt? Sie sind das Resultat des Kampfes zwischen Kapital und Lohnarbeit. Die Arbeiter treten in diesem Kampf unter sehr ungünstigen Bedingungen an. Das Kapital ist eine in den Händen eines Einzelnen konzentrierte gesellschaftliche Macht, während der Arbeiter nur über seine individuelle Arbeitskraft verfügt. Deshalb kann auch keine Rede sein von einem freien Vertrag zwischen Kapitalist und Arbeiter. Als die Proudhonisten über den freien und gerechten Vertrag schwatzten, verstanden sie einfach den Mechanismus des kapitalistischen Produktionsprozesses nicht.[29] Der Vertrag zwischen Kapital und Arbeit kann niemals auf gerechten Bedingungen beruhen, gerecht nicht einmal im Sinn einer Gesellschaft, die das Eigentum an den materiellen Mitteln für Leben und Produktion, der lebendigen Produktivkraft gegenüberstellt. Hinter einzelnen Kapitalisten steht die Macht der Gesellschaft. Dieser Macht können die Arbeiter nur ihre Zahl entgegensetzen, die einzige gesellschaftliche Macht, die ihnen zur Verfügung steht. Aber die Macht der Zahl, die Macht der Masse wird zerstört durch die Uneinigkeit der Arbeiter, die erzeugt und erhalten wird durch ihre unvermeidliche Konkurrenz untereinander. Deshalb war es in erster Linie notwendig, diese Konkurrenz unter den Arbeitern zu beseitigen. Aus den spontanen Versuchen der Arbeiter, diese Konkurrenz zu beseitigen oder mindestens einzuschränken, mit dem Ziel, solche Vertragsbedingungen zu erzwingen, die ihnen erlauben würden, sich wenigstens über die Stellung bloßer Sklaven zu erheben – so entstan-

---

29 Im Folgenden paraphrasiert Rjazanov zum Teil wörtlich das Original. Vgl. MEW, Bd. 16, S. 196 ff.

den die Gewerkschaften. Ihre unmittelbare Aufgabe beschränkte sich auf die Erfordernisse des Tages, auf die Suche nach Mitteln zur Abwehr der beständigen Übergriffe des Kapitals, mit einem Wort: auf die Fragen des Arbeitslohnes und der Arbeitszeit.

Trotz der Versicherungen der Proudhonisten ist diese Tätigkeit nicht nur vollkommen rechtmäßig, sondern auch unumgänglich. Man kann nicht auf sie verzichten, solange das gegenwärtige Produktionssystem herrscht. Sie muss im Gegenteil durch Gründung und Zusammenfassung der Gewerkschaften in allen Ländern verstärkt werden.

Die Gewerkschaften spielen noch eine andere wichtige Rolle, die die Proudhonisten im Jahr 1866 genauso wenig verstanden wie ihr Meister im Jahr 1847. Ohne dass es ihnen bewusst ist, dienten und dienen die Gewerkschaften der Arbeiterklasse als Organisationszentren, wie die mittelalterlichen Munizipalitäten und Kommunen für die Bourgeoisie. So notwendig sie sind für den Kampf zwischen Kapital und Arbeit, so sind sie noch weit wichtiger als organisierte Kraft zur Beseitigung des Systems der Lohnarbeit selbst.

Leider machten sich die Gewerkschaften selbst diese Aufgabe nicht ganz klar. Zu ausschließlich vom örtlichen und unmittelbaren Kampf mit dem Kapital in Anspruch genommen, begriffen die Gewerkschaften nicht voll ihre Macht im Kampf gegen das System der Lohnsklaverei selbst. Sie hielten sich deshalb – und halten sich immer noch – zu sehr von allgemeinen und politischen Bewegungen fern.

Marx weist auf einige Anzeichen hin, die zeigen, dass in den Gewerkschaften offensichtlich ein gewisses Verständnis ihrer historischen Mission erwacht. Solche Anzeichen sind die Beteiligung der englischen Gewerkschaften am Kampf für das allgemeine Wahlrecht und die Resolution, die auf ihrer Konferenz in Sheffield angenommen worden ist, und die allen Gewerkschaften empfiehlt, sich der Internationale anzuschließen.

Zum Schluss wendet sich Marx, der bis dahin in erster Linie gegen die Proudhonisten polemisiert hat, verstärkt gegen die reinen Trade-Unionisten, die die Aufgaben der Gewerkschaften lediglich auf die Fragen des Arbeitslohnes und der Arbeitszeit beschränken wollten. Neben ihren ursprünglichen Aufgaben müssen sie lernen, bewusst als organisierende Zentren der Arbeiterklasse zu handeln im Interesse ihrer vollständigen Emanzipation. Sie müssen jede soziale und politische Bewegung unterstützen, die dieses Ziel verfolgt. Sie müssen sich als Vorkämpfer und Vertreter der ganzen Arbeiterklasse betrachten und, entsprechend handelnd, alle Arbeiter in ihre Reihen hineinziehen. Sie müssen sich sorgfältig um die Interessen der am schlechtesten bezahlten Gewerbe kümmern, zum Beispiel der Landarbeiter, die durch besonders ungünstige Umstände ohnmächtig sind. Die ganze Welt müssen die Gewerkschaften davon überzeugen, dass ihre Anstrengungen, weit entfernt begrenzt und selbstsüchtig zu sein, auf die Emanzipation der unterdrückten Millionen gerichtet sind.

Die Diskussionen über die Gewerkschaftsfrage auf dem Genfer Kongress waren von großer Bedeutung. Die Londoner Delegierten verteidigten ihre Position sehr geschickt. Für sie stellte die Resolution selbst nur die Folgerung aus der großen Stellungnahme, den Instruktionen von Marx dar, die damals leider nur ihnen bekannt war.[30]

---

30 Dagegen heißt es in einer Anmerkung der MEW-Herausgeber (MEW, Bd. 16, S. 629 f., Anm. 136): »Marx' Instruktionen wurden als offizieller

Als nämlich im Zentralrat alle Fragen erörtert worden waren, die auf dem kommenden Kongress auf die Tagesordnung gesetzt werden sollten, waren auch dort große Meinungsverschiedenheiten aufgebrochen. Marx hielt deshalb im Rat ein detailliertes Referat, in dem er die Bedeutung der Gewerkschaften unter den Bedingungen des kapitalistischen Produktionsprozesses erklärte. Er nutzte diese Gelegenheit, um seinen Zuhörern in populärer Form seine neue Wert- und Mehrwerttheorie darzulegen, um ihnen die gegenseitige Abhängigkeit zu erklären, die zwischen dem Arbeitslohn, dem Mehrwert und dem Preis der Waren besteht. Die Protokolle dieser Sitzung des Zentralrats machen einen tiefen Eindruck durch ihre Ernsthaftigkeit, um die sie die gelehrteste bürgerliche Anstalt beneiden könnte. Und zugleich wurde die ganze Autorität dieser Wissenschaft, alle ihre neuen Errungenschaften in den Dienst der Arbeiterklasse gestellt.

Die Londoner Delegierten verteidigten mit nicht geringerem Geschick auch die Resolution von Marx über den Achtstundentag. Im Gegensatz zu den Franzosen legten sie, Marx folgend, dar:

> „Wir erklären die Beschränkung des Arbeitstages für eine Vorbedingung, ohne welche alle anderen Bestrebungen nach Verbesserung und Emanzipation scheitern müssen. Sie ist erheischt, um die Gesundheit und körperliche Energie der Arbeiterklasse, dass heißt der großen Masse einer jeden Nation, wiederherzustellen und ihr die Möglichkeit geistiger Entwicklung, gesellschaftlichen Verkehrs und sozialer und politischer Tätigkeit zu sichern."[31]

Der Kongress erhob, dem Vorschlag des Zentralrats folgend, die Forderung, die achtstündige Arbeit als gesetzliche Grenze

---

Bericht des Generalrats verlesen."
31 MEW, Bd. 16, S. 192.

des Arbeitstages festzusetzen. Da diese Begrenzung auch von den Arbeitern in den Vereinigten Staaten gefordert wurde, machte der Kongress diese Forderung zu einer allgemeinen Plattform der Arbeiterklasse der ganzen Welt. Nachtarbeit sollte nur in Ausnahmefällen erlaubt sein, in einzelnen Produktionszweigen oder Berufen, die im Gesetz genau bezeichnet werden sollten. Aber die Tendenz sollte dahin gehen, jede Nachtarbeit abzuschaffen.

Leider wurde die Frage der Frauenarbeit in der Stellungnahme von Marx nicht genau analysiert. Er hielt es für ausreichend zu sagen, dass der ganze Paragraph über die Verkürzung des Arbeitstages sich gleichermaßen auf alle erwachsenen Arbeiter, Männer und Frauen, bezieht, mit der Einschränkung,

> „dass die letzteren aufs strengste von jeglicher Nachtarbeit auszuschließen sind, ebenso von jeder Arbeit, die für den empfindlicheren weiblichen Organismus schädlich ist oder den Körper giftigen oder anderen schädlichen Einwirkungen aussetzt."[32]

Aber da die Mehrheit der Franzosen und Schweizer sich sehr hitzig gegen Frauenarbeit überhaupt wandte, nahm der Kongress sowohl die Thesen von Marx an als auch eine Resolution der Franzosen. So wurde beschlossen, am besten sei es, Frauenarbeit ganz zu verbieten, solange sie aber praktiziert würde, müsse man sie in den Grenzen halten, die Marx angegeben hatte.

Dann wurden die Thesen von Marx über die Arbeit von Kindern und Jugendlichen unverändert, ohne alle proudhonistischen Ergänzungen angenommen. In ihnen wurde gesagt, dass

---

32 Ebd., S. 193.

„die Tendenz der modernen Industrie, Kinder und Jugendliche bei-
derlei Geschlechts zur Mitwirkung an dem großen Werk der gesellschaftlichen Produktion heranzuziehen, (...) eine fortschrittliche,
gesunde und berechtigte ‚Tendenz (ist), obgleich die Art und Weise,
auf welche diese Tendenz unter der Kapitalherrschaft verwirklicht
wird, eine abscheuliche ist. In einem rationellen Zustand der Gesellschaft sollte jedes Kind vom neunten Jahre an ein produktiver
Arbeiter werden, ebenso wie kein arbeitsfähiger Erwachsener von
dem allgemeinen Naturgesetz ausgenommen sein sollte, nämlich zu
arbeiten, um essen zu können, und zu arbeiten nicht bloß mit dem
Hirn, sondern auch mit den Händen."[33]

Im Zusammenhang damit legt Marx ein ganzes Programm zur
Vereinigung von körperlicher und geistiger Arbeit vor. Dazu
gehören die allgemeine geistige Entwicklung, die körperliche
Entwicklung und die polytechnische Ausbildung, die die Kinder mit den wissenschaftlichen Grundlagen aller Produktions-
prozesse bekannt macht.

In seiner Stellungnahme berührte Marx auch die Frage der Genossenschaften. Er benutzte diese Gelegenheit, nicht nur die
Illusionen der reinen Genossenschaftler einer Kritik zu unterziehen, sondern auch die Grundbedingung für den Erfolg der
Genossenschaftsbewegung hervorzuheben. Wie in der Inauguraladresse gibt er den Vorzug nicht den Konsumgenossen-
schaften, sondern den Produktivgenossenschaften, und fügt
hinzu:

„Aber das Kooperativsystem (...) ist niemals imstande, die kapitalistische Gesellschaft umzugestalten. (...) (Dazu) bedarf es allgemeiner
gesellschaftlicher Veränderungen, Veränderungen der allgemeinen
Bedingungen der Gesellschaft, die nur verwirklicht werden können

---

33 Ebd.

durch den Übergang der organisierten Gewalt der Gesellschaft, dass heißt der Staatsmacht, aus den Händen der Kapitalisten und Grundbesitzer in die Hände der Produzenten selbst."[34]

Wir sehen, dass auch hier Marx von Neuem die Notwendigkeit der Eroberung der politischen Macht durch die Arbeiterklasse hervorhebt.

Der Entwurf des Statuts, der uns schon bekannt ist, wurde ohne jede Veränderung angenommen. Der Versuch der Franzosen, die diese Frage schon auf der Londoner Konferenz aufgeworfen hatten, dem Wort Arbeiter eine beschränkte Auslegung nur im Sinn der physischen Arbeit zu geben und so die Vertreter der geistigen Arbeiter oder die Intelligenz auszuschließen, erfuhr eine deutliche Absage. Die englischen Delegierten erklärten, dass man, wenn der Vorschlag der Franzosen angenommen würde, in erster Linie Marx ausschließen müsse, der soviel für die Internationale getan hatte. Der Genfer Kongress hatte eine kolossale Propaganda-Wirkung. Alle seine Resolutionen, die die Grundforderungen der Arbeiterklasse formulierten und fast ausschließlich von Marx verfasst waren, gingen in das praktische Minimalprogramm aller Arbeiterparteien ein. Der Kongress hatte ein begeistertes Echo in allen Ländern einschließlich unserem Russland, wo schon im Jahr 1865 im Zeitgenossen das Gründungsmanifest der Internationale als ein von Marx verfasstes Dokument ausführlich zitiert wird. Gerade nach dem Genfer Kongress, der der internationalen Arbeiterbewegung einen starken Auftrieb gab, wurde die Internationale mit einem Schlag populär.

Schon auf dem folgenden Kongress in Lausanne entbrannte ein Kampf um die Teilnahme am Kongress einer neuen inter-

---

34 Ebd., S. 195 f.

nationalen Gesellschaft, der Friedens- und Freiheitsliga. Die Anhänger einer Teilnahme behielten die Oberhand. Erst auf dem folgenden Kongress in Brüssel setzte sich der Standpunkt des Generalrats durch, und es wurde beschlossen, der Liga. vorzuschlagen, sich der Internationale anzuschließen, und ihre Mitglieder aufzufordern, in die Sektionen der Internationalen einzutreten.

Auch an diesen beiden Kongressen nahm Marx nicht teil. Der Lausanner Kongress hatte seine Arbeit noch nicht beendet, als der erste Band des Kapital erschien. Auf dem folgenden Kongress in Brüssel im Jahr 1868 wurde, auf Vorschlag der deutschen Delegation, eine Resolution gefasst, die den Arbeitern aller Länder das Studium des Kapitals empfahl. Sie wies darauf hin, dass Marx ein gewaltiges Verdienst zukommt: er war der erste Ökonom, der das Kapital einer wissenschaftlichen Analyse unterzog und es auf seine Grundelemente zurückführte.

Auf dem Brüsseler Kongress wurden unter anderem der Einfluss der Maschinen auf die Lage der Arbeiterklasse, die Frage des Streiks und des Grundeigentums erörtert. Die Resolutionen, die angenommen wurden, waren vom Kompromissgeist geprägt, aber dafür siegte zum ersten Mal der Standpunkt des Sozialismus, oder, wie man damals sagte, Kollektivismus, über die Franzosen. Die Notwendigkeit der Überführung der Transport- und Kommunikationsmittel, aber auch des Bodens in gesellschaftliches Eigentum wurde anerkannt, aber in ihrer endgültigen Form wurde die Resolution erst auf dem folgenden Kongress in Basel im Jahr 1869 angenommen.

Ein zentrales politisches Problem, das die Internationale beschäftigt, wird schon seit dem Lausanner Kongress das Problem des Krieges und der Mittel, die man im Kampf gegen ihn anwenden muss. Das Problem war aktuell. Nach dem Krieg von 1866, nach dem Sieg von Preußen über Österreich, begann sich in ganz Europa die Überzeugung zu verstärken, dass als unvermeidliche Folge dieses Krieges in nächster Zukunft ein Krieg zwischen Frankreich und Preußen ausbrechen musste. Im Jahr 1867 begannen sich die Beziehungen zwischen diesen Ländern zuzuspitzen.

Die Lage Napoléons III. war nach großen Misserfolgen bei allen möglichen kolonialen Abenteuern, mit denen er, wie man sagt, sein Prestige heben wollte, sehr prekär geworden. Auf den Wink von Finanzbossen hin hatte er eine Expedition nach Mexiko angezettelt, die in den Vereinigten Staaten eine starke Empörung gegen ihn auslöste. Sie beobachteten sehr argwöhnisch jeden Versuch von europäischen Mächten, sich in amerikanische Angelegenheiten einzumischen. Napoléons Abenteuer endete mit einer äußerst schmählichen Niederlage. Er musste die Sache in Europa ausbügeln. Aber auch hier war ihm der Misserfolg auf den Fersen. Gezwungen, Zugeständnisse in der Innenpolitik zu machen, hoffte er, mit irgendeiner erfolgreichen Annexion in Europa den Besitzstand Frankreichs zu vergrößern und auf diese Weise seine Position zu festigen.

Im Jahr 1867 kam es zur sogenannten Affaire Luxembourg. Nach allen möglichen erfolglosen Versuchen, irgendein Gebiet auf dem linken Rheinufer an sich zu reißen, wollte Napoléon Holland das Großherzogtum Luxemburg abkaufen, das bis 1866 zum Deutschen Bund gehört hatte, dessen Oberhaupt aber der holländische König war. Im Herzogtum hatte zuvor eine preußische Garnison gelegen, die aber zum Abzug gezwungen worden war. Die Nachricht von dem Geschäft zwischen Napoléon und Holland rief eine große Empörung unter den deutschen Patrioten hervor. Der Krieg lag in der Luft, und

Napoléon, der glaubte, noch nicht genügend auf ihn vorbereitet zu sein, machte einen Rückzieher. Wiederum wurde seinem Prestige ein schwerer Schlag versetzt, wieder war er genötigt, Zugeständnisse an die immer stärker gewachsene Opposition zu machen.

Bis zum Zeitpunkt des Brüsseler Kongresses hatte sich die Situation in Europa so zugespitzt, dass man täglich mit Krieg rechnete. Alle waren überzeugt, dass er ausbrechen würde, sobald Frankreich oder Preußen ihre Vorbereitungen abgeschlossen hätten und einen passenden Anlass fänden. Für die Arbeiterbewegung, die sich mit jedem Tag stärker entwickelte, besonders auf dem Kontinent, erhob sich immer dringender die alarmierende Frage, wie man diesen Krieg verhindern konnte, der, wie alle gut begriffen, den französischen und deutschen Arbeitern einen schweren Schlag versetzen würde. Es leuchtet deshalb ein, dass die Internationale, die im Jahr 1868 schon zu einer großen Kraft herangewachsen war, sich ernsthaft mit dieser Frage befassen musste. Nach leidenschaftlichen Debatten auf dem Brüsseler Kongress, in denen die einen darauf bestanden, daß man im Kriegsfall einen Generalstreik organisieren müsse, und die anderen zu beweisen suchten, dass nur der Sozialismus dem Krieg ein Ende setzen könne, wurde eine kompromisslerische und recht verworrene Resolution angenommen.

Da gegen Sommer 1869 das Gespenst des Krieges zeitweilig verschwunden war, standen auf dem Baseler Kongress ökonomische und soziale Fragen im Vordergrund. Zum ersten Mal wurde eine Frage zum Angelpunkt, die schon auf dem Brüsseler Kongress berührt worden war - die Frage der Vergesellschaftung der Produktionsmittel. Dieses Mal siegten endgültig Gegner des Privateigentums an Grund und Boden. Die Proudhonisten erlitten eine vollständige Niederlage. Aber auf diesem Kongress ergaben sich auch neue Meinungsverschiedenheiten. Zum ersten Mal tauchte ein russischer Landsmann von uns als Vertreter einer besonderen Strömung auf, der vielen von gut bekannt ist: Bakunin.

Wo kam er her? Wir sind ihm schon Anfang der 40er Jahre in Berlin begegnet, wir wissen, daß er dieselbe philosophische Schule durchlief, durch die Marx und Engels gegangen waren, daß er zu Beginn der Revolution von 1848 auf der Seite der deutschen Emigranten in Paris stand, die eine revolutionäre Legion zum Einfall nach Deutschland organisierten. Während der Revolution selbst bemüht er sich, in Böhmen die slawischen Revolutionäre zu vereinigen, nimmt später am Aufstand der sächsischen Revolutionäre in Dresden teil, wird verhaftet, zum Tode verurteilt, aber an den Zaren Nikolaus ausgeliefert, der ihn in Schlüsselburg einkerkert. Einige Jahre später, unter Alexander II., wird er nach Sibirien verbannt, von wo er über Japan und Amerika nach Europa flieht. Das ist im Jahr 1862. Anfangs wirft er sich hier auf russische Angelegenheiten, verbündet sich mit Herzen, verfasst einige Broschüren über slawische und russische Probleme, in denen er sich wieder bemüht, die Notwendigkeit einer revolutionären Vereinigung der Slawen zu beweisen, er versucht dann, sich am polnischen Aufstand zu beteiligen, was aber völlig misslingt. 1864 trifft er in London mit Marx zusammen, von dem er von der Gründung der Internationale erfährt und seine Teilnahme verspricht. Er reist aber dann nach Italien ab und befasst sich mit einer völlig anderen Sache.

Wie auch im Jahr 1848 glaubte er, dass Marx die Bedeutung der Arbeiterklasse zu stark überbetone, dass die Intelligenz, die Studenten, die Vertreter der bürgerlichen Demokratie, ein revolutionäres Element darstellen. In der Zeit wo die Internationale mit den ersten Schwierigkeiten kämpfte und sich allmählich in die einflussreichste internationale Organisation verwandelte, bemühte sich Bakunin, in Italien seine eigene revolutionäre Gesellschaft zu organisieren. In die Schweiz übergesiedelt, trat er der bürgerlichen Friedens- und Freiheitsliga bei, wurde sogar in ihr Zentralkomitee gewählt. Erst im Jahr 1868 trat er aus ihr aus, gründete aber, statt der Internationale beizutreten, mit Kampfgefährten eine neue Gesellschaft, den Internationalen Bund der sozialen Demokratie, oder, wie man ihn gewöhnlich nennt, die Alliance, was auf Französisch Bund bedeutet.

Die neue Gesellschaft trat sehr revolutionär auf. Sie erklärte Gott und dem Staat einen erbarmungslosen Krieg. Sie verlangte von ihren Mitgliedern, sich zum Atheismus zu bekennen. Ihr ökonomisches Programm zeichnete sich nicht durch besondere Klarheit aus. Es forderte die ökonomische und soziale Gleichstellung aller Klassen, anstatt die Abschaffung aller Klassen anzustreben. Trotz ihres scheinbaren Revolutionarismus hatte die neue Gesellschaft noch nicht einmal ein konsequentes sozialistisches Programm und begnügte sich lediglich mit der Forderung nach der Abschaffung des Erbrechtes. Um nicht diejenigen abzuschrecken, die aus anderen Klassen stammten, verzichtete es darauf, einen bestimmten Klassencharakter klar hervorzuheben.

Die neue Gesellschaft wandte sich an den Generalrat mit der Bitte, sie in die Internationale aufzunehmen, aber als besondere Gesellschaft mit eigenem Statut und eigenem Programm.

Wir kommen jetzt zum heikelsten Punkt. Da Marx über großen Einfluss im Generalrat verfügte, macht man ihn gewöhnlich für alle Beschlüsse, die vom Generalrat gefasst wurden, verantwortlich. Das ist nicht ganz richtig. Aber im vorliegenden Fall trägt Marx tatsächlich die Hauptverantwortung. Er hat nun, wenn man nicht nur den Anhängern Bakunins, sondern auch einigen Marxisten glaubt, die sich zu Fürsprechern des großen Wirrkopfes, aber zugleich aufrichtigen Revolutionärs machen, zu schroff gehandelt, als er auf der entschiedensten Ablehnung beharrte. Stellt Euch, damit Ihr das Wesen der Auseinandersetzung versteht, folgendes Bild vor: An die Komintern wendet sich eine Organisation, die sich gerade erst von einer bürgerlich demokratischen Gesellschaft getrennt hat, mit der Bitte, sie aufzunehmen, ihr aber das Recht zu belassen, in Form einer parallelen Gesellschaft, mit einem besonderen Programm und sogar mit dem Recht, ihren eigenen Kongress einzuberufen, aufzutreten. Man würde ihr, vollkommen vernünftigerweise, antworten: Natürlich, besser spät als nie, wenn ihr zuguterletzt gemerkt habt, dass ihr euch unbedacht mit der Bourgeoisie eingelassen habt, dann ersuchen wir euch höflich, beizutreten, nur löst vorher eure Organisation auf und verteilt euch auf unsere Sektionen. Man muss schon ein sehr mitfühlender Mensch sein, um in so einer Antwort den Beweis einer besonderen Bosheit und persönlichen Feindseligkeit gegenüber diesen Leuten zu sehen, die zwar gute Menschen sind, aber ihr Handwerk sehr schlecht verstehen.

Zusammen mit dem Programm der neuen Allianz schickte Bakunin aber noch einen Extra-Brief an Marx, fast vier Jahre, nachdem er ihm aus Italien geschrieben hatte, wo er versprochen hatte, für die Internationale zu arbeiten. Es stellte sich heraus, dass er nicht nur sein Versprechen nicht eingelöst hatte, sondern im Gegenteil alle seine Kräfte in den Dienst einer bürgerlichen Bewegung gestellt hatte. Er schrieb zwar jetzt an Marx, dass er besser als je zuvor verstünde, wie recht Marx gehabt habe, als er die große Straße der ökonomischen Revolution gewählt und diejenigen verspottet hatte, die sich auf Seitenpfaden nationaler oder ausschließlich politischer Art verloren hatten. Und er fügte mit noch größerem Pathos hinzu:

> „Seit dem feierlichen öffentlichen Abschied, den ich auf dem Berner Kongress an die Bourgeois gerichtet habe, kenne ich keine andere Gesellschaft mehr, kein anderes Milieu als die Welt der Arbeiter. Mein Vaterland ist jetzt die Internationale, die Du hauptsächlich mit gegründet hast. Du siehst also, lieber Freund, ich bin jetzt Dein Schüler – und ich bin stolz es zu sein ...“[35]

Dieser Brief ruft bei den Freunden Bakunins immer Tränen der Rührung und ein Gefühl der Entrüstung gegenüber dem herzlosen Marx hervor, der die ihm dargebotene Hand so grausam zurückstieß. Sogar Mehring fügt hinzu, dass es überhaupt keinen Grund gibt, an der Aufrichtigkeit dieser Versicherungen zu zweifeln.

Auch ich möchte die Aufrichtigkeit Bakunins nicht in Zweifel ziehen. Aber ich bitte Euch, nochmals zu versuchen, Euch in die Lage von Marx zu versetzen. Obwohl er ein schroffer Mensch war, muss auch Mehring anerkennen, dass er gegenüber Bakunin bis Ende 1868 eine große Geduld an den Tag gelegt hatte. Aber alles hat seine Grenzen. Es lohnt, einmal aufmerksam den Brief Bakunins durchzulesen. Ihr werdet dann verstehen, warum Marx dieser sentimentale Brief wenig überzeugend schien. Er stammt nicht von einem Knaben, sondern von einem Menschen, der schon hoch in den Fünfzigern war, der sich schon einmal der Welt der Arbeiter angeschlossen hatte, aber nur, um sie sogleich wieder zu vergessen und in die

---

35 MEW, Bd. 32, S. 757 (Brief Bakunins an Marx vom 22. Dezember 1868).

Welt der Bourgeoisie abzuwandern. Nach vierjährigen Scherereien mit ihr – von dem Wunsch getrieben, wieder die breite Straße zu betreten, sich mit der Internationale zu vereinigen – stellt er nun Ansprüche, die in keinem Verhältnis zu seinem bisherigen Verhalten stehen. Marx, der 1864 allzu gutgläubig gegenüber Bakunin gewesen war, spitzte jetzt verständlicherweise die Ohren – und es zeigte sich, dass er recht damit tat.

Als der Generalrat Bakunin seine Bitte kategorisch abschlug, erklärte dieser, seine Gesellschaft habe beschlossen, ihre Organisation aufzulösen und ihre Sektionen in Sektionen der Internationale umzuwandeln, aber unter Beibehaltung ihres theoretischen Programms. Der Generalrat erklärte sich bereit, die Sektionen nur auf der Basis der Anerkennung der allgemeinen Grundsätze der Internationale zuzulassen.

Es könnte scheinen, alles habe so ein gutes Ende genommen. Aber das schien nur so. Leider existierte die Allianz weiter und führte die ganze Zeit einen hartnäckigen Kampf mit der Internationale.

Worin bestand nun das Ziel, für dessen Verwirklichung Bakunin alle Mittel recht waren? Die Zerstörung der bürgerlichen Gesellschaft, die soziale Revolution – das ist es, was Bakunin anstrebte. Marx hatte sich dasselbe Ziel gesetzt. Das heißt, die Meinungsverschiedenheiten lagen auf einer anderen Ebene. Und tatsächlich gingen die Ansichten von Marx und Bakunin scharf auseinander in der Frage der Mittel, dieses Ziel zu erreichen.

Zuerst muss man zerstören, und dann entwickelt sich schon alles von selbst. Es genügt, die revolutionären Intelligenzler und die durch ihr Elend erbitterten Arbeiter zum Aufstand zu bringen. Dazu muss man eine Gruppe haben, die aus entschlossenen, revolutionär gesinnten Menschen besteht. Das ist im wesentlichen die Lehre von Bakunin, die auf den ersten Blick an die Lehre von Weitling erinnert. Aber das scheint nur so, so wie es auch rein äußerlich eine Ähnlichkeit mit der Lehre von Blanqui gibt. Tatsächlich wollte aber Bakunin von der Eroberung der politischen Macht durch das Proletariat nichts wissen. Er lehnte jeden politischen Kampf ab, soweit er auf dem Boden der existierenden bürgerlichen Gesellschaft zu führen war und soweit es sich um die Schaffung günstiger Bedingungen für die Klassenorganisation des Proletariats handelte. Deshalb waren Marx und alle, die mit ihm den politischen Kampf für notwendig hielten und das Proletariat für die Eroberung der politischen Macht organisieren wollten, in den Augen von Bakunin und seinen Anhängern ganz verknöcherte Opportunisten, die die Heraufkunft der sozialen Revolution aufhielten. Deshalb ergriffen die Bakunisten freudig die Gelegenheit, Marx als einen Menschen darzustellen, der um der Verwirklichung seiner Ideen willen nicht davor zurückscheute, die Statuten der Internationale zu fälschen. Öffentlich und besonders in Rundbriefen und Briefen beschimpften die Bakunisten Marx mit den gemeinsten Ausdrücken, wobei sie weder vor antisemitischen Ausfällen zurückschreckten noch vor solchen Absurditäten wie der Beschuldigung, Marx sei ein Agent Bismarcks.

Bakunin hatte Verbindungen mit Italien und mit der Schweiz. Besonders in der Schweiz, und zwar in ihrem französischen Teil, hatte er viele Anhänger gefunden. Näher auf die Ursachen dieser Erscheinung einzugehen, würde uns zu weit von unserem Hauptthema wegführen. Jedenfalls hatte seine Propaganda dort den größten Erfolg unter den zugewanderten Arbeitern und unter den Uhrmacher-Handwerkern, die stark unter der Konkurrenz der Großproduktion litten, die sich entwickelt hatte.

Als Bakunin auf dem Baseler Kongress auftauchte, hatte er schon eine bedeutende Gruppe hinter sich. Der erste Streit entzündete sich anlässlich der Erbrechts-Frage. Bakunin, der sich so klar gegen jeglichen Opportunismus gewandt hatte, bestand besonders nachdrücklich auf der Aufhebung des Erbrechtes als einer aktuellen Forderung. Die Delegierten des Generalrates ließen sich von einem Schreiben von Marx leiten und wiesen nach, dass eine solche Maßnahme, wie schon im Kommunistischen Manifest aufgezeigt, nur dann eine Bedeutung hat, wenn sie das Proletariat im Vorbeigehen verwirklicht, nachdem es die politische Macht erobert hat. Bis dahin kann man nur eine Erhöhung der Erbschaftssteuer und eine Beschränkung des Erbrechts erreichen. Aber Bakunin rechnete weder mit der Logik noch mit den konkreten Bedingungen. Ihm war die agitatorische Bedeutung seiner Forderung wichtig. Schließlich gewann keine einzige Resolution eine ausreichende Mehrheit. Ein anderer Konflikt entstand zwischen Bakunin und dem alten Liebknecht. Der Baseler Kongress war der erste, auf dem eine bedeutende neue Gruppe aus Deutschland in Erscheinung trat. Zu dieser Zeit war es Wilhelm Liebknecht und August Bebel schon gelungen, nach einem erbitterten Fraktionskampf mit Schweitzer, eine eigene Partei zu organisieren, die auf ihrem Gründungskongress in Eisenach das Programm der Internationale angenommen hatte. Im Zentralorgan dieser Partei war die Tätigkeit von Bakunin in der Friedens- und Freiheitsliga scharf kritisiert und seine alten panslawistischen Ansichten ausführlich dargestellt worden. Bakunin benutzte den Kongress, um mit Liebknecht abzurechnen. Die Sache endete mit einer Aussöhnung, die aber nicht von Dauer war.

Der folgende Kongress sollte in Deutschland stattfinden, in Mainz, aber er konnte nicht mehr zusammentreten. Unmittelbar nach dem Baseler Kongress wurde die politische Luft so dick, dass man jeden Tag mit dem Ausbruch des drohenden Krieges rechnen konnte. Bismarck, einer der größten Gauner der Weltgeschichte, überlistete geschickt seinen ehemaligen Lehrmeister Napoléon und drehte die Sache so hin, dass Frankreich vor der ganzen Welt als Angreifer dastand.

Dennoch brach der Krieg überraschend aus. Weder die französischen noch die deutschen Arbeiter waren in der Lage, ihn zu verhindern. Der Generalrat veröffentlichte wenige Tage nach der Kriegserklärung einen von Marx verfassten Aufruf.

Er beginnt mit einem Zitat aus der Inauguraladresse, mit der Verurteilung

> „einer auswärtigen Politik, die frevelhafte Zwecke verfolgt, mit Nationalvorurteilen ihr Spiel treibt und in piratischen Kriegen des Volkes Blut und Gut vergeudet."[36]

Es folgt eine Verdammung Napoléons. Marx entwirft ein gedrängtes Bild von Napoléons Kampf gegen die Internationale, der sich noch verstärkt hatte, nachdem die französischen Internationalisten eine erbitterte Agitation gegen Napoléon entfaltet hatten. Wie auch immer der Krieg ausgehen wird, fügt Marx hinzu, die Todesstunde des Zweiten Kaiserreichs in Paris hat schon geschlagen. Es wird enden, wie es begonnen hat, als Parodie.

Aber ist allein Napoléon schuld? Absolut nicht. Schuld sind alle europäischen Regierungen. Man muss sich daran erinnern,

---

36 MEW, Bd. 16, S. 13.

daß gerade die Regierungen und die herrschenden Klassen Europas Napoléon im Verlauf von 18 Jahren halfen, die Komödie der Restauration des Kaiserreichs zu spielen.

Aber am schärfsten geht der Deutsche Marx mit seiner Heimat ins Gericht. Von deutscher Seite erscheint der Krieg als ein Verteidigungskrieg. Aber wer hat Deutschland in die Lage gebracht, sich verteidigen zu müssen? Wer hat Napoléon in Versuchung geführt, Deutschland anzugreifen? Preußen. Es hat eine Abmachung mit Napoléon gegen Österreich getroffen. Wenn Preußen besiegt werden würde, würde Frankreich Deutschland mit seinen Soldaten überschwemmen. Aber was hatte Preußen nach seinem Sieg über Österreich getan? Anstatt dem versklavten Frankreich ein freies Deutschland entgegen zu stellen, hatte es im Gegenteil, weit entfernt, die reizende preußische Ordnung zu beseitigen, ihr noch alle charakteristischen Züge des bonapartistischen Regimes aufgepfropft.

Die erste, entscheidende Phase des Krieges war verblüffend schnell zu Ende. Die französische Armee erwies sich als völlig unvorbereitet. In ungefähr sechs Wochen war sie völlig zerschlagen, und schon am 2. September übergab Napoléon sich und die große Festung Sedan den Preußen. Am 4. September wurde in Paris schon die Republik ausgerufen. Entgegen der Versicherung von Preußen, dass es nur mit dem Kaiserreich Krieg führen würde, wurde der Krieg fortgesetzt. Seine zweite, hartnäckigere und langwierigere Phase begann.

Unmittelbar nach der Ausrufung der Republik in Frankreich veröffentlichte der Generalrat sein zweites Manifest aus Anlass des Krieges. Es war wiederum von Marx verfasst und stellt eines seiner genialsten Werke sowohl hinsichtlich der Tiefe der Situationsanalyse als auch hinsichtlich der Kraft und Schärfe der historischen Voraussicht dar. Es wird interessant für Euch sein, zu erfahren, dass es von Marx nicht nur in seiner Eigenschaft als Generalsekretär für Deutschland, sondern auch für Russland unterschrieben war, da sich kurz zuvor eine russische Sektion der Internationale in der Schweiz gebildet und Marx gebeten hatte, sie im Generalrat zu vertreten.

Ihr erinnert Euch, dass Marx schon im ersten Manifest vorausgesagt hatte, dieser Krieg würde mit dem Untergang des zweiten Kaiserreichs enden. Mit einem Hinweis auf diese Prophezeiung beginnt das zweite Manifest. Aber es zeigte sich, dass Marxens Kritik der preußischen Politik nicht weniger begründet gewesen war. Der sogenannte Verteidigungskrieg war schon in einen Krieg gegen das französische Volk ausgeartet. Schon lange vor dem Fall von Sedan und Napoleons Gefangennahme, sobald nämlich der unglaubliche Zerfall der bonapartistischen Armee offenbar geworden war, sprach sich die preußische Militärkamarilla für eine Eroberungspolitik aus. Marx unterwirft auch das heuchlerische Verhalten der deutschen liberalen Bourgeoisie einer erbarmungslosen Kritik. Indem er sich der Hinweise von Engels bedient, der, als Spezialist, den Verlauf des Krieges aufmerksam verfolgte und bereits in der ersten Augusthälfte den Fall von Sedan vorausgesagt hatte, analysiert Marx die militärischen Argumente, mit denen die preußischen Generale und Bismarck sich bemühten, den Anschluss von Elsaß und Lothringen an Deutschland zu rechtfertigen.

Marx wendet sich aufs Schärfste gegen jegliche Annexionen und Kontributionen und zeigt, dass ein solcher Gewaltfriede zu den genau entgegengesetzten Resultaten führen muss. Die Folge dieses Friedens wird ein neuer Krieg sein. Frankreich wird das Verlorene zurückerobern wollen und dazu ein Bündnis mit Russland eingehen; auf diese Weise wird das zaristische Russland, das seine Hegemonie nach dem Krimkrieg verloren hat, von Neuem die schicksalentscheidende Macht in Europa werden. Diese geniale Prognose, die Vorhersage des Ganges der europäischen Geschichte, die ein großartiger praktischer Beweis der theoretischen Richtigkeit der materialistischen Geschichtsauffassung ist, endet mit folgenden Worten:

> „Glauben die Deutschtümler wirklich, dass Freiheit und Frieden Deutschlands gesichert sei, wenn sie Frankreich in die Arme Russlands hineinzwingen? Wenn das Glück der Waffen, der Übermut des Erfolgs und dynastische Intrigen Deutschland zu einem Raub an französischem Gebiet verleiten, bleiben ihm nur zwei Wege offen. Entweder muss es, was auch immer daraus folgt, der offenkundige Knecht russischer Vergrößerungen werden, – eine Politik, die der Tradition der Hohenzollern entspricht –, oder aber es muss sich nach kurzer Rast für einen neuen defensiven Krieg rüsten, nicht für einen jener neugebackenen lokalisierten Kriege, sondern zu einem Racenkrieg gegen die verbündeten Racen der Slawen und Romanen. Das ist die Friedensperspektive, welche die hirnkranken Patrioten der Mittelklasse Deutschlands garantieren."[37]

Das ist eine Prophezeiung, die sich buchstäblich erfüllte und deren Erfüllung nicht weniger hirnkranke zeitgenössische deutsche Patrioten noch mit eigenen Augen sahen.

Das Manifest endet mit einer Darlegung der praktischen Aufgaben, die sich damals der Arbeiterklasse stellten. Den deutschen Arbeitern wird empfohlen, einen ehrenvollen Frieden und die Anerkennung der französischen Republik zu fordern. Den französischen Arbeitern, die sich in einer noch schwierigeren Lage befanden, rät Marx, auf der Hut zu sein vor den

---

37   MEW, Bd. 17, S. 275 f.

bürgerlichen Republikanern und die Republik zu benutzen, um schnell ihre Klassenorganisation zu entwickeln und ihre Befreiung zu erkämpfen.

Die folgenden Ereignisse zeigten, wie durch und durch berechtigt Marxens Misstrauen gegenüber den französischen Republikanern gewesen war. Ihr schändliches Verhalten und ihre Bereitschaft, sich eher mit Bismarck zu verbünden als der Arbeiterklasse das kleinste Zugeständnis zu machen, führten zur Proklamation der Pariser Kommune. Nach drei Monaten eines heroischen Kampfes endete dieser erste Versuch einer Diktatur des Proletariats, durchgeführt unter den ungünstigsten Bedingungen, mit einem Misserfolg. Der Generalrat war nicht in der Lage, den Franzosen die notwendige Hilfe zu leisten. Paris war durch französische und deutsche Heere vom ganzen übrigen Frankreich und von der ganzen Welt abgeschnitten. Allerdings rief die Kommune eine allgemeine Solidaritätsbewegung hervor und wir können voller Stolz sagen, dass ihr Schicksal auch in unserem Land ein äußerst lebhaftes Echo gefunden hat, wo noch im April und Mai 1871 eine Gruppe von Revolutionären Flugblätter verteilte mit dem Aufruf, dem Beispiel der französischen Kommunarden zu folgen.

Marx, der sich während der Kommune bemüht hatte, Beziehungen mit Paris aufrecht zu erhalten, wie ein von mir aufgefundener Brief an Varlin beweist, einen der hervorragendsten französischen Internationalisten und Märtyrer der Kommune, verfasste im Auftrag des Generalrates ein Manifest. Er trat für die von der gesamten bürgerlichen Presse verleumdeten Kommunarden ein und zeigte, dass die Pariser Kommune eine neue große Etappe in der Entwicklung der proletarischen Bewegung ist, dass sie ein Vorbild des proletarischen Staates darstellt, der an die Verwirklichung des Kommunismus geht. Schon aufgrund der Erfahrung der Revolution von 1848 war Marx zu dem Schluss gekommen, dass die Arbeiterklasse, nachdem sie die politische Macht erobert hat, nicht einfach den bürgerlichen Staatsapparat in Besitz nehmen kann, dass sie die ganze bürokratische und polizeiliche Maschinerie zerschlagen muss. Die Erfahrung der Kommune überzeugte ihn endgültig davon. Sie zeigte, dass das Proletariat, wenn es die Macht ergriffen hat, seinen eigenen Staatsapparat schaffen muss, der seinen eigenen Bedürfnissen angepasst ist. Aber dieselbe Erfahrung der Kommune lehrte, dass der proletarische Staat sich nicht auf eine Stadt beschränken kann, auch nicht auf eine zentrale. Die Macht des Proletariats muss sich aufs ganze Land ausdehnen, um die Chance zu haben, sich zu festigen, und auf einige kapitalistische Länder, um den endgültigen Sieg davon zu tragen.

Bakunin und seine Anhänger zogen, im Gegenteil, ganz andere Schlüsse aus der Erfahrung der Kommune. Sie fuhren fort, noch leidenschaftlicher gegen jede Politik und jeden Staat zu Felde zu ziehen und empfahlen, bei der ersten günstigen Gelegenheit Kommunen in den einzelnen Städten zu organisieren, um mit ihrem Beispiel andere anzustecken.

Die Niederlage der Kommune hatte sehr nachteilige Folgen für die Internationale selbst. Die französische Arbeiterbewegung kam für einige Jahre zum Stillstand. In der Internationale war sie nur durch die unzähligen Kommuneflüchtlinge in England und Frankreich vertreten, unter denen ein äußerst erbitterter Fraktionskampf wütete, der auch in den Generalrat hineingetragen wurde.

Ein schwerer Schlag wurde auch der deutschen Arbeiterbewegung versetzt. Bebel und Liebknecht, die gegen die Annexion von Elsaß und Lothringen protestiert und sich mit der Pariser

Kommune solidarisiert hatten, wurden verhaftet und zu Gefängnis und Festungshaft verurteilt. Schweitzer, der das Vertrauen seiner Partei verloren hatte, wurde genötigt, aus ihr auszutreten. Die Anhänger Liebknechts und Bebels, die sogenannten Eisenacher, arbeiteten weiter getrennt von den Lassalleanern und begannen sich ihnen erst anzunähern, nachdem die Regierung mit der gleichen Wut über die beiden sich befehdenden Parteien herfiel. Auf diese Weise verlor die Internationale auf einen Schlag ihre Stütze in den beiden größten Ländern des kontinentalen Europa.

Aber auch in der englischen Arbeiterbewegung selbst vollzog sich eine Wende. Der Krieg zwischen den beiden industriell entwickeltsten Ländern auf dem Kontinent hatte der englischen Bourgeoisie nicht weniger Vorteile gebracht als der letzte europäische Krieg der amerikanischen. Sie war jetzt in der Lage, einen bestimmten Teil ihrer Extraprofite abzuzweigen und einer Vielzahl von Arbeitern in den wichtigsten Branchen der Industrie höhere Löhne zu zahlen. Die Gewerkschaften erhielten eine große Aktionsfreiheit. Einige alte gegen sie gerichtete Gesetze wurden aufgehoben. All das erwies seinen Einfluss auch auf einige Mitglieder des Generalrats, die eine große Rolle in der Gewerkschaftsbewegung spielten: in dem Maß, in dem die Internationale radikaler wurde, wurden sie gemäßigter und immer gemäßigter. Sie waren fortan nur noch formal Mitglieder des Generalrats und benutzten ihren Titel gleichzeitig im persönlichen Interesse. Die Kommune und die durch sie hervorgerufenen erbitterten Angriffe flößten ihnen Furcht ein. Obwohl das Manifest aus Anlass der Pariser Kommune von Marx im Auftrag des Generalrats verfasst worden war, beeilten sich diese Mitglieder, ihm die Solidarität aufzusagen. So kam es zu einer Spaltung in der englischen Sektion der Internationale.

Unter diesen Bedingungen wurde schließlich, im September 1871, eine Konferenz der Internationale in London einberufen. Sie musste sich hauptsächlich mit zwei Fragen befassen: Die erste war die uns bekannte Streitfrage des politischen Kampfes. Einer der Gründe, aus denen die Konferenz sich mit ihr befasste, war die von den Bakunisten eifrig wiederholte Beschuldigung, Marx habe absichtlich das Statut der Internationale gefälscht, um ihr seine Meinung aufzuzwingen. Eine Resolution gab diesmal eine Antwort, die keinen Zweifel mehr aufkommen ließ und eine vollkommene Niederlage für die Bakunisten bedeutete.

Da sie wahrscheinlich vielen von Euch unbekannt ist, gestatte ich mir, angesichts ihrer Wichtigkeit, ihren Schlussteil vorzulesen:

„In Anbetracht ferner,

dass die Internationale einer zügellosen Reaktion gegenüber steht, welche jedes Emanzipationsstreben der Arbeiter schamlos niederdrückt und durch rohe Gewalt die Klassenunterschiede und die darauf gegründete politische Herrschaft der besitzenden Klasse zu verewigen sucht; (…)

dass diese Konstituierung der Arbeiterklasse als politische Partei unerläßlich ist für den Triumph der sozialen Revolution und ihres Endziels – Abschaffung der Klassen;

dass die Vereinigung der Einzelkräfte, welche die Arbeiterklasse bis zu einem gewissen Punkt bereits durch ihre ökonomischen Kämpfe hergestellt hat, auch als Hebel für ihren Kampf gegen die politische Gewalt ihrer Ausbeuter zu dienen hat, – aus diesen Gründen erinnert die Konferenz alle Mitglieder der Internationalen:

dass in dem streitenden Stand der Arbeiterklasse ihre ökonomische Bewegung und ihre politische Betätigung untrennbar verbunden sind."[38]

Auf der Konferenz musste man sich noch aus einem anderen Anlass mit den Bakunisten befassen. Im Generalrat hatte sich immer mehr die Überzeugung gefestigt, dass, entgegen allen Versicherungen Bakunins, seine Geheimgesellschaft weiter existierte. Die Konferenz nahm deshalb eine Resolution an, die im Rahmen der Internationale die Organisation jeder anderen Gesellschaft mit einem besonderen Programm untersagte. Im Zusammenhang damit nahm sie wieder eine Erklärung der Bakunisten zur Kenntnis, dass die Allianz aufgelöst sei und erklärte diesen Vorfall für erledigt.

Aber es gab noch einen kollektiv gefassten Beschluss, der Bakunin und seine russischen Anhänger besonders beunruhigen sollte. Die Konferenz beschloss ganz kategorisch, dass die Internationale nichts mit der Sache Netschaews gemein hat, der auf betrügerische Weise eine Mitgliedschaft in der Internationale sich angemaßt und ihren Namen missbraucht hatte.

Dieser Beschluss war ausschließlich gegen Bakunin gerichtet, der, wie allen bekannt war, schon seit langem mit Netschaew in Verbindung stand, einem russischen Revolutionär, der im März 1869 ins Ausland geflohen war. Im Herbst desselben Jahres war er, mit Vollmachten von Bakunin ausgestattet, nach Russland zurückgekehrt und organisierte hier, in Moskau, eine besondere Gruppe. Da er den Studenten Iwanow im Verdacht hatte, er wolle die Organisation verraten, brachte er ihn mit Hilfe einiger Genossen um und tauchte wieder im Ausland unter. Die im Zusammenhang mit diesem Fall verhafteten Mit-

---

38 Ebd., S. 422.

glieder seiner neuen Organisation, aber auch viele von denen, die gemeinsam mit ihm in den Jahren 1868/69 unter den Petersburger Studenten gearbeitet hatten, wurden im Sommer 1871 dem Richter übergeben. Vor Gericht wurden viele Dokumente ans Licht der Öffentlichkeit gebracht, die von den Vertretern der Anklage dazu benutzt wurden, gewissenlos die Gesellschaft Bakunins und ihren russischen Ableger mit der Internationale in einen Topf zu werfen. Aber es genügt, diese Dokumente mit den Schriften Bakunins zu vergleichen, um ihren wirklichen Urheber zu erkennen. Von ebensolchen Aufrufen, die Bakunin für seine westlichen Genossen geschrieben hatte, unterscheiden sie sich nur durch ihre größere Offenheit und dort, wo sie von Netschaew berichtigt und ergänzt wurden, durch größere Ungeschlachtheit und Plumpheit der Darstellung.

Gewöhnlich stellt man die Sache so dar, als ob Bakunin dem Einfluß Netschaews erlegen sei, der ihn hinterging und für seine Ziele ausnutzte. Tatsächlich war Netschaew ein talentierter, aber gering gebildeter Mensch, der jegliche theoretische Arbeit als vollkommen fruchtlos ablehnte, ein Mensch von außergewöhnlicher Energie, ein mit eisernem Willen ausgestatteter, seiner Sache grenzenlos ergebener Revolutionär, der später sowohl vor Gericht als auch im Gefängnis seinen unerschütterlichen Mut und seinen unversöhnlichen Haß auf die Unterdrücker und Ausbeuter des Volkes bewies. Zu allem bereit, waren ihm alle Mittel zur Erreichung des Hauptzieles recht, dem er sein Leben gewidmet hatte. Doch er erniedrigte sich nie dazu, sich ihrer zu bedienen, soweit es um seine eigene Person ging. In dieser Beziehung steht er unvergleichlich viel höher als Bakunin, der alle möglichen Geschäfte auch im Namen seiner persönlichen Ziele machte. An dieser moralischen Überlegenheit Netschaews besteht kein Zweifel, und alles deutet darauf hin, dass auch Bakunin selbst das sehr gut wusste, der Netschaew hochschätzte und verehrte, einen Menschen, der ihm in intellektueller Hinsicht weit unterlegen war.

Es wäre trotzdem naiv, aus alledem den Schluss zu ziehen, dass Netschaew Bakunin seine eigenen revolutionären Ansichten aufgezwungen hätte. Im Gegenteil. Er war selbst Schüler Bakunins, aber da, wo unser Apostel der Zerstörung sich als ein inkonsequenter und labiler Mensch erwies, zeichnete sich Netschaew durch eiserne Konsequenz aus und zog alle praktischen Schlüsse aus den theoretischen Voraussetzungen seines Lehrers. Als Bakunin ihm einmal sagte, er könne nicht von einer Arbeit zurücktreten, zu der er sich verpflichtet habe – es war eine Übersetzung des Kapitals –, weil er schon einen Vorschuss erhalten habe, schlug Netschaew ihm vor, sich von dieser Verpflichtung zu befreien und erreichte das sehr einfach: im Namen des revolutionären Komitees Abrechnung des Volkes schrieb er einem Mittelsmann zwischen Bakunin und dem Verleger, er solle Bakunin in Ruhe lassen, wenn ihm sein Leben lieb sei.

Wenn Bakunin die ganze Zeit das Lumpenproletariat als wirklichen Träger der sozialen Revolution gegen das Proletariat der Großindustrie in den Vordergrund gestellt hatte, wenn er die Räuber und Verbrecher für besonders geeignete Soldaten der revolutionären Armee hielt, so kam Netschaew vollkommen folgerichtig zu dem Schluss, dass man in der Schweiz entschlossene Männer sammeln müsse, um die Enteignung zu organisieren. Bakunin trennte sich schließlich von seinem Schüler, aber nicht aus prinzipiellen Gründen, sondern lediglich, weil ihn die Gradlinigkeit von Netschaew erschreckte; aber auch nachdem er sich von ihm getrennt hatte, wagte er nicht, es publik zu machen, denn Netschaew hatte zu viele Dokumente in der Hand, die ihn kompromittierten.

Unmittelbar nach der Londoner Konferenz begann ein noch heftigerer Zwist. Die Bakunisten erklärten dem Generalrat den offenen Krieg, beschuldigten ihn, die Konferenz falsch darzustellen und der ganzen Internationale das Dogma von der Notwendigkeit der Organisierung des Proletariats zu einer besonderen Partei zur Eroberung der politischen Macht aufzwingen zu wollen. Sie forderten die Einberufung eines Kongresses, der endgültig über diese Frage entscheiden sollte.

Dieser Kongress, auf den beide Seiten sich sehr intensiv vorbereitet hatten, fand im September 1872 statt. An ihm nahm zum ersten Mal Marx persönlich teil. Bakunin war nicht anwesend.

In der wichtigsten prinzipiellen Frage wurde die Resolution der Konferenz mit einer kleinen Ergänzung bestätigt, die fast wörtlich dem Gründungsaufruf der Internationale entnommen war.

Sie lautete:

> „Da die Herren des Bodens und des Kapitals sich ihrer politischen Privilegien stets bedienen, um ihre ökonomischen Monopole zu verteidigen und zu verewigen und die Arbeit zu unterjochen, wird die Eroberung der politischen Macht zur Pflicht des Proletariats."[39]

Eine besondere Kommission, die alle Dokumente geprüft hatte, die im Zusammenhang mit der Allianz standen, und die zu dem Schluss gekommen war, dass diese Gesellschaft als Geheimgesellschaft innerhalb der Internationale weiter existierte, beantragte, Bakunin und Guillaume auszuschließen. Der Antrag wurde angenommen.

---

39   MEW, Bd. 18, S. 149.

In der Resolution über den Ausschluss Bakunins wurde gesagt, dass er außerdem auch noch wegen eines „persönlichen Delikts"[40] ausgeschlossen wurde. Es handelte sich um die Übersetzungs- und Vorschussaffäre, die ich vorhin im Zusammenhang mit Netschaew erwähnt habe. Worin Bakunin und seine Freunde eine wenn auch leichtsinnige, so doch verzeihliche Handlung sahen, unter der nur der Verleger litt, erblickten die Mitglieder der Kommission, denen alle Dokumente zur Verfügung standen, einen kriminellen Missbrauch des Namens einer revolutionären Arbeiterorganisation, – die jedermann in Verbindung mit der Internationale brachte –, für seine privaten Ziele, nämlich sich von der Erfüllung einer finanziellen Verpflichtung zu befreien. Wenn das Dokument, das die Kommission in der Hand hatte – ich habe es auch in der Hand gehabt –, seinerzeit veröffentlicht worden wäre, hätte es der ganzen bürgerlichen Welt die höchste Genugtuung bereitet.

Es war von Netschaew verfasst, aber sein Inhalt entsprach, weit entfernt, im Widerspruch zu den Prinzipien Bakunins zu stehen, diesen vollkommen. Man muss noch hinzufügen, dass Bakunin sich nicht wegen dieser Sache von Netschaew getrennt hatte, sondern weil er den Eindruck hatte, dass dieser auch ihn selbst als Werkzeug zur Erreichung seiner revolutionären Ziele benutzen könnte. Es genügt, die Briefe Bakunins an seine Freunde durchzulesen, um zu sehen, wie wenig Umstände er machte, als er seine Gegner – darunter Marx – nicht nur mit politischen Vorwürfen überhäufte, was sein gutes Recht war, sondern eben auch mit persönlichen. Wir wissen jetzt, dass Bakunin der Autor des berühmten Katechismus für Revolutionäre war, den man Netschaew zugeschrieben hatte und der nach seiner Veröffentlichung in dem Prozess allgemeine Empörung in den Reihen der Revolutionäre hervorgerufen

---

40 Ebd., S. 155.

hatte. Doch die Freunde Bakunins stritten hartnäckig seine Autorschaft ab und schoben alles Netschaew in die Schuhe.

Der Haager Kongress ging mit dem Antrag von Engels zu Ende, den Sitz des Generalrats nach Amerika, nach New York zu verlegen. Ich habe Euch schon darauf hingewiesen, dass zu dieser Zeit die Internationale ihren Stützpunkt nicht nur in Frankreich verloren hatte, wo seit 1872 allein die Tatsache der Zugehörigkeit zur Internationale zum Verbrechen erklärt wurde, nicht nur in Deutschland, sondern auch in England. Diese Verlagerung des Zentrums der Internationale sollte zeitlich befristet sein. Es sollte sich aber erweisen, dass der Haager Kongress der letzte war, der in der Geschichte der Internationale von Bedeutung war. Im Jahr 1876 gab der Generalrat in New York bekannt, dass die I. Internationale ihre Existenz beendet hatte.

9. VORTRAG

Der Umzug von Engels nach London – Seine Rolle im Generalrat – Die Krankheit von Marx – Engels als sein Vertreter – Der Anti-Dühring – Die letzten Jahre von Marx und sein Interesse an Russland – Engels als Herausgeber des literarischen Nachlasses von Marx – Die Rolle von Engels in der Epoche der II. Internationale – Der Tod von Engels

Ich habe Euch zuletzt fast nichts über die Rolle von Engels gesagt. Aber ich weiß, dass sie Euch sehr interessiert. Engels stammte, wie ich Euch schon ganz zu Anfang erzählt habe, aus einer alt-adeligen Fabrikantenfamilie und war selbst Fabrikant. Die Gründung der Internationale vollzog sich ohne seine Mitwirkung, und bis Anfang 1870 nahm Engels nur unbedeutend und mittelbar teil an ihrer Arbeit. Während dieser Jahre schrieb er einige Artikel für englische Arbeiterzeitungen. Ich spreche nicht von der Hilfe, die er die ganze Zeit über Marx erwies, für den die ersten Jahre der Internationale wiederum Jahre bitterer Not waren. Ohne die Hilfe von Engels und eine kleine Erbschaft von seinem alten Freund Wilhelm Wolff, dem er das Kapital widmete, wäre Marx kaum mit dieser Not fertig geworden und hätte mit Sicherheit nicht sein Hauptwerk für den Druck fertigstellen können. Unter seinen Briefen findet Ihr einen bewegenden Brief an Engels, in dem er seinem Freund mitteilt, dass er endlich die Korrektur des letzten Bogens beendet hat. Er schreibt:

> „Also dieser Band ist fertig. Bloß Dir verdanke ich es, dass dies möglich war. Ohne Deine Aufopferung für mich konnte ich unmöglich die ungeheuren Arbeiten zu den drei Bänden machen. I embrace you, full of thanks!"[41]

Ich habe gerade gesagt, dass Engels selbst Fabrikant war. Man muss jedoch hinzufügen, dass er es nur für kurze Zeit wurde. Als sein Vater 1860 starb, blieb er noch einige Jahre einfacher Angestellter. Erst im Jahr 1864 wurde er Teilhaber und einer der Direktoren der Fabrik. Die ganze Zeit bemühte er sich, von seiner hündischen Beschäftigung loszukommen. Aber ihn hielt nicht nur der Gedanke an sich selbst, sondern auch der an Marx davon ab. In dieser Beziehung sind wiederum seine

---

41   MEW, Bd. 31, S. 323.

Briefe an Marx aus dem Jahr 1868 sehr interessant, in denen er ihm mitteilt, dass er Verhandlungen über seinen Austritt aus der Firma führt, das aber nur unter der Bedingung tun will, dass sein Lebensunterhalt und der des Freundes gesichert ist. Endlich gelang es ihm, eine Übereinkunft mit seinem Teilhaber zu erzielen, und im Jahr 1869 nahm er endlich von seiner Fabrik Abschied unter Bedingungen, die es ihm ermöglichten, auch Marx materiell sicherzustellen, der sich, seit dieser Zeit endgültig von der ihn bedrückenden Not befreit sah. Aber es gelang Engels erst im September 1870, nach London überzusiedeln.

Für Marx bedeutete das nicht nur eine persönliche Freude, sondern auch eine bedeutende Erleichterung bei der kolossalen Arbeit, die er für den Generalrat erledigte. Er hatte es schließlich mit einer Unzahl von Vertretern verschiedener Nationen zu tun, mit denen er persönlich und brieflich in Kontakt stand. Und Engels, der sich schon in seiner Jugend durch eine ungewöhnliche Sprachbegabung hervorgetan hatte, schrieb und, wie ihn seine Freunde aufzogen, stotterte offenbar in zwölf Sprachen. Er war also ein großartiger Mitarbeiter für die Korrespondenz mit den verschiedenen Ländern, der, anders als Marx, im Verlauf seiner langjährigen Handelspraxis gelernt hatte, in so etwas eine strenge Ordnung zu bringen.

Engels machte sich unverzüglich an diese Arbeit, sobald er Mitglied des Generalrats geworden war. Aber er nahm auch andere Teile der Arbeit auf sich, um Marx von ihr zu befreien, dessen Gesundheit schon von einem Übermaß an Arbeit und Entbehrungen untergraben war. Ein energischer Mensch, den es schon lange zu einer solchen Tätigkeit gedrängt hatte, wurde Engels auch sofort eines der fleißigsten Mitglieder des Generalrats, wie aus dessen Protokollen ersichtlich ist.

Aber diese Entwicklung hatte auch eine Kehrseite. Engels war nach London umgezogen, als der Kampf mit den Bakunisten schon begonnen hatte, der seine Widerspiegelung auch im Generalrat fand. Außerdem herrschte zu dieser Zeit, wie Ihr gesehen habt, unter den Engländern selbst große Uneinigkeit. Mit einem Wort, es war die Zeit großer prinzipieller und taktischer Streitigkeiten.

Ich habe schon von den Ursachen gesprochen, die die Unstimmigkeit im englischen Teil der Internationale hervorriefen. Was einige Historiker der Internationale und besonders Historiker der englischen Arbeiterbewegung nicht verstehen oder nicht verstehen können ist, dass der Generalrat, der von 1864 bis 1873 die Internationale Arbeiterbewegung führte, gleichzeitig auch das Führungsorgan der englischen Arbeiterbewegung war.

Und wenn die internationalen Ereignisse die englischen beeinflussten, so musste sich auch umgekehrt jede Veränderung in der englischen Arbeiterbewegung in den internationalen Funktionen des Zentralrats widerspiegeln. Ich habe schon darauf hingewiesen, wie sich als Resultat der Zugeständnisse, die der englischen Arbeiterbewegung in den Jahren 1867 bis 1871 gemacht worden waren – Wahlrecht für die städtischen Arbeiter und Legalisierung der Gewerkschaften – unter den Gewerkschaftlern, die im Generalrat saßen, die versöhnlerische Tendenz verstärkte. Ihnen neigte auch Eccarius zu, der zu dieser Zeit schon ein recht hohes Alter erreicht hatte und, wie das nicht selten auch bei Arbeitern vorkommt, viel nachgiebiger gegenüber der Bourgeoisie geworden war. Aber es waren außer Eccarius noch eine Reihe anderer Mitglieder des Generalrats, die sich später von Marx trennten.

Man muss hier nun sagen, dass die Meinungsverschiedenheiten, soweit sie nicht nur prinzipieller Art waren, sondern auch durch persönliche Bedingungen verstärkt wurden, sich eben durch das Auftauchen von Engels im Generalrat erklären, der seit dieser Zeit häufig Marx vertrat. Es waren fast 20 Jahre seit der Zeit vergangen, wo Engels nach Manchester weggezogen und auf diese Weise von der Arbeiterbewegung losgerissen worden war.

Marx war während dieser ganzen Zeit in London geblieben, hatte Beziehungen mit den Chartisten aufrecht erhalten, in ihren Organen mitgearbeitet und auch an deutschen Arbeiterzirkeln und am Emigrantenleben teilgenommen. Er war mit den Genossen zusammen gekommen, hatte Vorträge gehalten, hatte häufig mit ihnen geschimpft, und zwar ziemlich heftig – auch sie hatten auf ihn geschimpft –, aber die Beziehungen zum Vater Marx waren herzlich, solidarisch, liebevoll, wie wir aus allen Erinnerungen ersehen, sogar aus denen von Leuten, die sich von Marx getrennt hatten. Besonders herzliche Beziehungen hatten zwischen Marx und den Arbeitern in der Epoche der Internationale bestanden. Die Mitglieder des Generalrats, die Marx auch in seinem ärmlichen Quartier besuchten, sahen sein Elend – er lebte nicht besser als viele englische Arbeiter –, beobachteten ihn im Generalrat, kannten seine Bereitschaft, all seine Studien, die geliebte wissenschaftliche Arbeit stehen und liegen zu lassen, um seine ganze Zeit, seine ganze Kraft der Arbeiterklasse zur Verfügung zu stellen, und sie legten ihm gegenüber die tiefste Verehrung an den Tag. Er arbeitete, ohne die Hände sinken zu lassen, verzichtete auf alle Vorteile, entzog sich allen Ehrentiteln.

Mit Engels stand die Sache anders; die englischen Mitglieder des Generalrates kannten ihn überhaupt nicht. Genau so wenig kannten ihn auch die anderen Mitglieder. Nur die deutschen Genossen erinnerten sich an ihn, wenn auch nicht alle, doch auch unter ihnen musste Engels sich erst seine Position erkämpfen. Aber für die anderen war das ein reicher Mann, ein Fabrikant aus Manchester, von dem man erzählte, dass er vor 25 Jahren ein gutes Buch über die englischen Arbeiter in deutscher Sprache geschrieben habe. Nachdem er 20 Jahre lang fast ausschließlich in bürgerlicher Gesellschaft verkehrt hatte, unter Börsenwölfen und Industriegeiern, hatte Engels, der sich schon immer durch besondere Zurückhaltung im persönlichen Umgang ausgezeichnet hatte, sich noch bessere Manieren zugelegt. Stets funkelnagelneu eingekleidet, gelassen, äußerlich kühl, immer höflich, mit militärischen Angewohnheiten, sagte er nie ein grobes Wort, und doch strahlte er irgendwie Herzlosigkeit und Kälte aus.

So beschreiben Engels Leute, die ihn noch in den 40er Jahren kannten. Wir wissen, dass sich Engels auch in der Redaktion der Neuen Rheinischen Zeitung während Zeiten der Abwesenheit von Marx schwer mit Genossen verzankte, die er manchmal zu deutlich seine intellektuelle Überlegenheit spüren ließ. Obwohl weniger aufbrausend als Marx, war er in persönlichen Beziehungen viel ungeduldiger und stieß viele Arbeiter ab, im Unterschied zu Wilhelm Wolff und Marx, die beide ideale Lehrer und Genossen waren.

Nur allmählich gewöhnte sich Engels an die neue Umgebung und befreite sich von seinen alten Gewohnheiten. Aber zunächst verschärfte er gerade in diesen schwierigen Jahren, als er häufig Marx vertreten musste, durch seine persönlichen Eigenschaften nicht unwesentlich die Spannungen, besonders im Generalrat. Damit lässt sich erklären, warum nicht nur Eccarius, sondern auch so alte Mitarbeiter von Marx wie Jung, der lange Generalsekretär der Internationale gewesen war und persönlich enge Beziehungen zu Marx hatte und ihn eifrig und in einer sehr taktvollen Weise bei seinen schweren Verpflichtungen unterstützt hatte, sich allmählich von ihm abwandten.

Die Sache ging auch nicht ohne die in solchen Fällen üblichen Legenden und Tratschereien ab. Viele verstanden - wie ich schon sagte, gerade deshalb, weil sie Engels überhaupt nicht kannten - nicht, warum Marx seinen Freund so liebte und so sehr lobte. Man muss die äußerst abstoßenden und gemeinen Memoiren von Hyndman, dem Gründer der englischen Sozialdemokratie, lesen, um zu sehen, wie niederträchtig die Auseinandersetzungen dieser Leute mit Marx und Engels waren. Von ihnen wurde die Sache so dargestellt, als ob Marx die Beziehung zu Engels deshalb schätze, weil dieser reich sei, weil er ihn aushalte. Besonders abstoßend führten sich einige Engländer auf, unter ihnen ein gewisser Smith, der später auf den Kongressen der II. Internationale als Dolmetscher auftrat und sich noch während des Krieges nicht weniger als Hyndman durch seinen Sozialpatriotismus hervortat. Engels konnte ihm, wie auch anderen, nie diese Gerüchtekampagne gegen Marx verzeihen und warf Smith, wie Vandervelde erzählte, noch kurz vor seinem Tod die Treppe hinunter, als dieser bei ihm auftauchte.

Aber damals, zu Beginn der 70er Jahre, wurden diese Gerüchte sehr bösartig verbreitet, sowohl unter den Lassalleanischen deutschen Arbeitern, die nach London gekommen waren, als auch besonders unter den vielen jungen Revolutionären, die sich nach der Niederlage der Kommune in London niedergelassen hatten und für die überhaupt keine Geschichte existierte. Gerade sie machten im Zusammenhang mit der finanziellen Hilfe, die der Generalrat den Emigranten erwies, einen um so größeren Lärm, je mehr Marx und Engels sich zerrissen, um Hilfe für die Kommunarden zu organisieren.

Die Mitarbeit von Engels verschärfte die Spaltung nicht nur in London. Ihr erinnert Euch, dass Bakunin und seine Anhänger außer in Russland hauptsächlich in den romanischen Ländern arbeiteten, in Italien, Spanien, Südfrankreich, Portugal, in der französischen und italienischen Schweiz. Bakunin schätzte besonders Italien, weil hier das Lumpenproletariat vorherrschte, in dem er die revolutionäre Hauptkraft sah; dort gab es auch eine Jugend, die keine Rücksichten kannte, die sich nicht die geringsten Hoffnungen machen konnte, in der bürgerlichen Gesellschaft Karriere zu machen; dort blühte auch das Räuber- oder Bandenwesen als die Form, die der Protest der armen Bauernschaft annahm. Mit anderen Worten, dort waren gerade die Elemente entwickelt – die Bauernschaft, das Heer der Entwurzelten, die Kriminellen –, denen er auch in Russland eine so gewaltige Bedeutung zu maß.

Nun führte gerade Engels den Hauptbriefwechsel mit diesen Ländern, und er führte ihn, – wie man aus einigen erhalten gebliebenen Entwürfen ersehen kann, denn der akkurate Engels, behielt stets eine Kopie für sich – im Geist eines unerbittlichen Kampfes mit den Bakunisten.

Die berühmte Broschüre über die Allianz Bakunins, die ein Referat der Kommission des Haager Kongresses darstellt und aufs schärfste die Politik und Taktik der Bakunisten geißelt und entlarvt, war von Engels und Lafargue verfasst, der nach der Niederlage der Kommune nach Spanien geflohen war und selbst eine heftige Polemik mit den spanischen Anhängern Bakunins angefangen hatte. Marx war nur am Schlusskapitel beteiligt, obwohl er sich natürlich politisch mit allen diesen Anklageakten gegen den Bakunismus solidarisierte.

Nach 1873 zieht sich Marx aus der öffentlichen Arena zurück. In diesem Jahr hatte er die zweite Ausgabe des ersten Bandes des Kapital fertiggestellt und die französische Übersetzung redigiert. Nimmt man noch ein neues Nachwort hinzu, das er zu dem alten Buch über den Bund der Kommunisten schrieb und einen kleinen Artikel, den er für die italienischen Genossen verfasste, so ist das alles, was Marx bis zum Jahr 1880 veröffentlichte. So weit es ihm seine untergrabene Gesundheit erlaubte, setzte er die Bearbeitung seines Hauptwerkes fort, dessen ersten Entwurf er schon Anfang der 60er Jahre beendet hatte. Aber es gelang ihm noch nicht einmal, den zweiten Band, an dem er zu dieser Zeit arbeitete, endgültig zum Druck fertig zu machen. Wir wissen jetzt, dass das letzte Manuskript, das Eingang in den Band gefunden hat, im Jahr 1878 geschrieben wurde. Diese Jahre vergehen für die Familie und für Engels in der ständigen Befürchtung eines plötzlichen Endes. Der kräftige Organismus, der bis dahin mit einer übermenschlichen Arbeit fertig wurde, ist jetzt schon schwach geworden und übersteht alle möglichen Erschütterungen, moralische und physische, mit wesentlich größerer Mühe als in den Jahren, in denen Marx noch materielle Not litt. Die rührende und aufmerksame Sorge von Engels, der alles tat, was nur in seinen Kräften stand, um seinen alten Freund wieder auf die Beine zu bringen, half wenig. Marx hatte ein riesiges Werk im Entwurf vor sich, an dessen Verwirklichung er sich von neuem und immer von neuem machte, sobald ihm nur eine kleine Atempause vergönnt war, sobald nur die unmittelbare Lebensgefahr geschwunden war, sobald ihm die Ärzte erlaubten, einige Stunden am Tag zu arbeiten. Die ganze Zeit quälte ihn das Bewusstsein, dass er nicht mehr in der Lage war, mit dieser Arbeit fertig zu werden. „Arbeitsunfähig zu sein, ist das Todesurteil für jeden Menschen, der nicht einfach ein Tier sein will"[42] sagte er. Nach 1878 war er gezwungen, die weitere Arbeit am Kapital in der Hoffnung abzubrechen, sie zu einer günstigeren Zeit wieder aufnehmen zu können. Diese Hoffnung erfüllte sich nicht. Er ist trotzdem noch in der Lage zu lesen, er fährt fort, sich Auszüge zu machen, er verfolgt aufmerksam die Entwicklung der internationalen Arbeiterbewegung, nimmt regen geistigen Anteil an ihr, beantwortet viele Anfragen, die aus verschiedenen Ländern an ihn herangetragen werden. Die Adressenliste, die er in ein besonderes Buch einträgt, nimmt zu Beginn der achtziger Jahre besonders imposante Ausmaße an. Gemeinsam mit Engels, der zu dieser Zeit endgültig die ganze Hauptarbeit auf sich nimmt, wird er wieder der allseitig sachkundige Experte für die sich schnell entwickelnde Arbeiterbewegung, in der die Ideen des Kommunistischen Manifestes sich endgültig durchzusetzen beginnen. Ein riesiges Verdienst in dieser Hinsicht gebührt Engels, der gerade in den siebziger Jahren, noch zu Lebzeiten von Marx, eine energische Tätigkeit entfaltet.

Wenn man vom Kampf der Marxisten und Bakunisten, in der I. Internationale spricht, so ist das eine große Übertreibung. Es gab zwar nicht wenig Bakunisten, aber auch unter ihnen gab es die verschiedenartigsten Elemente, die nur im Kampf gegen den Generalrat geeint waren. Ungleich schlechter sah es bei den Marxisten aus. Hinter Marx und Engels stand nur ein kleines Häuflein von Leuten, die das Kommunistische Manifest kannten und in vollem Umfang die Lehre des Marxismus verstanden hatten. Die Veröffentlichung des Kapitals brachte in der ersten Zeit in dieser Beziehung wenig Hilfe. Für die überwältigende Mehrheit war das im wahrsten Sinne des Wortes ein Granitbrocken, an dem sie sich die Zähne ausbissen.

---

42 Marx an Jenny Longuet (16. März 1882), MEW Bd. 35 (Berlin 1967)

Es genügt, sich mit den Schriften der deutschen Sozialdemokraten in der ersten Hälfte der 70er Jahre vertraut zu machen,
sogar mit den Broschüren Wilhelm Liebknechts, der ein un-
mittelbarer Schüler von Marx war, um zu sehen, wie schlecht
es um das theoretische Studium des Marxismus bestellt war.
Die Seiten des Zentralorgans der deutschen Partei waren teilweise voller wunderlichstem Mischmasch aus verschiedenen
sozialistischen Systemen. Die Methode von Marx und Engels,
die materialistische Geschichtsauffassung, die Lehre vom Klassenkampf, all das blieb ein Buch mit sieben Siegeln, und selbst
Liebknecht kannte sich so schlecht in der Philosophie des
Marxismus aus, daß er den historisch-dialektischen Materialismus von Marx und Engels mit dem naturwissenschaftlichen
Materialismus von Moleschott und Büchner durcheinander
warf.

In dieser Situation nimmt Engels die Verteidigung und Verbreitung der Ideen des Marxismus auf sich, während Marx, wie
wir gesehen haben, vergeblich versucht, das Kapital zu vollenden. Engels knöpft sich hier einen Artikel vor, der ihn besonders entsetzt, dort benutzt er irgendeinen aktuellen Anlaß, um
an einer einzelnen Frage den tiefen Unterschied zwischen dem
wissenschaftlichen Sozialismus und anderen sozialistischen
Systemen zu demonstrieren, oder um ein praktisches Problem
vom Standpunkt des wissenschaftlichen Sozialismus aus zu be-
leuchten, um zu zeigen, wie man diese Methode in der Praxis
anwendet.

So macht er es auch, als der bekannte deutsche Proudhonist
Mühlberger im Zentralorgan der deutschen Sozialdemokratie,
mit Artikeln zur Wohnungsfrage hervortritt. Engels benutzt
die Gelegenheit, um zu zeigen, welcher Abgrund den Marxismus vom Proudhonismus trennt und gibt, außer dieser hervor-

ragenden Ergänzung zu dem Buch von Marx Das Elend der Philosophie, eine marxistische Erläuterung eines der wichtigsten Faktoren, die die Lage der Arbeiterklasse bestimmen. Er gibt seine alte Arbeit über den Bauernkrieg in Deutschland mit einem neuen Vorwort heraus, um den jungen Genossen ein Muster der Anwendung der materialistischen Geschichtsauffassung auf eine der wichtigsten Episoden der Geschichte Deutschlands und der deutschen Bauernschaft zu geben. Im Reichstag taucht die Frage der Prämien auf, mit Hilfe derer die preußischen Grundbesitzer ihre Mehrwertschinderei dadurch sichern wollen, daß sie das Volk mit Schnaps betrunken machen, und Engels entlarvt in seiner Broschüre Preußischer Schnaps im deutschen Reichstag nicht nur die Gier der preußischen Junker, sondern benutzt auch diese Gelegenheit, die historische Rolle des Grundbesitzes und der preußischen Junker zu erklären. Alle diese Arbeiten von Engels zur deutschen Geschichte gaben später Kautsky und Mehring die Möglichkeit, seine Grundgedanken in eigenen Schriften zu popularisieren und weiterzuentwickeln.

Das größte Verdienst von Engels sind seine Arbeiten aus den Jahren 1876 und 1877. 1875 vereinigten sich die Lassalleaner und die Eisenacher auf der Grundlage des sogenannten Gothaer Programms, das einen schlechten Kompromiß zwischen dem Marxismus und der Entstellung des Marxismus darstellt, die man Lassallerei nennt. Gegen dieses Programm protestierten Marx und Engels aufs entschiedenste, nicht weil sie gegen die Vereinigung waren, nicht weil sie eine ständige Veränderung des Programms im Geiste ihrer Hinweise verlangten. Sie waren nur der Ansicht, daß, wenn auch die Vereinigung unbestritten notwendig war, es doch überhaupt keinen Zwang gab, ein solches Programm als theoretische Grundlage für diese Vereinigung zu akzeptieren, und dass es am besten sei, damit noch zu warten und sich mit einer allgemeinen Plattform für die praktische Alltagsarbeit zu begnügen. Ihren Standpunkt teilten Bebel und Bracke gegen Liebknecht.

Bereits nach einigen Monaten konnten Marx und Engels sich überzeugen, dass die Fraktionen, die sich vereinigt hatten, in Bezug auf ihre theoretische Ausbildung auf dem gleichen niedrigen Niveau standen. In der Partei, unter ihren jungen Mitgliedern, nicht nur unter den Intellektuellen, sondern auch unter den Arbeitern, begann die Lehre eines gewissen deutschen Philosophen und Ökonomen, Eugen Dühring, große Popularität zu gewinnen.

Er war eine Zeit lang Privatdozent an der Berliner Universität gewesen und hatte sich Sympathien nicht nur durch seine Persönlichkeit erworben, sondern auch durch die – für einen deutschen Professor ungewöhnliche – Kühnheit seines Auftretens. Obwohl er blind war, hielt er Vorlesungen sowohl über die Geschichte der Mechanik, wie über politische Ökonomie und über Philosophie. Diese Vielfalt der Kenntnisse erstaunte, denn jedermann wusste, dass man ihm Bücher, die er brauchte, vorlas und dass er alle seine Bücher diktierte. Er war jedenfalls ein herausragender Mensch. Als er mit einer scharfen Kritik der alten sozialistischen Lehren, vor allem aber der Lehre von Marx hervortrat, erregte er großes Aufsehen.

Den Studenten und Arbeitern schien es, dass der Leben gewordene Gedanke selbst zu ihnen sprach. Dühring unterstrich die Bedeutung der Aktivität, des Kampfes, des Protestes, er stellte gegen den ökonomischen den politischen Faktor in den Mittelpunkt und betonte die Macht der Gewalt in der Geschichte. In seiner Polemik scheute er sich nicht, Marx ebenso wie Lassalle mächtig zu beschimpfen und schreckte nicht davor zurück, gegen Marx ein so unwiderlegliches Argument wie das, er sei Jude, ins Feld zu führen.

Engels zögerte lange, bevor er gegen Dühring auftrat. Schließlich gab er dem Drängen seiner deutschen Freunde nach und veröffentlichte 1877 im Zentralorgan der Partei, Vorwärts, einige Artikel, in denen er die Ansichten Dührings einer vernichtenden Kritik unterzog, womit er bei einem Teil seiner Parteigenossen Unmut erregte. Damals standen Bernstein, der künftige Theoretiker des Revisionismus, und Most, der künftige Führer der deutschen Anarchisten, an der Spitze der Dühringianer. Auf dem Kongress der deutschen sozialdemokratischen Partei griffen einige Delegierte Engels scharf an, darunter auch der alte Lassalleaner Vahlteich. Es kam soweit, dass fast eine Resolution gefasst worden wäre, die Engels untersagt hätte, weitere Artikel im Zentralorgan der Partei, die Marx und Lassalle zu ihren Lehrern zählte, zu drucken.

Das hätte einen unausdenklichen Skandal gegeben; aber schließlich fand sich ein Vermittler, der eine ungewöhnlich weise Gegenresolution vorschlug: den Abdruck der Engelsschen Artikel fortzusetzen, aber nicht im Zentralorgan selbst, sondern in einer Beilage dazu. Damit gab man sich zufrieden.

Diese Artikel wurden in einem Buch gesammelt und erschienen als besondere Ausgabe 1878. Dieses Buch, Herrn Eugen Dührings Umwälzung der Wissenschaft, oder, wie wir es gewöhnlich nennen, der Anti-Dühring, machte Epoche in der Geschichte des Marxismus. Erst aus ihm erfuhr die junge Generation, die ihre Arbeit in der zweiten Hälfte der 70er Jahre begonnen hatte, was der wissenschaftliche Sozialismus ist, was seine philosophischen Grundsätze sind, welcher Methode er sich bediente. Der Anti-Dühring erwies sich auch als die beste

Einführung in das Studium des Kapital. Es genügt, sich mit den Artikeln bekannt zu machen, die damals von sogenannten Marxisten geschrieben wurden, um zu sehen, was für unsinnige Schlüsse sie aus dem Kapital zogen, das sie hinten und vorne nicht verstanden. Man muss anerkennen, dass für die Verbreitung des Marxismus als einer besonderen Methode und eines besonderen Systems kein anderes Buch nach dem Kapital eine so große Bedeutung hatte wie der Anti-Dühring. Alle jungen Marxisten, die zu Anfang der 80er Jahre auftraten, wurden durch dieses Buch erzogen – Bernstein, Kautsky und Plechanov.

Aber dieses Buch übte nicht nur auf die Parteispitzen Einfluss aus. Schon im Jahr 1880 wählte Engels auf Bitten französischer Marxisten einige Kapitel aus, die ins Französische übersetzt wurden und eines der berühmtesten Werke des Marxismus darstellen, das nicht weniger verbreitet ist als das Kommunistische Manifest. Es ist die Euch gut bekannte Schrift Die Entwicklung des Sozialismus von der Utopie zur Wissenschaft. Sie wurde sofort ins Polnische übersetzt, und schon ungefähr eineinhalb Jahre nach ihrem Erscheinen als deutsche Einzelausgabe erschien sie auch auf russisch. Alle diese Arbeiten machte Engels noch zu Lebzeiten von Marx, der sich manchmal an ihnen nicht nur mit Ratschlägen, sondern auch unmittelbar beteiligte, wie zum Beispiel am Anti-Dühring, für den Marx ein ganzes Kapitel schrieb.

Gegen Anfang der 80er Jahre vollzog sich ein Umschwung in der europäischen Arbeiterbewegung. Die Ideen des Marxismus erobern die Arbeiterbewegung immer mehr, in bedeutendem Maß dank der unermüdlichen Arbeit von Engels, dank seiner glänzenden Popularisierungsfähigkeit. In Deutschland, wo die Sozialdemokratische Partei 1878 unter das Sozialistengesetz fällt, gewinnt die marxistische Tendenz nach kurzer Verwirrung um so stärker die Oberhand. Wie aus den Erinnerungen von Bebel hervorgeht, spielten die Alten in London eine große Rolle bei dieser Wende, indem sie unter Androhung öffentlichen Protests die Aufhebung dessen verlangten, was sie einen Skandal nannten, und unversöhnlich alle Versuche bekämpften, sich auf einen Kompromiss mit der Bourgeoisie einzulassen.

In Frankreich wird 1879 auf dem Marseiller Kongress eine neue Arbeiterpartei mit einem sozialistischen Programm gegründet. In ihr tut sich eine junge marxistische Gruppe hervor, die von dem ehemaligen Bakunisten Jules Guesde geführt wird. Im Jahr 1880 wird beschlossen, ein neues Programm auszuarbeiten. Mit diesem Ziel unternehmen Guesde und seine Genossen eine Reise nach London zu Marx, der aktiv an der Ausarbeitung dieses Programms beteiligt war. Obwohl er mit einigen Punkten im praktischen Teil nicht übereinstimmte, auf denen Franzosen angesichts der Bedeutung für die örtliche Agitation bestanden, formulierte er den ganzen prinzipiellen Teil. Wieder bewies er seine Fähigkeit, die Besonderheiten der französischen Bedingungen zu verstehen und Formulierungen zu finden, die jedem Franzosen verständlich waren, aus denen sich aber mit eiserner Logik die Grundprinzipien des Kommunismus ergaben.

Das französische Programm diente als Vorbild für alle folgenden Programme - für das russische, österreichische und das Erfurter. Als Guesde und Lafargue einen Kommentar zu diesem Programm verfassten, wurde er von Bernstein ins Deutsche übersetzt, darauf von Plechanov unter dem Titel Was die Sozialdemokraten wollen auch ins Russische. An diesem Büchlein schulten sich bei uns die russischen Marxisten, für die es zusammen mit der Broschüre von Engels als Einführung in das Studium des Programms und als Grundlage für die Schulung in den Arbeiterzirkeln diente.

Für die Franzosen verfasste Marx einen detaillierten Fragebogen für Arbeiter zur Erforschung der Lage der Arbeiterklasse. Er erschien anonym, ohne die Unterschrift von Marx. Während in dem Fragebogen, den er in seinen Instruktionen für den Genfer Kongress im Jahr 1866 entworfen hatte, ungefähr 15 Fragen enthalten sind, sind es im neuen Fragebogen mehr als hundert, die bis zu den kleinsten Einzelheiten alle Bedingungen des Arbeiterlebens betreffen. Für diese Zeit war es eine der gründlichsten Befragungen, die nur von einem so tiefen Kenner der Arbeiterfrage wie Marx durchgeführt werden konnte. Sie war ein neuer Beweis seiner Fähigkeit, an konkrete Bedingungen heranzugehen, eine konkrete Wirklichkeit zu erfassen – trotz aller Behauptungen, die ihn der Liebe zur Abstraktion, zur Abstraktheit bezichtigten. Die Fähigkeit, die Wirklichkeit zu analysieren und auf der Basis des Studiums der Wirklichkeit allgemeine Schlüsse zu ziehen, ist nicht gleichbedeutend mit der Abstraktion von der Wirklichkeit, mit dem Herumschweben auf den Höhen der Abstraktion.

Sehr aufmerksam verfolgten Marx und Engels die russische revolutionäre Bewegung. Sie hatten beide russisch gelernt.

Marx war zum Beispiel in der Lage, die russische Übersetzung des Kapitals zu lesen. Entgegen der Behauptung von Mehring, dass Marxens Popularität nach dem Haager Kongress in Russland bedeutend zurückgegangen sei, wuchs sie im Gegenteil weiter. Als Kritiker der bürgerlichen politischen Ökonomie genoss er eine Autorität wie in keinem anderen Land, nicht einmal in Deutschland, beeinflusste eine Reihe von russischen

Gelehrten und bestimmte die Richtung ihrer Arbeit. Allerdings waren seine Werke bis auf das Kapital kaum jemandem bekannt. Auch von seiner Philosophie, von der materialistischen Geschichtsauffassung, hatte die Mehrheit überhaupt keine Vorstellung oder eine noch geringere, als wir das im Deutschland der 70er Jahre gesehen haben.

Man wusste zwar schon, dass Marx den ökonomischen Verhältnissen eine überragende Bedeutung beimaß. Bereits im Jahr 1865 hatte Tkatschow das berühmte Vorwort des Buches „Zur Kritik der politischen Ökonomie" ins Russische übersetzt, in dem Marx eine konzentrierte Darstellung der materialistischen Geschichtsauffassung gegeben hatte. Aber man hatte überhaupt keine Vorstellung davon, in welcher Beziehung die ökonomische Geschichtsauffassung zur Lehre vom Klassenkampf steht.

Marx selbst, und Engels mit ihm, schätzten Ende der 70er Jahre die Bewegung Volksfreiheit (Narodnaja wolja) am höchsten. Da sie, wie Ihr Euch erinnert, das zaristische Russland als die Hauptstütze der internationalen Konterrevolution betrachteten, begrüßten sie den heroischen Kampf der Narodowolzen als stärkste gegen den Zarismus gerichtete revolutionäre Bewegung. Die Volksfreiheit ihrerseits schätzte Marx als einen der größten Lehrer des Sozialismus und demonstrierte das öffentlich, indem sie sich mit einer Frage, die von sehr großem Interesse ist, speziell an ihn wandte.

Einige Manuskripte und Briefe von Marx beweisen, wie aufmerksam er die russische Literatur, die russischen sozial-ökonomischen Verhältnisse studierte. Die ihm Nahestehenden und seine Angehörigen protestierten sogar gegen den Eifer, mit dem russische Bekannte wie Nikolai-on (Danielson) Marx verschiedenes statistisches Material schickten. Sie wussten genau, in welchem Zustand er sich befand und befürchteten, dass diese angestrengte Lektüre, in der er eine Vorarbeit für das Kapital sah, sich ungünstig auf seinen zerrütteten Organismus auswirken würde. Und wie aufmerksam er diese Verhältnisse studierte, zeigen die Bemerkungen, die er nicht nur in seinen Heften, sondern auch in den Briefen an Nikolai-on machte, in denen wir sehr interessante Überlegungen finden.

Marx wollte die Ergebnisse seiner Arbeiten in den dritten Band des Kapital einbringen, wo er die Formen des Grundeigentums zu erörtern hat. Leider gelang ihm das nicht mehr. Als sich Vera Sassulitsch 1881 mit einem Brief an ihn wandte, in dem sie Marx bat, ihr und ihren Genossen die Frage der Zukunft der russischen Dorfgemeinschaft zu beantworten, machte er sich sofort an die Arbeit. Es ist mir gelungen, einen Entwurf dieser Antwort aufzufinden. Er trägt deutliche Spuren untergrabener Arbeitsfähigkeit. Marx fing die Arbeit einige Male an, strich sie durch und begann von neuem, ließ dann aber den Brief wahrscheinlich unbeantwortet.[43]

Gemeinsam mit Engels gelang es Marx noch, ein Vorwort zur neuen russischen Übersetzung des Kommunistischen Manifests fertigzustellen.

Mütterchen Geschichte spielte Marx wie Bakunin einen Streich. Aus der Gruppe von russischen Revolutionären, die den russischen Zweig der Internationale bildete und die Marx zu ihrem Vertreter im Generalrat gewählt hatte, wurde kein

---

43 Mittlerweile ist dieser wichtige Brief doch gefunden worden. Siehe MEW, Bd. 19, S. 242 f. und 384 ff. (Dass Marx mehrere Entwürfe verwarf, ist wohl eher der Schwierigkeit des Problems als seiner untergrabenen Arbeitsfähigkeit zuzuschreiben.)

einziger ein konsequenter Marxist. Schlimmer noch, mit Ausnahme von Lopatin verließen sie alle den Kampfplatz der Revolution, weil sie ermüdet und frühzeitig gealtert waren, was häufig das Los von Berufsrevolutionären ist, teils wurden sie Abtrünnige. Die ersten russischen Marxisten – Plechanov, Sassulitsch, Akselrod, Dejitsch – kamen im Gegenteil gerade aus dem Milieu der russischen Bakunisten, für die der Marxismus nicht nur eine ökonomische Lehre war, sondern auch das Algebra der Revolution.

Die letzten eineinhalb Lebensjahre von Marx waren ein langsames Sterben. Er hatte im Entwurf noch eine riesige Arbeit vor sich, die er immer wieder aufnahm, sobald ihm eine kleine Atempause vergönnt war. In der Zeit, in der er sich auf dem Höhepunkt seiner Kräfte befand, hat er in den Grundkonturen ein Modell, einen Entwurf geliefert, in dem die Grundgesetze der kapitalistischen Produktions- und Verkehrsverhältnisse ihren Ausdruck gefunden hatten. Aber er hatte nicht mehr die Kraft, diesen Entwurf in einen ebenso lebendigen Organismus zu verwandeln wie den ersten Band des Kapitals, der so klar und abgerundet den ganzen Mechanismus des kapitalistischen Produktionsprozesses enthüllt und auf seiner Basis den Kampf der Kapitalisten und Arbeiter entwickelt hatte.

Als dem, vom Kampf mit seinen Krankheiten, die einen günstigen Nährboden in dem ausgezehrten Organismus fanden, erschöpften, kranken Marx das Schicksal nacheinander zwei solche Schläge versetzte wie den Tod seiner Frau und den seiner Tochter, hielt er nicht mehr stand. Der grimmige Marx war, so merkwürdig das klingt, ein vorbildlicher Familienvater und im persönlichen Leben der sanfteste Mensch. Wenn Ihr die Briefe von Marx an seine ältere Tochter lest, deren Tod so tiefe; Spuren bei ihm hinterließ, daß die ihm Nahestehenden danach jeden Tag mit seinem Tod rechneten, fragt Ihr Euch, woher bei einem so rauhen Menschen so viel Zärtlichkeit und Feinfühligkeit kommt.

Alle möglichen Philister, nicht nur gewöhnliche Spießbürger, sondern auch Neulinge in der revolutionären Bewegung, lesen voll Verwunderung die letzten Seiten aus dem Leben von Marx.

Es ist natürlich nicht gut, dass ein Revolutionär einen Teil seiner Kräfte nicht ausschließlich der Revolution widmet. Ein echter Revolutionär, denken diese Leute, die nur zu oft Helden auf Zeit sind, muss sein ganzes Leben lang 24 Stunden täglich auf der Wacht sein. Volle 24 Stunden lang ist er damit beschäftigt, Resolutionen entweder zu verfassen oder fassen zu lassen. Mit einem Wort, es muss ein Mensch sein, der nur aus revolutionärem Stahl besteht, dem menschliche Gefühle absolut nicht zugänglich sind. Oder wie es im Evangelium heißt: Johannes lebte ohne Speise und Trank. Obwohl es dort noch weiter heißt, dass er sich trotzdem von Heuschrecken und wildem Honig ernährte, dass heißt besser, als viele Parteiarbeiter in den Jahren 1918 und 1919. Aber schon Jesus zeigte sich nicht mehr auf der Höhe. Er änderte die Taktik. Im Evangelium wird gesagt, dass er sowohl aß wie auch trank und sogar einen Feigenbaum wegen seiner Unfruchtbarkeit verfluchte. Trotzdem war Jesus noch stärker in seinem Rebellentum als der unbeugsame Petrus, der ihn aus politischen Erwägungen dreimal verleugnete.

Man muss menschlich urteilen. Genossen, Ihr freut Euch doch sicher auch, wenn Ihr Biographien von Menschen lest, die Ihr schätzen und lieben gelernt habt und dabei erfahrt, dass der Mensch, den Ihr so verehrt, genauso ein Mensch ist wie die anderen, nur klüger, gebildeter, nützlicher für die revolutionäre Sache. Nur in den alten Dramen und Tragödien, pseudo-klassisch hat man sie genannt, werden die Menschen als Heroen dargestellt – wo sie einherschreiten, wackeln die Berge, wo sie mit dem Fuß stampfen, geht die Erde in Stücke, und auch das Essen und Trinken spielt sich heroisch ab.

So stellt man manchmal auch Marx dar. Aber wenn man Marx so zeichnet, vergisst man, dass er selbst als Antwort auf die Frage, was seine Lieblingslosung sei, geantwortet hat: Ich bin ein Mensch, nichts Menschliches ist mir fremd. Auch bestimmte Sünden waren ihm nicht fremd, und oft bedauerte er, dass er manchmal zu vertrauensvoll zu den Menschen war, manchmal zu einigen zu ungerecht. Was mich angeht, so kann ich ihm, bei all meiner Liebe zu Marx, noch verzeihen, dass er, als gebürtiger Moselaner, sich nicht des Weines enthalten konnte, aber ich kann ihm nicht verzeihen, wie ich es auch Euch nicht verzeihen kann, dass er so viel rauchte. Er selbst sagte im Scherz, dass ihm das Kapital nicht soviel eingebracht hätte, dass er damit die Ausgaben für den Tabak hätte decken können, den er verrauchte, während er sein Buch schrieb. Zudem rauchte er in seiner Armut sehr schlechten Tabak und verrauchte nicht wenig von seinem Leben und seiner Gesundheit, er holte sich dabei die chronische Bronchitis, die ihn in seinen letzten Lebensjahren besonders quälte.

Marx starb am 14. März 1883. Engels hatte recht, als er am Tag seines Todes einem anderen alten Genossen von Marx, Sorge, schrieb:

> „Alle mit Naturnotwendigkeit eintretenden Ereignisse tragen ihren Trost in sich, mögen sie auch noch so furchtbar sein. So auch hier. Die Doktorenkunst hätte ihm vielleicht noch auf einige Jahre eine

vegetierende Existenz sichern können, dass Leben eines hülflosen, von den Ärzten zum Triumph ihrer Künste nicht plötzlich, sondern zollweise absterbenden Wesens. Das aber hätte unser Marx nie ausgehalten. Zu leben mit den vielen unvollendeten Arbeiten vor sich, mit dem Tantalusgelüst, sie zu vollenden und der Unmöglichkeit es zu tun – das wäre ihm tausendmal bittrer gewesen, als der sanfte Tod, der ihn ereilt. Der Tod ist kein Unglück für den, der stirbt, sondern für den, der überlebt, pflegte er mit Epikur zu sagen. Und diesen gewaltigen genialen Mann als Ruine fortvegetieren zu sehn, zum größeren Ruhm der Medizin und zum Spott für die Philister, die er in seiner Vollkraft so oft zusammengeschmettert – nein, tausendmal besser wie es ist, tausendmal besser, wir tragen ihn übermorgen in das Grab, wo seine Frau schläft.

Und nach dem, was vorangegangen, und was selbst die Doktoren nicht so gut kennen wie ich, war meiner Ansicht nach nur diese Wahl. Dem sei wie ihm wolle. Die Menschheit ist um einen Kopf kürzer gemacht, und zwar um den bedeutendsten Kopf, den sie heutzutage hatte. Die Bewegung des Proletariats geht ihren Gang weiter, aber der Zentralpunkt ist dahin, zu dem Franzosen, Russen, Amerikaner, Deutsche in entscheidenden Augenblicken sich von selbst wandten, um jedesmal den klaren unwidersprechlichen Rat zu erhalten, den nur das Genie und die vollendete Sachkenntnis geben konnte."[44]

Engels fielen jetzt äußerst verantwortliche Aufgaben zu. Er, ein glänzender Schriftsteller, einer der besten deutschen Stilisten, ein allseitig gebildeter Mensch und Spezialist auf einigen Gebieten des menschlichen Wissens, trat zu Lebzeiten von Marx unwillkürlich und freiwillig in den Hintergrund.

---

44 MEW, Bd. 35, S. 460.

Jetzt musste er, wie er dem alten Becker schrieb, die erste Geige spielen, nachdem er sein ganzes Leben lang die zweite gespielt hatte und nur froh gewesen war, „so eine famose erste Geige zu haben wie Marx"[45] . Aber sie hatten nach Noten gespielt die nur sie beide leicht entziffern konnten. Als erstes fiel daher Engels eine Aufgabe von ganz ungeheurer Bedeutung zu: die Durchsicht des literarischen Nachlasses von Marx. Entgegen den dumm-dreisten Unterstellungen eines italienischen Professors, der sich einst in Briefen an Marx in den schmeichelhaftesten Ausdrücken ergangen hatte und sich jetzt erkühnte, die Behauptung drucken zu lassen, dass Marx, als er im ersten Band des Kapitals auf den zweiten und dritten verwiesen habe, nur das Publikum betrogen habe, fanden sich unter den Papieren von Marx die Manuskripte des zweiten, dritten und vierten Bandes. Leider war alles in einer solchen Form zurückgelassen, dass Engels, der nicht seine ganze Zeit nur dieser Arbeit widmen konnte, erst im Verlauf von elf Jahren mit ihr fertig wurde. Marx schrieb sehr unleserlich und gebrauchte manchmal fast stenografische Abkürzungen, die nur er selbst verstand. Kurz vor seinem Tod sagte er zu seiner jüngeren Tochter, als ihm schon klar geworden war, dass er nicht mehr in der Lage sein würde, seine Arbeit zu beenden, dass vielleicht Engels noch etwas aus diesen Papieren machen würde.

Glücklicherweise gelang es Engels, mit dem Hauptteil dieser Arbeit fertig zu werden. Er gab den zweiten und dritten Band des Kapitals heraus. Ich sage Euch, damit Ihr die volle Bedeutung der Arbeit von Engels einschätzen könnt, dass ohne ihn kaum irgend jemand damit fertig geworden wäre. Die Bände enthalten einige Mängel, aber in der Form, wie sie gedruckt sind, muss man sie nicht nur mit dem Namen Marx über-

---

45   MEW, Bd. 36, S. 218.

schreiben. Es gibt nur eine sehr schwache Hoffnung, alle Manuskripte in der ursprünglichen Form wieder herzustellen, in der sie Engels vorlagen, und wir können die übrigen Teile des Kapitals, außer dem ersten Band, nur in ihrer Bearbeitung durch Engels studieren, wie auch alle folgenden Generationen.

Die andere wichtige Arbeit, die er vorher als Mitarbeiter und Helfer von Marx ausgeführt hatte, lag jetzt mit ganzer Schwere ausschließlich auf seinen Schultern. Wenn vor und nach dem Tod der ersten Internationale sie beide die Rolle des alten Generalrats gespielt hatten, so lag jetzt diese ganze Arbeit der Vermittlung und Verbindung zwischen den verschiedenen sozialistischen Parteien, aber auch die Arbeit des erfahrenen Ratgebers, allein bei Engels, all das fiel jetzt als eine immer stärker anwachsende Bürde auf ihn allein. Gerade nach dem Tod von Marx beginnt ein starkes Wachstum der internationalen Arbeiterbewegung, das schon 1886 die Organisation einer neuen Internationale auf die Tagesordnung setzte. Aber auch nach 1889, als in Paris der erste Kongress stattgefunden hatte, auf dem die II. Internationale gegründet worden war, die bis zum Jahr 1900 ohne ständiges Zentralbüro blieb, nahm Engels einen äußerst aktiven Anteil an der Arbeiterbewegung fast aller Länder Europas, als Schriftsteller wie als Ratgeber. Der Generalrat, der aus vielen Mitgliedern mit einer Reihe von Sekretären für die einzelnen Länder bestanden hatte, wurde jetzt alleine von Engels verkörpert. Sobald in irgendeinem Land eine neue marxistische Gruppe entsteht, wendet sie sich sofort um Rat an Engels, der es mit seiner erstaunlichen Sprachkenntnis fertigbringt, manchmal völlig richtig, manchmal mit Fehlern vielen von ihnen in ihrer Muttersprache zu antworten. Er verfolgte aufmerksam die Arbeiterbewegung jedes Landes anhand ihrer eigenen Literatur. Diese Arbeit raubte ihm viel Zeit, aber dafür vergrößerte Engels den Einfluss des Marxismus im jeweiligen Land und verknüpfte geschickt die Grundaussagen des Marxismus mit den Besonderheiten des gegebenen Landes. Es gibt buchstäblich kein einziges Land, das er nicht als Schriftsteller beliefert, an dessen Zentralorgan er sich nicht beteiligt hätte. Wir begegnen seinen Artikeln nicht nur in deutschen und österreichischen Organen, nicht nur in italienischen und französischen, er findet Zeit, die polnische Übersetzung des Kommunistischen Manifests mit einem Vorwort zu versehen, er hilft mit seinem Rat und seinen Hinweisen den spanischen und portugiesischen, schwedischen und dänischen, bulgarischen und serbischen Marxisten.

Besonders muss man die Hilfe hervorheben, die Engels dem jungen russischen Marxismus erwies. Da er russisch sprach, konnte er sich unmittelbar mit der russischen marxistischen Literatur bekannt machen. Nur dank seinem Einfluss konnte die Gruppe Befreiung der Arbeit, trotz des großen Ansehens der Gruppe Volksfreiheit, so schnell mit dem deutschen Marxismus Verbindung aufnehmen und das Misstrauen überwinden, das man in Westeuropa und besonders in Russland und Frankreich gegenüber der Arbeiterbewegung und dem Marxismus eines so asiatischen Landes wie Russland hegte. Im Jahr 1889 fuhr Plechanov extra nach London zu Engels, um ihn kennenzulernen und ihn mit der neuen Strömung in der russischen revolutionären Bewegung bekannt zu machen. Für die erste russische marxistische Zeitschrift, die die Gruppe Befreiung der Arbeit herauszugeben begann, schrieb Engels eine spezielle Arbeit über die Außenpolitik des russischen Zarismus.

Engels sah bald die Früchte seiner energischen Tätigkeit. Als die II. Internationale gegründet wurde, nahm Engels nicht unmittelbar an der Arbeit ihrer Kongresse teil. Er mied öffentliche Auftritte und begnügte sich damit, der Ratgeber derjenigen seiner Schüler zu sein, die in allen Ländern diese Bewegung führten und ihn über alles Wichtige informierten, und die sich bemühten, seine Autorität zu nutzen. Einige Parteien gewannen Einfluss in der Internationale und erhielten sich ihn dank der Autorität von Engels. Gegen Ende seines Lebens führte die Gewohnheit, Verbindungen ausschließlich mit den Führern der Hauptpartei der einzelnen Länder zu unterhalten, zu einigen peinlichen Vorfällen. Während er sich sofort gegen die Vorliebe der französischen Marxisten für die Bauernschaft wandte, die den proletarischen Charakter des Programms zu verwässern drohte, machte er den deutschen Sozialisten, die eine Neuauflage des Sozialistengesetzes befürchteten, Zugeständnisse und entschärfte seine Einleitung zu den Artikeln von Marx über den Klassenkampf in Frankreich ein wenig, die, ganz im Gegensatz dazu, eine glänzende Anwendung des Prinzips des unversöhnlichen Klassenkampfs und der Diktatur des Proletariats darstellen.

Im Vorwort zur vierten deutschen Ausgabe des Kommunistischen Manifests, das er am Tag des 1. internationalen Maifeiertags (1890) schrieb, bedauert Engels, indem er auf das Wachstum der internationalen Arbeiterbewegung hinweist, dass Marx nicht an seiner Seite steht und dies nicht mit eigenen Augen sehen kann. Während Marx nur den fortgeschrittensten Repräsentanten der Arbeiterbewegung bekannt gewesen war und so auch nicht mehr das erlebte, was man eine breite Popularität nennt, wurde Engels, der die ganze Bedeutung von Reklame gut kannte, der eifrig gegen das Totschweigen des Kapitals durch die bürgerliche Presse kämpfte, der aber jede Selbstreklame und Eitelkeit nicht weniger als sein Freund hasste, gegen Ende seines Lebens einer der populärsten Männer in der internationalen Arbeiterbewegung. Er konnte sich davon überzeugen, als er zum ersten Mal dem Drängen seiner Freunde nachgab und 1893 den europäischen Kontinent besuchte. Die Begeisterung der Massen und die Massenversammlungen, die ein Lassalle nicht nur als Mittel der Agitation benutzt hatte, sondern auch als Mittel, die Führer herauszustreichen, Reklame für sie zu machen, sie über die Masse hinauszuheben, diese Demonstrationen nahmen im Jahr 1893 einen grandiosen Charakter an, schon allein wegen der kolossalen Ausmaße der Arbeiterbewegung im Vergleich zu 1863. Einen ebenso grandiosen Charakter trugen die Ovationen, die Engels auf dem internationalen Kongress in Zürich entgegen gebracht wurden, wo er nur Gast sein wollte und erst gegen Ende mit einer kleinen Rede auftrat.

Engels erhielt sich im Unterschied zu Marx seine Arbeitsfähigkeit fast bis zum Alter von 75 Jahren. Noch im März 1895 schreibt er einen interessanten Brief an Viktor Adler mit Hinweisen, in welcher Reihenfolge man den zweiten und dritten Band des Kapitals lesen soll. Er war im Begriff, die Geschichte der ersten Internationale zu schreiben. Und auf dem Höhepunkt dieser angespannten Arbeit befiel ihn eine heimtückische Krankheit, die seinem Leben am 5. August 1895 ein Ende setzte.

Marx liegt auf dem Friedhof Highgate bei London begraben, in einem Gemeinschaftsgrab mit seiner Frau und seinem Enkel. Es ist mit einem einfachen Grabstein bedeckt. Als Bebel Engels den Vorschlag machen wollte, ein Denkmal auf dem Grab von Marx zu errichten, antwortete Engels ihm, dass die Töchter von Marx entschieden dagegen seien. Als Engels starb, begann man schon die Feuerbestattung zu praktizieren. Deshalb verfügte er testamentarisch, dass sein Leichnam verbrannt und die Asche ins Meer gestreut werden sollte. Nach seinem Tod erhob sich ein Streit um die Asche, ob man seinen

Willen erfüllen solle oder nicht, denn einige deutsche Genossen standen auf dem Standpunkt derer, die am liebsten den ganzen Roten Platz im Friedhof unterbringen wollen, und zwar mit Denkmälern bestückt. Zum Glück bestanden andere Genossen darauf, den Willen des Verstorbenen auszuführen. Man verbrannte den Leichnam von Engels und warf die Urne mit seiner Asche in die Nordsee.

Die beiden Freunde hinterließen ein Denkmal, das stärker ist als jeder Granit, eindrucksvoller als jede Grabinschrift: die internationale kommunistische Bewegung des Proletariats, mit festem Schritt unter dem Banner des Marxismus, des revolutionären Kommunismus dem Triumph der sozialistischen Weltrevolution entgegengeht. Sie haben uns eine wissenschaftliche Forschungsmethode, Regeln für die revolutionäre Strategie und Taktik hinterlassen. Sie haben uns einen unerschöpflichen Wissensschatz hinterlassen, der uns bis heute als unversiegliche Quelle zum Studium und Verständnis der uns umgebenden Wirklichkeit dient.

Nur eine Freude war ihnen nicht mehr vergönnt. Sie hatten beide den Genuss erfahren, den der lebensspendende Sturm der Revolution verschafft, sie hatten beide aktiv an ihm teilgenommen, aber es war die bürgerliche Revolution gewesen. Die soziale, die proletarische Revolution sollten sie nicht mehr erleben. Aber ihr Geist lebt in unserer Revolution, und im nahenden Donnergrollen der sozialen Weltrevolution ertönt der von ihnen vor achtzig Jahren in die Welt hinausgeschleuderte machtvolle Aufruf:

Proletarier aller Länder, vereinigt Euch!